UNIVERSITÉ D'AIX-MARSEILLE   FACULTÉ DE DROIT D'AIX

DROITS DES RIVERAINS

DES

COURS D'EAU NON NAVIGABLES NI FLOTTABLES

AU POINT DE VUE DU DROIT CIVIL

THÈSE

DE DOCTORAT EN DROIT

PAR

Étienne BARET

AVOCAT AU BARREAU DE MARSEILLE

MARSEILLE

TYPOGRAPHIE ET LITHOGRAPHIE BARLATIER

Rue Venture, 19

1900

DROITS DES RIVERAINS

DES

COURS D'EAU NON NAVIGABLES NI FLOTTABLES

AU POINT DE VUE DU DROIT CIVIL

TABLE BIBLIOGRAPHIQUE

PICARD. — *Traité des eaux ; Droit et Administration.*

DEMOLOMBE. — *Traité de la distinction des biens.* (T. II)

Traité des servitudes ou services fonciers. (T. I).

LAURENT. — *Principes de droit civil français.* (T. VI et VII).

BAUDRY-LACANTINERIE et CHAUVEAU. — *Traité théorique et pratique de droit civil; des biens.*

AUBRY et RAU. — *Cours de droit civil français.* (Cinquième édition, T. III).

DAVIEL. — *Traité de la législation et de la pratique des cours d'eau.*

NADAULT DE BUFFON. — *Des usines et autres établissements sur les cours d'eau.*

DUBREUIL. — *Analyse raisonnée de la législation sur les eaux.*

GARNIER. — *Régime des eaux ou traité des eaux de la mer, des fleuves, rivières navigables et flottables et autres eaux de toute espèce.*

RECUEILS GÉNÉRAUX

DALLOZ : Les Codes annotés, Code des lois politiques et administratives. (T. V ; 9ᵉ livraison, eaux). — Répertoire et supplément au répertoire ; eaux ; servitudes.

Les lois nouvelles ; Revue de législation et de jurisprudence, 15 septembre, 1ᵉʳ octobre, 15 octobre, 1ᵉʳ novembre, 15 novembre, 1ᵉʳ décembre 1898 (GEORGES GRAUX, député ; RENARD, docteur en droit).

UNIVERSITÉ D'AIX-MARSEILLE   FACULTÉ DE DROIT D'AIX

DROITS DES RIVERAINS

DES

COURS D'EAU NON NAVIGABLES NI FLOTTABLES

AU POINT DE VUE DU DROIT CIVIL

THÈSE

DE DOCTORAT EN DROIT

PAR

Étienne BARET

AVOCAT AU BARREAU DE MARSEILLE

MARSEILLE

TYPOGRAPHIE ET LITHOGRAPHIE BARLATIER

Rue Venture, 19

1900

INTRODUCTION

———

Nous avons étudié dans cet ouvrage les droits des riverains des cours d'eau non navigables ni flottables.

Jamais aucune matière n'a donné lieu à autant de procès poursuivis devant les juridictions les plus élevées avec autant d'opiniâtreté et autant d'acharnement. Jamais non plus aucune matière n'a donné lieu à autant de controverses parmi les auteurs au sujet de la nature et de l'étendue des droits des particuliers et à autant de variations dans la jurisprudence qui avait à trancher les difficultés naissant entre ces derniers.

La cause de toutes ces rivalités, de toutes ces controverses et de toutes ces variations est assez facile à déterminer et à expliquer. Elle tient d'abord à la nature spéciale de l'eau. L'eau, en effet, de même que l'air, est une chose commune, c'est-à-dire une chose qui est indispensable à l'universalité des hommes et qui doit rester indivise entre eux. Sans doute l'on conçoit parfaitement qu'un individu puisse s'approprier une certaine quantité d'eau prise isolément de la masse, par exemple celle nécessaire à son alimentation, de même qu'il peut s'approprier une certaine quantité d'air, par exemple celle nécessaire au fonctionnement de ses poumons, mais l'eau, de même que l'air, prise dans sa masse, à raison de sa nature, de sa fluidité, résiste à tout droit exclusif et absolu de la part d'un individu isolé.

Prenons maintenant l'hypothèse spéciale dont nous nous sommes occupés dans cet ouvrage, celle d'un cours d'eau et suivons-le depuis sa naissance jusqu'à son embouchure. Ce n'est d'abord qu'un mince filet d'eau qui peut surgir dans une propriété privée. Ce filet d'eau va se joindre un peu plus bas à d'autres filets d'eau et leur réunion donne naissance au cours d'eau. Ce cours d'eau reçoit lui-même des affluents ; son lit s'élargit ; son débit augmente et il devient fleuve. Quels sont les droits des propriétaires des fonds dans lesquels les filets d'eau dont nous parlions tout à l'heure surgissent du sol, par rapport aux propriétaires dont les fonds bordent ou traversent les cours d'eau ?

Quels sont les droits de ces propriétaires inférieurs entre eux ? Comment se concilient-ils ? Nous venons d'examiner l'hypothèse la plus générale au point de vue de la formation du cours d'eau, mais il n'en est pas toujours ainsi. Parfois, bien que le cas soit tout à fait exceptionnel, le cours d'eau, si nous pouvons nous exprimer ainsi, est cours d'eau dès sa naissance. Au lieu de ne constituer au début qu'une source dont le débit est minime, il surgit, pour ainsi dire, du sol avec une abondance et une continuité extraordinaires ; et cette eau s'est creusée un lit, où, immédiatement, et avant sa jonction à des affluents, elle peut quelquefois même porter bateaux.

Le propriétaire du fonds où naîtra cette source d'un débit tout à fait exceptionnel, doit-il être assimilé au propriétaire du fonds dans lequel surgit seulement une source dont le débit minime ne donne naissance qu'à un mince filet d'eau ? Doit-il jouir des mêmes droits et, pour le cas où l'on admettrait que la condition du premier doit être différente de la condition du second, quel sera le criterium qui permettra de distinguer le cours d'eau de la source ? Autant de questions délicates dont la solution a soulevé les controverses les plus vives parmi les auteurs, a donné lieu aux procès les plus acharnés parmi les particuliers, procès sur lesquels sont intervenus les jugements les plus contradictoires.

Dans les temps les plus anciens, ces difficultés n'existaient pas. Les hommes ne différant guère des animaux ne se servaient de l'eau que pour les besoins les plus essentiels de la vie, besoins par conséquent peu nombreux et qui tous pouvaient être largement satisfaits.

A mesure, au contraire, que l'intelligence de l'homme se développa, à mesure que sa vie devint plus compliquée, à mesure que ses besoins grandirent et se multiplièrent, une foule d'usages nouveaux, d'utilités nouvelles de l'eau furent découvertes, L'homme qui s'était adonné à l'agriculture reconnut que, par des irrigations bien dirigées, la productivité du sol était augmentée dans des proportions extraordinaires ; bien plus, que tels terrains impropres jusqu'alors à toute culture pouvaient devenir extrêmement féconds.

Dans tous les pays, les pouvoirs publics se sont alors efforcés de développer le champ des irrigations par des réseaux de canaux et de porter ainsi la fertilité et la prospérité dans des régions qui, éloignées des cours d'eau et mal favorisées au point de vue du climat, avaient été vouées jusqu'alors à la stérilité la plus complète. Il est, en effet, certaines régions où les pluies suffisamment abondantes rendent les irrigations à peu près inutiles. Tel n'est pas le midi de la France et notamment la Pro-

X

vence, où le proverbe « rare comme les beaux jours »
devrait être renversé et où l'on pourrait dire, sans craindre
sur ce point aucun démenti, ni susciter aucune controverse : « rare comme la pluie ».

On sait généralement avec quel acharnement les particuliers, les villes et même les départements se disputent
les eaux. Ces rivalités se sont manifestées surtout ces
derniers temps à propos de Fontaine-l'Evêque, affaire sur
laquelle nous avons eu l'occasion de dire quelques mots
dans le cours de cet ouvrage.

Nous venons d'envisager l'utilité des eaux au point de
vue de l'amélioration de l'agriculture et nous sommes
arrivés à cette conclusion : Que mieux un pays est irrigué,
plus il est fertile. Mais ce n'est pas la seule. M. Nadault
de Buffon, rappelant la définition des cours d'eau donnée
très ingénieusement par Pascal : « ce sont des chemins
qui marchent » en propose lui-même une autre qui complète cette dernière et qui montre le parti extraordinaire
que l'industrie peut tirer des cours d'eau : « ce sont dit-il,
des bras qui travaillent, car une force motrice inappré-
ciable réside dans les masses pesantes et mobiles de l'eau
courante qui sillonne les diverses contrées du globe, on
pourrait même faire remarquer, ajoute-t-il, que les avantages spéciaux attachés à l'emploi des moteurs hydrauliques, utilisant un agent naturel d'un emploi presque
gratuit présentent pour la plupart des industries, des
avantages si notables que l'on doit songer à en étendre
l'usage dans des limites aussi étendues que possible ».
(Nadault de Buffon, tome I, page 9, des usines et établissements sur les cours d'eau).

Nous ne pouvons suivre l'éminent auteur dans les développements qu'il donne sur l'origine des établisse-

ments industriels et sur leur influence au point de vue de l'accroissement de la richesse d'une nation. Nous nous contenterons de donner la conclusion à laquelle il arrive et qui, selon nous, ne peut faire l'objet d'aucune discussion. L'intérêt d'un pays est de mettre en œuvre la plus grande quantité des forces naturelles qu'il a à sa disposition. L'emploi de ces dernières étant gratuit permet de créer, sans augmentation notable du prix de la main d'œuvre, avec la même quantité de travail de l'homme, une quantité de produits bien plus considérable.

La quantité de ces produits augmentant sans augmentation presque des frais de production, leur prix baisse pour la masse des consommateurs. L'intérêt d'un pays et de sa prospérité est donc de rendre l'utilisation de ces forces naturelles aussi complète que possible et la France, à ce point de vue, surtout dans le Midi, a encore de très sérieux progrès à faire.

Nous avons rappelé plus haut la définition des rivières et fleuves donnée par Pascal, définition qui marque le plus saillant de leurs avantages, celui de constituer des voies de communication qui transportent sans frais, dans tout l'intérieur d'un pays, les produits de ce dernier. Sur ces cours d'eau ainsi navigables, des conflits entre les différents intérêts peuvent s'élever, notamment entre, d'une part, l'intérêt de la navigation et, d'autre part, l'intérêt de l'industrie et de l'agriculture. Nous nous bornerons en général à faire cette remarque que le premier de ces intérêts doit primer les deux autres, les cours d'eau étant au premier chef des voies de communication.

Les conflits d'ailleurs ne peuvent prendre un caractère trop aigu. Il ne faut pas oublier, en effet, que depuis l'ordonnance de Moulins, rendue en 1566, le domaine

XII

public a été déclaré inaliénable et imprescriptible et que
les rivières navigables et flottables ont toujours été considérées depuis cette époque comme faisant partie de ce
dernier. Les particuliers n'ont pu acquérir sur ces rivières
que des concessions essentiellement précaires et révocables. L'autorité administrative, pour la conciliation des
différents intérêts en cause, est donc libre d'édicter telles
mesures qui lui paraissent convenables sans que son
champ d'action reçoive une limitation quelconque,
puisque l'État reste propriétaire incommutable de ces
rivières. Il n'en est plus de même des cours d'eau non
navigables ni flottables. Des rivalités qui, ces derniers
temps, sont arrivées à un degré d'acuité tout à fait regrettable, se sont élevées entre tous les individus pouvant
prétendre à des droits sur ces cours d'eau et surtout
entre, d'une part, les propriétaires d'usines, et, d'autre part,
les propriétaires usant des eaux pour l'irrigation de leurs
terres. Chacune de ces catégories d'individus a prétendu
avoir la préférence sur l'autre. La vérité est que les intérêts de l'industrie et de l'agriculture sont également
respectables et contribuent pour une égale part à la prospérité du pays. Lorsque le débit du cours d'eau est suffisant au moins pendant la plus grande partie de l'année
pour donner satisfaction à tous les intérêts, la conciliation
a pu s'établir assez rapidement. Mais lorsque le débit est
insuffisant, et c'est malheureusement la majorité des cas,
on a vu des procès interminables, innombrables et sans
cesse renaissants s'engager entre les divers intéressés. La
nécessité d'une réglementation des droits de ces derniers
s'imposait donc. Nous venons par là-même de justifier
une partie de nos développements. Étudiant les droits
des riverains sur les cours d'eau non navigables ni

flottables, nous avons été par là même appelé à parler de la réglementation de ces droits. Cette réglementation, comme nous le verrons dans le cours de notre ouvrage, appartient suivant les cas, soit à l'autorité judiciaire, soit à l'autorité administrative. Nous tâcherons de délimiter aussi nettement que possible leur compétence respective et cette question ne sera certes ni la moins difficile, ni la moins intéressante de cet ouvrage.

L'étude approfondie de la réglementation administrative nécessiterait à elle seule plusieurs volumes. Aussi, laissant de côté tout ce qui a trait à la compétence et aux formes, nous sommes-nous appliqué uniquement à mettre en relief quels sont les effets, d'une manière générale, de ces mesures administratives par rapport aux droits des riverains et, sur ce point même, les indications que nous avons données sont-elles encore quelque peu sommaires. Le plan que nous avons adopté s'est pour ainsi dire imposé à nous. Ce n'est pas qu'il ne puisse être l'objet des critiques. Mais, sans essayer de les réfuter, ni même de les prévoir, nous nous contenterons de justifier notre plan en disant d'abord que toute classification porte en soi quelque chose de factice et par conséquent de critiquable et que toute autre division du sujet aurait entraîné des objections qui, quoique peut-être différentes, n'en auraient pas moins été nombreuses.

Dans une première partie, nous avons étudié, d'une façon générale, la nature des droits dont les cours d'eau non navigables ni flottables sont susceptibles. Nous avons fait, rapidement d'ailleurs, un historique de la question, indispensable pour comprendre et apprécier le système adopté par le législateur de 1898, et, après avoir examiné ce système, nous en avons fait la critique. Le législateur de 1898 ayant établi une distinction entre le lit et les eaux, nous l'avons reproduite dans notre deuxième partie où nous sommes entré dans le détail des droits appartenant aux riverains. Dans l'étude des droits des riverains sur les eaux, nous avons été amené, après un examen consciencieux de la loi de 1898, à étudier séparément les droits des riverains par rapport au propriétaire de la source qui forme ou alimente le cours d'eau, et les droits des riverains inférieurs entre eux.

Les premiers ont été l'objet, surtout, nous allions dire exclusivement, de la sollicitude du législateur de 1898.

C'est sur ce point qu'il a voulu innover. Nous avons critiqué le mérite et la portée de cette innovation, et, par cette critique, nos lecteurs pourront eux-mêmes apprécier si le but qu'a poursuivi le législateur a été atteint par lui.

Quant au régime légal des sources d'eaux minérales, nous n'avons pas cru devoir en parler dans le cours de cet ouvrage.

Ces sources ont été l'objet de mesures spéciales de protection édictées par la loi du 14 juillet 1856 encore en vigueur. L'étendue de notre matière ne nous a pas permis de faire une incursion, même rapide, dans ce sujet. La nature même de notre plan ne nous y a pas d'ailleurs engagé. Nous n'avons étudié en effet les droits des propriétaires des fonds sur les sources qui y naissent, qu'autant que ces droits pouvaient être modifiés ou restreints par les droits des riverains des cours d'eau formés ou alimentés par les eaux de ces sources. Les règles spéciales de protection édictées par la loi de 1856 sont donc étrangères à notre sujet, car elles se fondent, non sur l'intérêt des riverains inférieurs, mais sur la qualité même des eaux des sources minérales et sur leur utilité pour l'hygiène.

Quant à l'ordre des différents développements du Chapitre II de notre 2me partie, nous dirons seulement que nous nous sommes inspiré des auteurs les plus éminents qui, durant le cours du XIXe siècle, se sont occupés d'eaux, et qu'il était bien difficile de mettre un peu d'ordre et de clarté dans une matière aussi complexe et aussi ardue. Au sujet de ce Chapitre II de notre 2me partie, nous avons une double remarque à faire. Si nous étions encore régis par les dispositions du Code civil, nous aurions évidemment été obligé de parler du flottage à bûches perdues, puisque les rivières susceptibles de ce flottage étaient assimilées, sous l'empire de ce Code, aux rivières non navigables ni flottables ; mais il n'en est plus ainsi depuis la loi du 10 avril 1898. Cette loi, en effet, traite des cours d'eau non navigables ni flottables, dans le titre II, et des rivières flottables à bûches perdues dans le titre III. Aussi, n'étudiant que les droits des riverains sur les premières, avons-nous cru pouvoir nous dispenser de parler des secondes.

La deuxième remarque a trait aux lois du 29 avril 1845 et du 11 juillet 1847. L'étude de ces lois aurait présenté certainement un très vif intérêt. Mais, sur ce point encore, nous avons dû restreindre nos développements et nous renfermer strictement dans les limites du plan, déja peut-être trop vaste, que nous nous sommes tracé. Nous n'avons parlé, en conséquence, de la loi de 1847 sur les barrages d'irrigation qu'incidemment, et à propos des droits du propriétaire d'une seule rive par rapport à son co-riverain.

Il en a été de même pour la loi de 1845 relative à la

servitude d'aqueduc. Au sujet de cette loi, nous n'avons étudié que les deux questions suivantes : Peut-elle conférer une véritable servitude de prise d'eau ou, au contraire, grève-t-elle seulement les fonds intermédiaires d'une simple servitude de passage pour les eaux ? Peut-elle être invoquée à l'appui du système qui reconnaît au riverain le droit d'utiliser les eaux sur un autre fonds non riverain lui appartenant et séparé du fonds riverain par des héritages intermédiaires ?

Nous n'avons plus rien à dire de notre troisième partie qui a trait à la réglementation des droits des riverains, puisque nous avons déjà eu l'occasion de la justifier au cours de cette introduction.

Nous terminons en disant que l'étude des cours d'eau offre un grand attrait malgré ses difficultés, car elle touche essentiellement à la prospérité de notre pays et elle embrasse en outre un certain nombre de questions de droit très délicates, très difficiles, mais dont l'examen, au point de vue doctrinal, a toujours présenté un grand intérêt pour ceux qui se sont adonnés aux études juridiques et la solution, au point de vue pratique, a toujours offert une utilité incontestable pour tous.

PREMIÈRE PARTIE

Nature des Droits dont les Rivières sont succeptibles

CHAPITRE PREMIER

LÉGISLATION ANTÉRIEURE A LA LOI
DU 10 AVRIL 1898.

Nous allons nous demander aussi rapidement que possible d'ailleurs quelle a été la condition légale des cours d'eau depuis le droit romain.

Cet historique, qui permettra de faire connaître les graves controverses qui se sont élevées au sujet de cette condition légale, de la nature des droits dont les cours d'eau sont susceptibles, est indispensable pour que nous puissions comprendre la loi de 1898 qui nous régit actuellement et la critiquer.

I — Condition légale sous la loi romaine. — Nous n'entrerons pas dans la discussion des différents textes. Nous nous bornerons à remarquer qu'ils n'offrent pas toute la clarté désirable et surtout qu'ils sont loins de concorder entre eux, puisque les partisans des doctrines les plus opposées ont tous invoqué le droit romain à l'appui de leur thèse. A titre d'exemple nous citerons la loi 1, paragraphe 4, de Fluminibus qui porte « nihil enim differt à cœteris cocis flumen privatum » et la loi 1, titre VIII, des Institutes qui pose le

double principe suivant : « flumina autem omnia publica
sunt » et « et quidem naturali jure communia sunt omnium
hæc aer., aqua profluens, et mare et per hoc littora maris ».
Daviel et la majorité des auteurs ont prétendu que les cours
d'eau à Rome appartenaient aux riverains, sans qu'il y ait
lieu de distinguer entre le lit et les eaux. Nadault de Buffon,
au contraire, a conclu très fermement que les cours d'eau
rentraient dans la catégorie des choses n'appartenant à personne et dont l'usage est commun à tous et qu'ils étaient
insusceptibles d'appropriation privée. D'autres auteurs ont
invoqué le droit romain pour défendre soit le système de la
domanialité publique, soit celui de la propriété du lit, les
eaux seules demeurant res-nullius.

**Condition légale des cours d'eau non navigables, ni flot-
tables sous l'ancien droit français antérieurement au régime
féodal.** — Mêmes divergences parmi les auteurs, même
obscurité dans les textes.

Daviel a prétendu, en s'appuyant sur certains actes de cette
époque qui sont parvenus jusqu'à nous, notamment sur le
second capitulaire de Dagobert (tit. 63) et certains modèles
d'actes translatifs de propriété laissés par le moine Mar-
culfe, que les cours d'eau constituaient des propriétés privées.
Mais d'autres textes, au moins aussi nombreux, parmi lesquels les capitulaires de Charlemagne, semblent indiquer que
tous les cours d'eau sans exception, navigables ou non
navigables, appartenaient au roi.

Condition légale des cours d'eau sous le régime féodal. —
Championnière a essayé, dans son remarquable ouvrage sur
la propriété des eaux courantes, d'établir une distinction
fondamentale entre la seigneurie féodale et la seigneurie justicière. Les seigneurs justiciers n'avaient à ce titre aucun
droit sur la terre, de même que les seigneurs féodaux
n'étaient nullement investis de la puissance publique. Ces
derniers n'avaient avec leurs vassaux que des rapports con-
tractuels. Sans doute, les deux seigneuries pouvaient être

réunies sur la même tête : sans doute, certaines coutumes attribuaient au seigneur justicier les terres vacantes et les terres sur lesquelles aucun seigneur féodal ne pouvait prétendre à des droits; mais en principe aucune confusion n'était possible entre le domaine direct appartenant au seigneur féodal et le pouvoir justicier.

Cette doctrine a été vivement combattue par des auteurs non moins éminents que Championnière et notamment par Laferrière dans son "Histoire du droit français" qui professe une doctrine diamétralement opposée. A l'origine et en principe aucune distinction n'était à faire entre la seigneurie féodale et la seigneurie justicière. La justice seigneuriale était une dépendance du fief qui embrassait en règle générale tout à la fois, la terre et la justice. Mais plusieurs causes amenèrent des troubles dans cet état de choses. Les seigneurs qui ne possédaient que des fiefs sans importance, ne pouvant réunir leur cour, perdirent ainsi leur droit de justice faute de l'exercer. Lorsque ensuite un seigneur faisait une concession féodale, il pouvait dans cette dernière se réserver le droit de justice. Enfin, beaucoup de partages de successions attribuaient le droit de juridiction à l'aîné, sauf à répartir les revenus qu'il produisait, entre les différents co-héritiers. La vente du droit de justice, indépendamment de la terre, fut même autorisée par certaines coutumes. Ce n'était d'ailleurs que pour les petits fiefs, que la juridiction put ainsi se séparer de la terre, car elle resta attachée de plein droit aux fiefs importants, duchés, marquisats, comtés, vicomtés, baronnies ou chatellenies.

Ces quelques observations présentées, nous allons dire quelques mots de la doctrine des auteurs anciens, des principes posés par les coutumes, des systèmes admis par les auteurs modernes et enfin nous verrons quelle a été la solution adoptée par la jurisprudence contemporaine.

Parmi les auteurs anciens, les uns, comme Loiseau (des Seigneuries, chap. 12, n° 120), quant à l'attribution des droits de propriété ou d'usage sur les cours d'eau s'en sont référés aux titres et à la possession; d'autres, comme

Boerius (Décis. 352, n°s 4 et 5), Domat (Lois civiles, liv. 2,
titre 6, section 1), ont attribué ces droits aux riverains; d'autres, comme Lebret (Traité de la Souveraineté, liv. 2, chap. 15),
les ont conférés aux Seigneurs féodaux; d'autres enfin,
comme Laroche Flavin (Traité des droits seigneuriaux,
chap. 17, art. 1), les ont donnés aux seigneurs justiciers. Au
sujet de la nature de ces droits sur les cours d'eau, les uns
par les expressions dont ils se sont servis, semblent les avoir
considérés comme de véritables droits de propriété, d'autres
comme de simples droits d'usage; d'autres ont employé des
formules laissant place au doute.

Parmi les coutumes, les unes semblent reconnaître soit
aux seigneurs, soit aux riverains, soit à des tiers, un droit de
propriété sur les cours d'eau. L'une des plus célèbres, celle
de Normandie, après avoir posé pour l'usage des eaux, des
règles semblables à celles qui sont encore en vigueur aujour-
d'hui, ne contient aucune décision sur les questions d'appropriation privée des cours d'eau et d'attribution de la
propriété.

Passons aux auteurs modernes. Daviel et Championnière
ont défendu avec conviction et surtout avec un talent remarquable le système de l'appropriation privée. Nadault de
Buffon, au contraire, se séparant complètement d'eux, a soutenu que les eaux courantes, à raison de leur nature, même ne
pouvaient être l'objet d'un droit de propriété, et que, sous la
féodalité comme de nos jours, il n'y a jamais existé sur elles
que des droits d'usage privilégiés.

La Cour de Cassation, dans une série d'arrêts mais tous
antérieurs à 1840, a déclaré que les cours d'eau étaient
susceptibles d'un droit de propriété, et que ce droit de propriété en l'absence de titres, était réputé appartenir aux
seigneurs hauts justiciers dans le territoire desquels ils se
trouvaient (Cour de Cassation, requête 21 juillet 1830; D. P.
1830, 1, 336; civile, 9 août 1843; D. P., 1843, 1, 489). Depuis
cette époque, le Conseil d'Etat statuant sur recours ou sur
conflit a jugé que, même pendant la période féodale, la pente
des cours d'eau n'était pas susceptible de propriété privée.

— 5 —

Il est donc à supposer que la Cour de Cassation, tout en
maintenant sa doctrine en ce qui concerne le lit et les berges,
modifierait en ce qui concerne les eaux, sa jurisprudence
antérieure (Cour de Cassation, civile, 17 juillet 1866 D. P.
1866. 1.391).

Le Conseil d'Etat qui s'est prononcé sur les eaux dans le
sens que nous venons d'indiquer, n'a pas eu à statuer sur le
lit. Il a préféré d'ailleurs, ne pas se prononcer sur l'ancienne
attribution de ces droits d'usage sur les eaux. Il s'est contenté
de reconnaitre les pouvoirs de police, de l'autorité féodale et
de consacrer l'existence légale des établissements ainsi
fondés sur les cours d'eaux en vertu d'une autorisation, soit
expresse, soit présumée des anciens seigneurs (Conseil
d'Etat, 22 novembre 1851, Lebon ; Recueil des arrêts du Conseil d'Etat, 1851, page 692 ; Conseil d'Etat, 29 novembre 1851 ;
Lebon, 1851, page 713 ; Conseil d'Etat 18 juin 1852 ; Lebon,
1852, page 249 ; Conseil d'Etat, 1er février 1855 ; Lebon, 1855,
page 100 ; Conseil d'Etat, 10 février 1859, Lebon, 1859,
page 117).

Quelle conclusion tirer de cet historique rapide de la question qui nous occupe ? Il nous parait bien difficile de la
formuler en présence des divergences dans la doctrine des
auteurs anciens ou modernes, et des contradictions dans les
textes que nous avons relatées. Nous ne pouvons prétendre
réussir là où ont échoué des auteurs éminents, tels que
Daviel, Championnière, Laferrière ou Nadault de Buffon. Nous
nous permettrons seulement quelques observations très
courtes sans les croire d'ailleurs à l'abri de toute critique.

Et d'abord la très grande majorité des auteurs nous parait
s'être prononcée en faveur du système de l'appropriation
privée des cours d'eau. Cependant, en ce qui concerne les
eaux, des doutes peuvent naitre à raison de l'obligation, contenue dans les coutumes et spécialement l'une des plus
importantes celle de Normandie, de rendre les eaux à leur
cours ordinaire et de ne pas faire de retenues préjudiciant
aux usiniers inférieurs, obligation et restriction qui n'ont
jamais été imposées au propriétaire de la source. Pour le lit
des cours d'eau, l'opinion des anciens légistes est plus admis-

sible. Nous avons vu que la cour de cassation l'avait consacrée.

A qui appartenaient maintenant ces droits de propriété sur le lit et d'usage sur les eaux ?

Nous savons que la Cour de Cassation les a attribués aux seigneurs et plus spécialement aux seigneurs hauts justiciers. Cette solution est bien en harmonie avec la législation intermédiaire ainsi qu'avec les principes du Code civil suivant l'interprétation qu'une jurisprudence constante en a donnée. Cette jurisprudence, en effet, ne reconnaît aux riverains d'autres droits que ceux qui leur sont accordés expressément par le Code. Si donc ces derniers, aux yeux des législateurs de 1804, avaient paru sous la féodalité en possession de privilèges plus étendus, leurs droits auraient été consacrés dans le Code civil. Seuls, les droits appartenant aux anciens seigneurs, ont disparu par l'effet des lois abolitives du régime féodal ; la propriété privée, au contraire, a été entièrement respectée par ces dernières. Le législateur de 1804 a voulu, et cela ne peut faire l'objet d'aucun doute, consolider l'œuvre de la révolution qui, elle-même, avait respecté la propriété privée. Si donc les anciens droits sur les cours d'eau ont disparu, c'est qu'ils appartenaient ou, tout au moins, ont paru appartenir, aux yeux de ce dernier, aux seigneurs.

Nous savons que les lois abolitives de la féodalité ont eu pour effet d'abolir les droits légitimement exercés ou usurpés par les seigneurs justiciers ainsi que les droits féodaux, et de réunir ainsi au domaine utile possédé par le Vassal le domaine direct que se réservait le Seigneur féodal.

Tel est le résumé de la condition légale des cours d'eau non navigables ni flottables, pendant la période féodale.

Pendant la période révolutionnaire plusieurs projets ont été successivement proposés sous les divers régimes qui ont précédé l'empire, mais aucun n'a abouti et n'est devenu loi ayant force exécutoire. On retrouve dans tous ces projets une tendance à assimiler les rivières non navigables ni flottables aux rivières navigables au point de vue de la domanialité publique.

Passons maintenant au régime organisé par le Code civil. Nous allons rappeler d'abord les différents textes qui ont trait à la matière.

L'article 641 confère la propriété de la source au propriétaire du fond où elle naît.

L'article 538 considère les fleuves et rivières navigables et flottables comme des dépendances du domaine public.

Les articles 556.557 attribuent aux riverains les allusions et les relais.

L'article 561 leur attribue également les îles et atterrissements se formant dans les rivières non navigables ni flottables. L'article 562 règle le cas où un champ est embrassé et coupé par une rivière ou un fleuve et devient une île, et décide que le propriétaire en conserve la propriété.

L'article 563 attribue le lit abandonné par un fleuve ou une rivière aux propriétaires des fonds nouvellement occupés, chacun dans la proportion du terrain qui lui a été enlevé.

L'article 644 reconnaît aux riverains certains droits, il est ainsi conçu :

« Celui dont la propriété borde une eau courante autre que celle qui est déclarée dépendance du domaine public par l'article 538 au titre de la distinction des biens, peut s'en servir à son passage pour l'irrigation de ses propriétés ; celui dont cette eau traverse l'héritage peut même en user dans l'intervalle qu'elle y parcourt, mais à la charge de la rendre à la sortie de ses fonds à son cours ordinaire ».

Aux termes de l'art. 645 : « S'il s'élève une contestation entre les propriétaires auxquels ces eaux peuvent être utiles, les Tribunaux en prononçant doivent concilier l'intérêt de l'agriculture avec le respect dû à la propriété, et dans tous les cas, les règlements particuliers et locaux sur le cours et l'usage des eaux doivent être observés. »

Les articles 556, 557, 562, 563, s'appliquent à toutes les rivières. Les articles 561, 644, 645, au contraire, sont spéciaux aux rivières non navigables.

Il serait bon de rappeler encore les textes législatifs suivants, qui, bien qu'antérieurs au Code civil, n'ont pas été abrogés par ce dernier.

Décret de l'Assemblée nationale des 22 décembre 1789-janvier 1790 (Section III, art. 2) qui charge les administrations de département de la conservation des rivières.

Loi des 12-20 août 1790 qui charge les assemblées administratives de « rechercher et indiquer le moyen de procurer le libre écoulement des eaux et diriger, autant qu'il sera possible, toutes les eaux de leur territoire vers un but d'utilité générale d'après les principes de l'irrigation ».

Loi des 28 septembre-6 octobre 1791, qui charge le directoire du département de fixer un niveau maximum pour les eaux du bief d'amenée des usines que les propriétaires de ces dernières ne peuvent dépasser.

Loi du 14 floréal an XI, qui met à la charge des riverains le curage des rivières non navigables ni flottables et l'entretien de leurs digues et confie à l'autorité administrative le soin d'en assurer les opérations.

Décret du 22 janvier 1808 qui prévoit l'allocation d'une indemnité aux riverains pour la création de la servitude de halage et de marchepied lorsqu'un cours d'eau est rendu navigable par des travaux.

Loi du 15 avril 1829 qui reconnaît aux riverains le droit de pêche tout en le soumettant à des règles de police et leur accorde une indemnité d'éviction, lorsque la rivière, par suite de travaux, devient navigable.

Tels sont les textes : aucun d'eux ne définit d'une façon expresse et précise la condition légale des rivières non navigables ni flottables. Quatre systèmes ont été soutenus par les auteurs, parmi lesquels se sont produites, au sujet du droit moderne, les mêmes divergences que nous avons relatées au sujet du droit ancien. Nous allons les exposer et les discuter successivement.

1° Système. — **Domanialité publique des cours d'eau non navigables ni flottables.** — Ce système a été principalement soutenu par Proudhon et par Rives, conseiller à la Cour de cassation. On a invoqué à son appui plusieurs arguments tirés soit de l'histoire du droit, soit des textes que nous venons de citer.

Les arguments historiques peuvent se résumer ainsi : Antérieurement au régime féodal, toutes les rivières navigables ou non navigables étaient considérées comme des dépendances du domaine royal. Si, pendant la période féodale, les seigneurs ont commis des usurpations sur les rivières non navigables, l'abolition de la féodalité, qui a supprimé tous les privilèges exercés par ces derniers, a eu pour effet de faire rentrer ces rivières dans le domaine national. C'est, d'ailleurs, cette opinion qui a été prédominante pendant les premières années qui ont suivi la révolution ainsi que le prouvent les premiers projets de loi élaborés pendant cette période.

Voici maintenant les arguments tirés des textes.

L'art. 563 ne peut se concilier qu'avec ce système. Si le Code Civil a attribué aux propriétaires des terrains envahis, les terrains abandonnés par les eaux, c'est que ces terrains appartenaient à l'Etat.

La domanialité publique des rivières non navigables a été consacrée par les lois des 22 décembre 1789-janvier 1790 et 12-20 août 1790. Enfin, le décret de 1808 et la loi de 1829 sont la preuve manifeste que les cours d'eau non navigables ne sont pas susceptibles d'un droit de propriété privée, puisqu'ils ont indiqué limitativement les indemnités à payer aux riverains pour le cas où le cours d'eau serait rendu navigable à la suite de travaux. D'ailleurs, il importe à la prospérité du pays que tous les cours d'eau soient rangés dans le domaine public, pour leur utilisation dans des vues d'intérêt général.

Cette argumentation n'est pas solide et les objections qu'on peut lui faire sont trop fondées pour que ce système ait pu triompher. Il n'est nullement prouvé que les rois à l'origine aient été les seuls et uniques détenteurs des cours d'eau non navigables. Il est au moins curieux que l'autorité royale n'ait élevé aucune prétention à leur sujet, quand elle a, en 1669,

classé expressément les rivières navigables dans le domaine
de la couronne. L'art. 563 ne prouve nullement la domanialité
publique des rivières non navigables. Nous le démontrerons
en examinant les autres systèmes. Il en est de même du décret
de 1808 et de la loi de 1829. Quant aux lois des 22 décembre
1789-janvier 1790 et 12-20 août 1790, elles attribuent à l'autorité administrative certains pouvoirs de police, mais elles ne
tranchent nullement la question en faveur de la domanialité
publique des rivières non navigables.

Il suffit d'ailleurs, que l'autorité administrative et l'autorité
judiciaire aient certains pouvoirs de police et de règlementation pour que la bonne utilisation des eaux courantes soit
assurée.

Enfin ce système est absolument condamné par les articles
538 et 644 du Code civil, qui établissent d'une façon explicite
et formelle une distinction entre les cours navigables et ceux
qui ne le sont pas et ne rattachent au domaine public que
les premiers.

Deuxième système. — **Droit de propriété des riverains sur
le lit et les eaux**. — Ce système a été soutenu avec beaucoup
de science par des auteurs éminents tels que MM. Daviel,
Championnière, Garnier, Laurent. On a invoqué à son
appui un certain nombre d'arguments dont quelques uns sont
très sérieux et méritent un examen attentif.

Et d'abord, par l'étude de l'histoire du droit, on acquiert
la conviction qu'en droit romain les cours d'eau non navigables ni flottables étaient susceptibles d'appropriation
privée. La loi 1, § 4 D, de « fluminibus » porte en effet cette
phrase : « nihil enim differt a cœteris locis flumen
privatum. »

Il en était de même dans l'ancien droit français. Les rivières
non navigables appartenaient aux riverains qui avaient sur
elles, suivant les cas, soit le domaine plein, soit seulement le
domaine utile, le domaine direct étant réservé au Seigneur
féodal. Quant aux rivières soumises à la première possession,
leur condition légale est demeurée la même : quant aux

autres, l'abolition de la féodalité a eu pour effet de joindre les deux domaines, de réunir le domaine direct au domaine utile en faveur de ceux qui détenaient ce dernier. La nature même des cours d'eau ne s'oppose nullement à l'appropriation privée du lit et des eaux, appropriation qui est du reste de droit commun et qui, par conséquent, en l'absence de tout texte législatif l'interdisant d'une façon formelle et expresse, doit être admise. Ce qui le prouve, c'est que sur les cours d'eau navigables, tous les droits susceptibles d'être exercés par des particuliers, droit de prise d'eau, droit de créer des établissements, droit de récolter les produits, droit de pêche ne sont pas considérés comme une dépendance du domaine public mais font plutôt partie du domaine privé de l'Etat qui n'est nullement tenu de les exercer lui-même mais qui peut soit les affermer, soit les concéder à titre onéreux. Il n'y a que l'intérêt de la navigation qui puisse rendre une rivière insusceptible de propriété privée, nécessiter et justifier son classement parmi les dépendances du domaine public. Ce système est d'ailleurs conforme au droit naturel. Le lit des rivières, qu'il se soit formé naturellement, ou qu'il ait été creusé artificiellement par le travail de l'homme, a toujours fait partie intégrante des héritages voisins : quant aux eaux, elles ont toujours dû suivre le sort du lit conformément au principe que la propriété du sol entraîne la propriété du dessus ou du dessous. Il y a même actuellement un texte du Code civil qui consacre expressément ce principe. C'est l'article 552 ainsi conçu : « La propriété du sol emporte la propriété du dessus et du dessous... » Si l'on consulte le Code civil l'on s'aperçoit que la plupart de ses articles qui ont trait à la matière consacrent le système que nous exposons en ce moment.

L'art. 538 ne classe parmi les dépendances du domaine public que les rivières navigables. C'est donc affirmer, implicitement au moins, que les autres restent soumises aux principes du droit commun, c'est-à-dire au régime de l'appropriation privée. L'art. 644 vient renforcer l'article précédent en maintenant la même distinction. Les art. 556 et 557 qui attribuent aux riverains les allusions et les relais trouvent leur fondement naturel et logique dans le principe de l'accession.

La question est d'ailleurs tranchée d'une façon catégorique par l'article 561 si on le rapproche de l'art. 560. Les deux articles ont été placés dans la section du « droit d'accession aux choses immobilières » et cette place est significative. De même que l'art. 560 accorde la propriété des îles qui se forment dans les rivières navigables à l'Etat, parce que ces rivières sont rangées dans le domaine public, de même l'art. 561 accorde la propriété des îles qui se forment dans les rivières non navigables aux riverains parce qu'elles constituent la propriété privée de ces derniers. Pour que l'art. 640 ait un sens, il faut bien que le lit des rivières constitue le fonds inférieur visé par cet article. Enfin l'art. 645 emploie même expressément le mot de « propriété ».

Faisons maintenant la critique de ce système. Les arguments historiques n'ont aucune valeur. Nous l'avons surabondamment prouvé en montrant les controverses qui se sont élevées parmi les auteurs qui, partisans des systèmes les plus opposés, ont tous voulu invoquer à l'appui de leur doctrine, soit le droit romain, soit l'ancien droit. Mais examinons le système de l'appropriation privée séparément pour chacun des deux éléments constitutifs de la rivière : les eaux et le lit.

Et d'abord, en ce qui concerne les eaux, reconnaître aux riverains un droit de propriété absolue, ce serait méconnaître les intérêts généraux les plus essentiels du pays, ce serait empêcher la création d'établissements nouveaux et la bonne exploitation de ceux qui existent, soumettre toutes les entreprises soit agricoles soit industrielles, qui nécessitent l'emploi de capitaux considérables et qui constituent par leur nombre et leur importance une des principales richesses du pays, à un régime de précarité véritablement désastreux.

Chacun des riverains échelonnés le long de la rivière, pourrait, par ses abus, ruiner les riverains d'aval quitte à être ruiné lui-même par un riverain supérieur. Aucun auteur partisan du système de l'appropriation privée n'a osé en arriver à ces conséquences extrêmes. Mais alors quel est ce droit de propriété, sans la faculté de jouir et de disposer de la manière la plus absolue, avec l'obligation de rendre les eaux à leur cours ordinaire à la sortie du fonds, avec le pouvoir discrétionnaire accordé aux tribunaux par l'art. 645, avec les mesures administratives prises, non seulement pour le libre écoulement des eaux et la salubrité publique, mais aussi pour la répartition des eaux dans des vues d'intérêt général (loi des 12-20 août 1790), mesures qui peuvent dépouiller le riverain de sa situation acquise sans indemnité ? Comme le dit fort bien Nadault de Buffon, ce n'est plus un droit de propriété, c'est un simple droit d'usage.

Les travaux préparatoires du Code civil sont dans ce sens : Le texte primitif de l'art. 644 était ainsi conçu : « Celui dont cette eau traverse l'héritage peut même dans l'intervalle qu'elle y parcourt en user à sa volonté », les mots de « à sa volonté » ont été supprimés sur une observation du Conseiller d'Etat Pelet, qui avait exprimé la crainte que les riverains supérieurs ne se crussent le droit d'abuser de leur situation par rapport aux riverains situés au-dessous d'eux. Quant à l'art. 645, le mot de « propriété » qui s'y trouve a un sens tout au moins ambigu et il peut tout aussi bien s'appliquer à la propriété territoriale ou industrielle. L'argument que l'on veut tirer de l'art. 538 ne prouve absolument rien.

Et d'abord, il peut se retourner contre ses partisans, si on le rapproche de l'art. 641 qui ne consacre le système de l'appropriation privée que pour les eaux de source.

Si l'on soutient que l'art. 538 peut être considéré comme reconnaissant le caractère privé de toutes les eaux autres que celles expressément classées comme dépendances du domaine public, ne sommes-nous pas autorisés à répondre, que si l'art. 641 ne consacre expressément le droit de propriété privée qu'en ce qui concerne les eaux de source, c'est que ce droit, aux yeux du législateur, ne pouvait s'appliquer à toutes les autres eaux ? D'ailleurs, cet argument ne pourrait être probant que si toute chose devait nécessairement ou faire partie du domaine public ou appartenir privativement soit à une collectivité, soit à une personne privée. Mais, c'est faire alors abstraction de l'art. 714 aux termes duquel « il est des choses qui n'appartiennent à personne et dont l'usage est commun à tous ».

M. Laurent prétend démontrer que cet article ne peut viser une catégorie spéciale de choses, à raison de sa place même dans le Code.

Pour lui, il faut s'en référer au titre de la distinction des biens, où le législateur s'occupant des biens dans leur rapport avec ceux qui les possèdent, les divise à ce point de vue, en deux classes : celle des biens appartenant aux particuliers et celle des biens qui n'appartiennent pas à des particuliers, et ces derniers, qui, à raison de leur destination publique, sont consacrés à l'usage de tous, le Code les attribue dans l'article 538, au domaine public. L'article 714 ne fait que reproduire en substance l'article 538, de même que l'article 713, aux termes duquel les biens qui n'ont pas de maître appartiennent à l'Etat, reproduit l'article 539 qui porte que les biens sans maître appartiennent au domaine public. Le but de ces dispositions n'est pas de créer une nouvelle classe de biens, le législateur ne fait que répéter dans les articles 713 et 714 ce qu'il a déjà dit dans les articles 538 et 539. Il n'y a donc pas une classe de biens à part que l'on pourrait appeler communs en ce sens qu'ils n'appartiennent à personne, bien que l'usage en soit commun à tous : ces choses là font partie du domaine public (Laurent, principes de droit français, tome VI, page 38).

Si nous avons bien compris M. Laurent, toute chose qui n'est pas susceptible de propriété privée doit, par là même, rentrer nécessairement dans le domaine public. Par conséquent font partie du domaine public : la mer, l'air, les nuages, la lumière et la chaleur du soleil, etc., etc. Aucun particulier en effet ne peut indubitablement prétendre les posséder privativement. La surveillance et l'utilisation de cette partie du domaine de l'Etat nous paraîtraient tout au moins difficiles. De plus le domaine public étant inaliénable et imprescriptible, il faudrait donc demander une concession, d'air, de chaleur, de lumière, et cette concession, toujours précaire et révocable à volonté, pourrait être refusée !

Tout argument qui conduit à des conséquences aussi extraordinaires, n'en est pas un. Il nous paraît inutile d'insister davantage. L'article 714 ne se confond donc pas
avec l'article 538. Il vise une catégorie spéciale de choses
dans lesquelles une jurisprudence que nous approuvons sans
réserve, a fait entrer les rivières non navigables.

Examinons maintenant le système par rapport au lit. Il
nous pourrait suffire d'opposer aux partisans du système que
nous combattons l'article 552 qu'ils invoquaient eux-mêmes.
Puisque la condition du lit et la condition des eaux sont
intimement liées, du moment que les eaux ne peuvent
appartenir aux riverains, il doit en être de même du lit.
Mais cette argumentation serait insuffisante, aujourd'hui
surtout, car la loi de 1898 que nous examinerons dans le chapitre prochain a justement dissocié la condition du lit de
celle des eaux.

Et d'abord, la plupart du temps, le lit se sera creusé bien
avant la constitution de la propriété. L'article 563 ne peut
être ensuite considéré comme une inadvertance commise par
les auteurs du Code, dont la compétence et les soins qu'ils
ont apporté à l'élaboration de ce dernier, sont au-dessus de
toute contestation. Il ne peut non plus être considéré comme
une mesure d'équité, car si les riverains du nouveau lit en
conservaient la propriété, on arriverait à cette conséquence
bien peu équitable, que ces riverains auraient à la fois et la
propriété du nouveau lit et la propriété de l'ancien, et que les
propriétaires primitifs de ce dernier seraient spoliés de leur
droit de propriété. Si donc la loi attribue aux nouveaux riverains par mesure d'équité, l'ancien lit, c'est que ce dernier
n'appartenait à personne et qu'il est tombé par l'effet de l'a-
bandon des eaux, conformément à l'article 713, dans le
domaine privé de l'Etat qui a pu ainsi pleinement en disposer.

En ce qui concerne l'article 561 qui fournit le seul argument
quelque peu sérieux à nos adversaires, nous répondrons
qu'il ne faut pas faire un cas exagéré de la place qu'il occupe
dans la section « du droit d'accession » et qu'il y a des dispositions qui ne consacrent nullement le droit naturel en matière

d'accession et qui ne résultent que de la volonté du législateur. L'article 561 fait partie de ces dernières. La loi attribue les îles aux riverains par mesure d'équité, pour compenser les charges qui pèsent sur eux en cette qualité, et les dangers qui résultent du voisinage des rivières. C'est la même pensée qui a dicté au législateur les deux articles 561 et 563.

Les développements que nous venons de donner nous paraissent suffisants. Nous ne citons que pour mémoire les autres arguments par lesquels on a battu en brèche le système qui attribue aux riverains la propriété des rivières non navigables.

Aucune indemnité n'a jamais été allouée aux riverains pour la dépossession de leur prétendu droit de propriété : lorsqu'un cours d'eau était canalisé, était rendu navigable par la suite de travaux et tombait en conséquence dans le domaine public. Il n'a jamais été accordé aux riverains d'autres indemnités que celles résultant de l'établissement de la servitude de halage et de la privation du droit de pêche.

Enfin l'art. 103 de la loi du 3 frimaire an VII, relative à la répartition, à l'assiette et au recouvrement de la contribution foncière porte que : « les rivières ne sont pas cotisables » tandis que l'article 104 soumet au contraire à la cote les canaux d'irrigation et les canaux usiniers.

3e SYSTÈME.— **Droit de propriété des riverains sur le lit.— Classement des eaux parmi les choses qui n'appartiennent à personne et dont l'usage est commun à tous.**— Toutes les objections que nous avons faites dans l'examen du système précédent relativement à l'appropriation privée des eaux ne peuvent plus être faites. Mais restent les objections tirées de l'article 563, de l'article 103 de la loi du 3 frimaire an VII, et enfin du principe qu'à moins de disposition contraire édictée par le législateur et conformément à l'article 552 la condition légale du lit doit être la même que celle des eaux. Ces objections qui subsistent dans toute leur force, suffisent à rendre ce système inadmissible.

4ᵉ Système. — **Classement du lit et des eaux parmi les choses qui n'appartiennent à personne et dont l'usage est commun à tous.** — Ce système seul arrive à concilier tous les textes. Les articles 552, 563 du Code civil, et 103 de la loi du 3 frimaire an VII, sont notamment respectés et justifiés. Quand à l'objection tirée de l'article 561, nous l'avons déjà réfutée en indiquant qu'il a été inspiré par une pensée d'équité. Enfin les articles 556 et 557 constituent une application du principe d'accession non par rapport au lit, mais par rapport à la rive.

La Cour de Cassation et le Conseil d'Etat se sont prononcés d'une façon formelle en faveur de ce dernier système et contre l'appropriation privée soit du lit, soit des eaux. (Cour de Cassation : requête 14 février 1833; D. P. 1833, 1-138; civile 11 février 1834, D. P., 1834, 1.108); civile, 10 juin 1846; D. P., 1846, 1.177; civile, 17 juillet 1866, D. P. 1866, 1.391; civile, 22 décembre 1886, D. P., 1887, 1.111; civile, 1ᵉʳ avril 1890, D. P., 1891, 1.391); (Conseil d'Etat, 13 août 1851, Lebon 1851, page 635; Conseil d'Etat, 18 novembre 1852, Lebon 1852. page 452; Conseil d'Etat, 18 avril 1866, Lebon 1866, page 385).

Il nous reste à dire quelques mots d'un système qui a voulu distinguer entre les ruisseaux et les rivières et considérer les premiers comme étant seuls susceptibles de propriété privée. Quand aux secondes, les deux auteurs les plus éminents qui ont soutenu cette théorie ne sont pas d'accord entre eux. M. Proudhon les a classées parmi les dépendances du domaine public. M. Demelombe a prétendu qu'elles étaient *res nullius*. Cette doctrine, bien qu'elle ait été admise dans l'ancien droit par plusieurs auteurs, ne peut être justifiée en droit moderne par aucun texte législatif. Elle se heurte ensuite au point de vue pratique à des difficultés insurmontables. Nulle part le législateur n'a voulu établir une pareille distinction. Personne n'a pu contester que les lois du 14 floréal an XI et du 15 avril 1829 fussent applicables à tous les cours d'eau non navigables sans aucune distinction. Toutes les rivières qui n'ont pas été classées parmi les dépendances du domaine public par l'article 538, sont par là même régies par les articles 644 et 645. Le législateur n'a nulle part établi d'autre distinction que celle qui existe entre, d'une part, les rivières navigables et, d'autre part, celles qui ne le sont pas. Quant à l'article 640 qui constitue, pour les partisans du système que nous combattons, l'argument le plus spécieux, on peut cependant lui attribuer une portée pratique, sans être dans l'obligation, pour cela de reconnaître aux particuliers un droit de propriété sur une certaine longueur des cours d'eau à partir de leur origine. Cet article s'applique aux eaux pluviales, à celles qui s'écoulent à la superficie du sol, sans s'être encore creusé un lit, ou qui n'ont qu'un cours accidentel comme celles de certains torrents,

Quel sera d'ailleurs le critérium qui permettra de distinguer le ruisseau de la rivière ? Sera-ce la largeur du lit ou bien le débit ? L'importance d'un cours d'eau dépend en réalité d'un trop grand nombre de circonstances variables, susceptibles de se modifier, soit par l'effet de causes naturelles, soit par l'effet du travail de l'homme. Il est donc impossible de poser de règle générale, et ces incertitudes augmenteraient encore le nombre des procès entre particuliers, ce qui serait infiniment regrettable.

CHAPITRE II

LOI DU 10 AVRIL 1898

L'art. 3 de la loi du 10 avril 1898 est ainsi conçu : « Le lit des cours d'eau non navigables et non flottables appartient aux propriétaires des deux rives.

Si les deux rives appartiennent à des propriétaires différents, chacun d'eux a la propriété de la moitié du lit suivant une ligne que l'on suppose tracée au milieu du cours d'eau : sauf titre ou prescription contraire.

Chaque riverain a le droit de prendre dans la partie du lit qui lui appartient tous les produits naturels et d'en extraire de la vase, du sable et des pierres, à la condition de ne pas modifier le régime des eaux et d'en exécuter le curage conformément aux règles établies par le chapitre 3 du présent titre.

Sont et demeurent réservés les droits acquis par les riverains ou autres intéressés sur les parties des cours d'eau qui servent de voie d'exploitation pour la desserte de leurs fonds. »

La loi de 1898 consacre, ainsi qu'on peut s'en rendre compte par la lecture de cet article, le troisième système que nous avons exposé dans le chapitre précédent, celui qui dissociait la condition légale du lit de celle des eaux, et qui attribuait la propriété du premier aux riverains, les dernières demeurant dans la catégorie des choses qui n'appartiennent à personne. Cette innovation sur le Code Civil mérite-t-elle d'être approuvée sans réserves ou entraînera-t-elle au contraire des conséquences regrettables ?

Un débat très approfondi de la question a eu lieu devant le Sénat entre, d'une part, le rapporteur de la loi, M. Cuvinot, qui a réussi à faire adopter par l'assemblée le texte proposé par la Commission, et M. Clément, qui a critiqué la nouvelle disposition, dans un discours tout à fait remarquable. Ce débat a mis en pleine lumière les arguments qui pouvaient militer en faveur de l'innovation ainsi que les objections qui pouvaient lui être opposés. (*J. O.*, 27 juin 1883).

M. Cuvinot, chargé de faire le rapport au nom de la commission qui avait reçu la mission d'examiner le projet de loi sur le régime des eaux, a développé d'une façon absolument complète toutes les raisons qui pouvaient déterminer le législateur à attribuer d'une façon formelle aux riverains la propriété du lit des cours non navigables.

Il a d'abord fait un historique complet de la condition légale de ces cours d'eau et s'est appliqué à démontrer que le lit avait toujours appartenu aux riverains, qu'il en était notamment ainsi sous l'empire du Code civil. Cette partie de sa démonstration est loin d'être convaincante. Nous ne voulons revenir ici ni sur l'exposition de cette théorie, ni sur sa réfutation, et nous nous contentons de renvoyer aux explications déjà données sur ce point dans notre chapitre précédent, en rappelant seulement la conclusion que nous avons adoptée, savoir que seule la théorie admise par une jurisprudence constante de la Cour de cassation et du Conseil d'Etat, qui classait les cours d'eau non navigables dans la catégorie des choses n'appartenant à personne, arrivait à concilier tous les textes régissant la matière. D'ailleurs, maintenant que nous examinons la loi de 1898, nous avons seulement à constater ce qui est et non pas ce qui était, à apprécier l'innovation introduite par cette loi dans la situation des riverains telle qu'elle avait été déterminée par l'autorité judiciaire, interprêtant, d'une façon souveraine, la législation préexistante. Au point de vue juridique d'abord, M. Cuvinot s'est appliqué à démontrer que la condition légale du lit pouvait être envisagée séparément de la condition légale des eaux, qu'aucune indivisibilité n'existait entre ces deux éléments dont la réunion constituait le cours d'eau.

En ce qui concerne le lit, l'ensemble des droits reconnus

aux riverains par la législation est la preuve manifeste du droit de propriété de ces derniers :

« Considérons, dit le rapport, le cas d'un cours d'eau traversant une propriété. En vertu de l'art. 644 le propriétaire a la faculté de changer à son gré le lit de ce cours d'eau, de le diviser en plusieurs bras, de l'élargir, s'il lui plaît, de manière à former un étang, il peut même et c'est son droit absolu, couvrir le lit en totalité ou en partie, élever au-dessus des constructions, faire en un mot, pour les surfaces occupées par le cours d'eau ce qu'il lui est loisible de faire dans toutes les autres parties de son héritage et cela sous la seule réserve de rendre l'eau, à la sortie de son fonds, à son cours ordinaire. » (J. O. Sénat 13 janvier 1883).

Le droit de propriété des riverains sur le lit n'entraine nullement comme conséquence nécessaire un droit de propriété sur les eaux :

« Lorsqu'il s'agit d'un canal de dérivation amenant l'eau d'une usine, on admet sans difficulté que le lit et les bords du canal peuvent être la propriété des riverains, l'usinier ayant un droit exclusif à l'usage des eaux.

Lorsqu'il s'agit d'un canal d'irrigation établi en vertu de la loi du 29 avril 1845, la même situation se présente ; le particulier qui a obtenu le droit de passage des eaux et qui a creusé un canal dans le terrain d'autrui n'acquiert aucun droit de propriété sur ce terrain ; de son côté, le propriétaire du fond traversé conserve la propriété du sol, sans pouvoir élever aucune prétention à l'usage des eaux dérivées. Ce dernier est assujetti à une obligation bien définie et nettement délimitée : laisser passer l'eau nécessaire à l'irrigation des terrains en faveur desquels la servitude a été créée, mais sa propriété n'est pas démembrée, et il est libre d'établir au-dessus de la dérivation un pont, une construction quelconque, d'exercer en un mot la plénitude de ses droits de propriété, à la seule condition de ne pas entraver l'exercice de la servitude qui pèse sur son fonds.

Il est facile de concevoir que les propriétaires de terrains traversés par un cours d'eau naturel soient assujettis à une servitude analogue. »

Les riverains n'ont au contraire sur les eaux que les droits à eux conférés par l'art. 644.

« L'eau n'appartient pas aux riverains, nous l'avons prouvé déjà en nous basant notamment sur l'art. 644 du Code civil. Nous pouvons invoquer en outre la loi du 20 août 1790 qui confère à l'Administration, à l'égard de toutes les eaux du territoire, des attributions incompatibles avec l'existence d'un droit de propriété sur ces mêmes eaux.

En réalité les riverains n'ont d'autre privilège que la faculté à eux concédée par l'art. 644. A côté de cette faculté, ils ont des obligations qui sont clairement écrites dans les art. 640 et 644.

Des eaux découlent des fonds supérieurs, le propriétaire du fond inférieur est tenu de les recevoir (art. 640 et, d'après l'art 644 paragraphe 2, de les rendre à la sortie de son fonds à leur cours ordinaire. Mais dans l'intervalle qu'elles parcourent sur son terrain, il a la pleine liberté de les détourner, d'en diviser le cours, d'en former des pièces d'eau, etc.

Il peut même, comme nous le disions précédemment, couvrir le lit en totalité ou en partie, pourvu que l'écoulement soit assuré et qu'il n'y ait pas violation des art. 640 et 644.

La conclusion qui s'impose est que le lit appartient au propriétaire du fond traversé, lequel demeure assujetti à la servitude du passage des eaux.

Si les propriétaires riverains sont d'accord, ils jouissent de la même faculté que si les deux rives appartenaient à un propriétaire unique. Et chacun d'eux considéré isolément, garde évidemment sur le lit le droit de propriété qu'il peut mettre en commun avec le riverain opposé. »

M. Cuvinot, après s'être placé sur le terrain juridique et avoir essayé de prouver que le nouveau système était absolument en harmonie avec les prescriptions du Code civil et des lois en vigueur, s'est livré à des considérations d'un autre ordre et a voulu démontrer que cette doctrine répondait bien au but que devait poursuivre le législateur, et que tout en offrant à la propriété et aux droits acquis, toutes les garanties désirables, elle se prêtait au développement de la production agricole et de la richesse publique.

« Le lit d'un cours d'eau constitue donc ainsi que nous l'avons déjà dit, une zone retranchée de la surface cultivable, mais qui à l'origine faisait évidemment partie intégrante des terrains adjacents.

Y a-t-il une raison valable de contester aux riverains la propriété de ce lit ? Y a-t-il pour la société un intérêt quelconque à en revendiquer la possession? Votre commission pense qu'il est plus conforme au droit naturel de décider en faveur des riverains. Elle ajoute qu'à son avis, les solutions contraires offrent des inconvénients sans avantage réel pour personne.

On a soutenu, avec juste raison, que le facile écoulement des eaux n'intéressait pas seulement les riverains immédiats des cours d'eau et que la conservation du lit des rivières et ruisseaux, présentait tous les caractères d'un intérêt général. Sur ce point, les avis sont unanimes. Mais est-il nécessaire pour que l'intérêt général soit sauvegardé, d'attribuer le lit soit à l'État soit au domaine public ?

Ce que l'on doit rechercher, ce que l'on peut exiger des riverains, c'est qu'ils maintiennent le libre cours des eaux et qu'ils s'abstiennent de tout acte pouvant accroître l'insalubrité ou le danger des submersions. Pour arriver à ce résultat, il n'est pas besoin que l'État soit propriétaire, des lois de police suffisent. La stricte application par l'administration de ces lois de police est d'ailleurs parfaitement conciliable avec le droit de propriété des riverains sur le lit des cours d'eau non navigables, ni flottables. La doctrine du projet de loi répond donc sur ce point aux exigences de l'intérêt général et au respect des intérêts particuliers ».

M. Cuvinot repousse au contraire, en ce qui concerne les eaux, l'attribution du droit de propriété aux riverains. Leur utilisation, soit pour l'irrigation des terres, soit pour le fonctionnement d'établissements industriels, nécessite le plus souvent la création d'ouvrages très dispendieux, tels que barrages, vannes, roues hydrauliques, canaux d'amenée et de fuite, et cette utilisation contribue pour une large part au développement de la richesse publique. L'intérêt social et la justice sont d'accord pour exiger que pleine sécurité soit accordée aux auteurs de ces travaux, en leur assurant la conservation des avantages personnels qu'ils ont cherchés.

« S'il en était autrement, si un riverain avait le pouvoir de rendre inutiles, entre les mains des propriétaires inférieurs, les travaux exécutés par ceux-ci; si des prairies aménagées pour l'irrigation étaient exposées à manquer d'eau ; si des moulins risquaient d'être mis en chômage par la simple volonté d'un propriétaire supérieur: aucun particulier ne voudrait consacrer son capital ou son travail à des améliorations dont le bénéfice serait purement aléatoire.

Les eaux s'écouleraient devant les héritages profitant aujourd'hui à l'un, demain à l'autre, sans aucune règle, sans aucune sécurité pour personne. De pareilles conditions excluraient toute prévoyance et ne laisseraient subsister à la place de l'esprit du progrès, que des rivalités stériles et sans issue.

Nous sommes donc fondés à conclure que les eaux des cours d'eau non navigables ne sauraient être abannonnées aux riverains sans grand dommage pour les riverains eux-mêmes et pour la Société ».

M. Cuvinot conclut au maintien de l'article 644. Cet article, tout en accordant aux riverains certains droits d'usage, qui, a raison même de leur situation, doivent leur être indubitablement reconnus, réserve la compétence administrative, qui garde le pouvoir absolu et imprescriptible de réglementer ces droits, soit pour sauvegarder le libre écoulement des eaux et la salubrité publique, soit même pour assurer la répartition des eaux de la façon la plus conforme à la prospérité générale du pays intéressé au plus haut degré à la bonne utilisation de ces dernières.

Les longues citations que nous venons de faire ont dû mettre en pleine lumière les raisons qui ont déterminé le législateur de 1898, puisque le Sénat a ratifié, malgré le débat

auquel a donné lieu l'art. 3, l'œuvre de la Commission et que
la Chambre a voté précipitamment le projet de loi tel qu'il
lui avait été transmis par le Sénat.

Passons maintenant aux critiques. Nous allons discuter
d'abord les avantages de ce système, avantages qui ont déterminé le législateur à l'adopter et en montrer ensuite les
inconvénients.

Le droit de propriété que l'on reconnaît aux riverains n'est
pas un véritable droit de propriété, avec le sens et l'étendue
que l'on donne à cette expression, lorsqu'on l'applique aux
autres choses susceptibles d'appropriation privée. Le riverain
en un mot n'est pas propriétaire du lit de la rivière comme il
serait propriétaire d'une maison ou d'un champ. Nous pré-
voyons la réponse que l'on pourrait faire à cette affirmation
et qui vous vient immédiatement à l'esprit si l'on se souvient
des citations rapportées ci-dessus. Il a un droit de propriété,
dira-t-on, mais ce droit est restreint par une servitude ; par
l'effet de cette restriction, son droit est moins absolu, mais il
n'en change pas pour cela de nature. Il peut faire en un mot
tous les actes de propriétaire qui seront conciliables avec la
servitude dont sa propriété est grevée. C'est d'ailleurs la même
situation que pour les canaux usiniers, ou les canaux d'irrigation établis en vertu de la loi du 29 avril 1845.

Il y a sans doute une certaine analogie entre la situation
nouvelle du riverain d'un cours d'eau qui lui a été faite par la
loi de 1898 et la situation du propriétaire dont le fonds est
grevé de la servitude d'aqueduc. Mais si l'on va un peu au
fond des choses, on s'aperçoit qu'il y a de notables différences
entre eux. Ce dernier, quand il veut procéder à des travaux
quelconques, n'a aucune autorisation préalable à demander.
Il agit à ses risques et périls. Si le bénéficiaire de la servitude
d'aqueduc trouve que l'exercice de cette dernière est devenu
impossible ou tout au moins est entravé d'une façon appréciable par l'existence de ces travaux, il intentera un procès à
l'auteur de ces derniers. Le tribunal départagera leurs prétentions respectives.

Quelle est, au contraire, la situation du riverain ? Le législateur de 1898, dans l'art. 3, reconnait formellement son droit de propriété sur le lit. Voilà le principe. Il parle à titre d'exemple d'application de ce principe du droit de prendre dans le lit tous les produits naturels et d'en extraire de la vase, du sable et des pierres, c'est-à-dire d'un droit d'une utilité dérisoire la plupart du temps et qu'il soumet encore à des restrictions qui en entravent presque complètement l'exercice. Dans l'art. 11, il affirme au contraire « qu'aucun barrage, aucun ouvrage destiné à l'établissement d'une prise d'eau, d'un moulin ou d'une usine ne peut être entrepris dans un cours d'eau non navigable ni flottable, sans l'autorisation de l'Administration, et dans l'article 14 il dit encore que les « permissions peuvent être révoquées ou modifiées sans indemnité soit dans l'intérêt de la salubrité publique, soit pour prévenir ou faire cesser les inondations, soit enfin dans le cas de la réglementation générale prévue par l'article 9. »

Concluons. Le riverain est propriétaire du lit du cour d'eau, mais, toutes les fois qu'il voudra retirer une utilité quelconque de ce droit de propriété, car l'article 11 prévoit toutes les entreprises qui pourront lui permettre de retirer quelque avantage du cours d'eau, il devra demander au préalable une autorisation à l'Administration qui pourra lui être refusée, et la décision, dans ce cas, ne pourra être susceptible d'aucun recours contentieux de sa part, ou qui, si elle lui est accordée, pourra toujours être révoquée ou modifiée dans l'intérêt, soit du libre écoulement des eaux, soit de la salubrité publique, soit même de la répartition des eaux dans des vues d'intérêt général.

A ce compte là on pourrait sans inconvénient reconnaître que le domaine public appartient, en principe, à tous, puisque chacun ne pourrait exercer un droit quelconque sur lui qu'à la condition d'obtenir au préalable une autorisation de l'autorité administrative, autorisation toujours révocable, quelle que soit l'époque à laquelle elle aurait été accordée.

La vérité est qu'il est impossible de dissocier ainsi la condition lit de celle des eaux, d'accorder aux riverains la propriété du premier, les secondes demeurant dans la catégorie des choses n'appartenant à personne.

Le cours d'eau est composé de ces deux éléments, et l'on peut affirmer qu'en règle générale toute modification apportée à l'un entrainera une modification correspondante de l'autre. Cela est si vrai que le législateur, après avoir consacré le droit de propriété sur le lit des riverains, dans l'art. 3, est obligé de soumettre, dans l'art. 11, toutes les entreprises de ces derniers à la nécessité d'une autorisation préalable, car, toutes, elles devaient influer plus ou moins sur le libre cours des eaux, ou leur répartition entre les divers intéressés. Accorder aux riverains un droit de propriété sur le lit seulement, c'est leur accorder un droit nominal dont ils ne peuvent tirer aucune utilité. Le système adopté par la jurisprudence était beaucoup plus logique et respectait beaucoup mieux la véritable nature des choses. Quant à l'argument tiré par M. Cuvinot, de ce que le lit des cours d'eau faisait partie à l'origine des propriétés riveraines, il faudrait être certain que la naissance des cours d'eau est postérieure à la constitution de la propriété. Or, dans la généralité des cas, pour ne pas dire dans tous, c'est le contraire qui s'est produit.

Nous venons d'essayer de démontrer que l'innovation consacrée par le législateur de 1898, n'offrait aux riverains aucun avantage.

Peut-être même verrons-nous qu'elle pourra entraîner de sérieux inconvénients. Il nous a été suggéré, à ce sujet, une réflexion par l'étude historique de la condition légale des cours d'eau non navigables et l'examen des circonstances dans lesquelles la jurisprudence a eu à prendre un parti. Dans notre chapitre précédent, nous avons exposé les controverses qui s'était élevées à ce sujet, parmi tous les auteurs qui se sont occupés des questions d'eaux. Quatre systèmes ont été défendus avec une égale conviction, par des hommes, dont la science et la compétence sont au-dessus de toute contestation.

Le premier classait les cours d'eau non navigables parmi les dépendances du domaine public ; le second attribuait aux

riverains un droit de propriété sur le lit et sur les eaux ; le
troisième voulait établir une distinction entre les deux éléments du cours d'eau, consacrant le droit de propriété des
riverains sur le lit, les eaux demeurant dans la catégorie des
choses n'appartenant à personne ; le quatrième, enfin, décla-
rait l'article 714 applicable aux rivières non navigables, article dont nous connaissons déjà les termes. Du moment que
des divergences semblables se sont élevées dans la doctrine,
c'est que les textes manquaient de précision et ne résolvaient
pas la question d'une façon catégorique. La jurisprudence
avait donc le choix ; elle n'était nullement liée par un texte
formel devant lequel elle devait s'incliner alors même qu'elle
l'aurait désapprouvé. Elle pouvait, au contraire, concilier les
intérêts en cause ; apprécier, en fait, quelle était la théorie
qui répondait le mieux aux exigences de la pratique, qui
respectait le plus possible les différents droits reconnus aux
riverains par la législation existante, tout en faisant la part
de l'intérêt général du pays et de sa prospérité.

Le système auquel elle s'est finalement ralliée, doit être
indubitablement, au point de vue pratique, le meilleur. Les
auteurs qui n'envisagent le plus souvent les questions qu'au
point de vue doctrinal, au point de vue des principes du droit,
arrivent ainsi quelquefois à formuler des conclusions dont
l'application peut être funeste. Les tribunaux, au contraire,
qui ont sans cesse sous les yeux les intérêts et les droits des
parties en cause, envisagent les mêmes questions à un point
de vue moins élevé, peut-être, mais très certainement plus
pratique, plus utilitaire. Il est parfois même arrivé aux tribunaux d'éluder les dispositions de certains articles dont les
conséquences lui paraissaient mauvaises, alors cependant
que le texte de ces articles était clair et ne pouvait faire l'objet
d'aucune controverse. A fortiori, les solutions adoptées par
les tribunaux dans les questions qui ont donné lieu aux opinions les plus divergentes, sont-elles inspirées presque
uniquement de considérations d'utilité pratique. Si donc la
jurisprudence a adopté le 4e système, que nous avons énoncé
plus haut, c'est que non seulement il arrivait à concilier le

mieux tous les textes régissant la matière, mais qu'il était aussi le plus conforme à l'intérêt même des riverains. Le législateur de 1898 aurait donc dû montrer beaucoup de circonspection lorsqu'il s'est agi pour lui de rompre avec la jurisprudence de la Cour de cassation et du conseil d'état établie depuis plus de 50 ans, et ne se résoudre à le faire que s'il y avait eu une nécessité absolue ou tout au moins des motifs très graves.

Le motif qui se dégage de l'examen des travaux préparatoires et qui semble l'avoir déterminé, c'est la modification de l'art. 563 qui s'est imposée à lui et l'attribution du lit non plus aux riverains du nouveau cours mais aux riverains des l'ancien.

Nous ne voulons, dans ce chapitre, où nous nous contentons de donner des appréciations générales, ni en présenter la justification ni en faire la critique. Nous aurons en effet l'occasion de revenir sur ce point dans le chapitre IV de la section 1re de notre 2e partie et nous y apprécierons si le motif est suffisamment grave pour justifier l'innovation dont nous faisons en ce moment l'étude générale.

M. Clément a fait une critique remarquable, comme nous l'avons déjà dit au début de ce chapitre, du système proposé par la Commission dans l'article 3, qui finalement a été adopté par le Sénat et par la Chambre. Il a démontré que ce système n'apportait aux riverains que quelques avantages bien faibles et dans des circonstances où ils ne méritaient nullement cette faveur ; qu'il empirerait au contraire notablement leur condition dans d'autres cas, où leur situation était digne de tous les égards et de toutes les protections, qu'il créerait enfin, soit à l'administration, soit au public, des difficultés sérieuses que ni l'une ni l'autre ne pouvaient prévoir et qui n'existaient pas sous l'empire du Code civil tel qu'il avait été interprété par la jurisprudence.

Et d'abord, pour les riverains, au cas d'élargissement, de redressement et surtout de changement de lit, reconnus nécessaires par l'autorité administrative, ils jouissaient des garanties accordées par les lois sur l'expropriation pour cause d'utilité publique. Ils perdaient en effet leur droit de propriété sur le terrain qui était ainsi incorporé au cours d'eau, puisque ce cours d'eau n'appartenait à personne. Au contraire, maintenant que les riverains sont devenus propriétaires du lit de ce cours d'eau, il n'y a plus, à proprement parler, de dépossession. Le terrain continuera à demeurer leur propriété et sera simplement grevé d'une servitude pour l'écoulement des eaux donnant lieu seulement à une indemnité de dommage qui sera réglée par le juge de paix conformément à l'article 6 de la loi de 1898.

Nous savons déjà que l'article 103 de la loi du 3 frimaire an VII excepte les rivières des biens soumis à la contribution foncière. Il nous paraît difficile que la même dispense soit maintenue, maintenant que le lit est devenu la propriété des riverains. M. Cuvinot a bien indiqué qu'elle pourrait être justifiée, même sous l'empire de la nouvelle loi, par la considération que le lit ne constituerait entre les mains de ces derniers qu'une propriété improductive. Mais cette remarque est inexacte, car tout terrain, aux termes de la loi de l'an VII, doit être imposé, même s'il est stérile. Cela est si vrai que l'article 104 soumet à la contribution foncière le lit des canaux usiniers ou d'irrigation. Le lit des rivières étant assimilé au lit de ces canaux, ils devront être nécessairement soumis au même régime.

Pour l'administration, maintenant, des difficultés très réelles vont être créées lorsqu'elle voudra procéder à certains travaux d'utilité publique qui devront être effectués sur une partie du lit des cours d'eau, tels qu'un pont par exemple. Jusqu'à présent la Cour de cassation a jugé à maintes reprises que les riverains n'avaient pas droit à une indemnité d'expropriation, parce que, le lit des cours d'eau étant rangé dans la catégorie des choses n'appartenant à personne, l'administration pouvait en disposer sans porter atteinte à aucun droit de propriété. Maintenant, au contraire, il lui faudra recourir aux formalités de l'expropriation et les riverains pourront ainsi obtenir une indemnité alors que, dans ce cas, leur droit ne méritait aucune faveur. M. Clément a signalé une anomalie dans le projet de la Commission, anomalie qui a passé dans la loi, puisque, sur ce point, il a été adopté par les deux chambres sans modification.

Lorsqu'une rivière est rendue navigable à la suite de travaux, elle tombe dans le domaine public et les riverains sont dépossédés de tous les droits qu'ils avaient sur elle. Or, l'article 49 n'accorde dans ce cas aux riverains d'autre indemnité que celle qui leur est due pour l'établissement de la servitude de halage. Nous savons que la loi de 1829 leur en accorde une autre pour la privation du droit de pêche. M. Cuvinot a bien déclaré à la Tribune que le texte de l'article 49 n'était nullement limitatif et que, toutes les fois que les riverains seraient dépossédés du lit de la rivière, une indemnité de dépossession leur serait dûe. Mais il est douteux que la jurisprudence adopte l'interprétation de M. Cuvinot. Quant à nous, la négative ne saurait être douteuse. Si le législateur s'était contenté d'indiquer d'une façon générale qu'une indemnité serait due aux riverains lorsqu'ils seraient expropriés de leurs droits sur le cours d'eau, il est indubitable qu'il y aurait lieu de leur accorder une indemnité de dépossession. Mais du moment qu'il a énuméré les indemnités qui leur étaient dues dans des textes promulgués à des époques très différentes, cette énumération devra être considérée, selon nous, comme limitative, sous peine de constituer une véritable inutilité.

Au point de vue de l'usage public des cours d'eau, M. Clément a réussi à battre en brèche le système proposé par la Commission dans l'article 3. Il reprochait à ce dernier, à raison du principe qu'il posait, de supprimer le droit de circulation en bateau dans les rivières où ce droit était exercé depuis un temps immémorial. Très souvent, certains petits propriétaires, riverains du cours d'eau ont leurs fonds absolument enclavés par d'immenses propriétés et ont l'habitude d'y accéder par des batelets. C'est par la rivière qu'ils enlèvent leurs récoltes, qu'ils apportent les engrais, les bestiaux, qu'ils exploitent en un mot leurs terrains. Si l'on reconnaît aux riverains le droit de propriété sur le lit, il faut par là même retirer le droit de circulation en bateau à tous ces petits propriétaires qui devront réclamer un droit de passage sur les terres de leurs riches et puissants, voisins et payer, pour l'établissement de cette servitude, une indemnité qui pourra souvent dépasser la valeur de leurs domaines.

La question n'offre pas seulement un intérêt théorique. Un grand nombre de rivières en France en effet, qui ne sont pas à proprement parler navigables, et pour lesquelles par conséquent aucun décret déclaratif de navigabilité n'a été rendu, sont cependant susceptibles de cette navigation locale sur certaines parties de leur cours. Or la condition de ces rivières qui ne font pas partie du domaine public est évidemment régie par la loi de 1898.

M. Pouyer-Quertier à la suite de M. Clément, est venu plaider la cause de ces intéressés et le Sénat, malgré une énergique opposition de M. Cuvinot, renvoya le texte à la commission (J. O. 27 juin 1883). Cette dernière ajouta alors, au texte de l'article 3, un paragraphe ainsi conçu : « Sont et demeurent réservés les droits acquis par les riverains ou autres intéressés sur les parties des cours d'eau qui servent de voie d'exploitation pour la desserte de leurs fonds. » Ce paragraphe donnait ainsi satisfaction à M. Clément et à M. Pouyer-Quertier, et le texte fut alors voté par le Sénat sans nouveau débat (J. O. 18 juillet 1883). Il faut avouer que cette réserve du droit de circulation en bateau se concilie difficilement avec le principe du droit de propriété sur le lit reconnu aux riverains par le commencement du même article, et qu'elle constitue une inconséquence de la part du législateur, bien qu'en elle-même nous l'approuvions pleinement.

Enfin de grosses difficultés vont être créées entre les riverains pour la délimitation de leurs propriétés respectives. Jusqu'à présent la rivière constituait une zone neutre qui préservait les deux propriétaires de chaque côté de toute espèce de contestations. La nouvelle loi supprime cette zone neutre et établit une contiguïté qui pourra donner lieu à d'autant plus de difficultés que la ligne de démarcation pourra être détruite ou modifiée par des titres ou prescriptions contraires. A quelles conditions d'ailleurs une possession utile pourra-t-elle s'établir sur une rivière et créer au profit d'un des riverains un titre contre l'autre ? De là viendront des difficultés sans cesse renaissantes. Il y aura des actions possessoires, des actions en bornage : les riverains perdront donc plus qu'ils ne gagneront. Pour les constructions et plantations, ils devront enfin observer les distances prescrites par le Code civil. Auparavant, il fallait bien opérer la délimitation entre les propriétés privées et le lit de la rivière qui n'appartenait à personne, mais c'était alors un acte de l'autorité administrative qui procédait à cette délimitation. Or cet acte, qui n'intéressait nullement le domaine public, puisque les cours d'eau non navigables n'en faisaient pas partie, offrait, dans l'espèce, toutes les garanties d'impartialité aux riverains et de plus était presque toujours général, c'est-à-dire délimitait le cours entier de la rivière. Aujourd'hui au contraire, il y aura autant d'actions que de propriétaires riverains.

En terminant notre deuxième partie, nous devons conclure que les critiques qui ont été adressées au système adopté par le législateur de 1898, l'emportent sur les arguments qui ont été développés à son appui. On ne peut même pas dire que la nouvelle loi a eu au moins le mérite de trancher les graves controverses qui s'étaient élevées au sujet de la condition légale des cours d'eau non navigables ni flottables, puisque depuis plus de 50 ans une jurisprudence constante de la Cour de cassation et du Conseil d'Etat les avait déjà tranchées, ne leur laissant donc plus qu'un intérêt théorique.

DEUXIÈME PARTIE

Droits des Riverains

Les riverains, aux termes de la loi de 1898, jouissent d'un droit de propriété sur le lit, et de certains droits sur les eaux limitativement énumérés dans les textes législatifs régissant la matière. Aussi avons-nous divisé l'étude de ces droits en deux sections : droits des riverains sur le lit, droit des riverains sur les eaux.

SECTION I. — DROITS DES RIVERAINS SUR LE LIT

Du droit de propriété des riverains sur le lit et sur les rives, découlent un certain nombre de conséquences que nous allons étudier successivement. C'est ainsi que l'attribution aux riverains des lais et relais, atterrissements, îles et îlots, qui se forment dans les cours d'eau non navigables et non flottables, trouve son fondement, sous l'empire de la nouvelle loi, dans leur droit de propriété sur les rives et sur le lit. L'article 7, d'ailleurs, de la loi de 1898, déclare formellement que les articles du Code civil continueront à régir cette matière. « La propriété des alluvions, relais, atterrissements, îles et îlots qui se forment dans les cours d'eau non navigables et non flottables, est et demeure régie par les dispositions des articles 556, 557, 559, 561 et 562 du Code civil. »

C'est ainsi encore que, conformément à l'article 4 de la loi de 1898, chaque riverain reprend la libre disposition du lit du cours d'eau abandonné, soit naturellement, soit par suite de

travaux légalement exécutés. « Lorsque le lit d'un cours
d'eau est abandonné, soit naturellement, soit par suite de
travaux légalement exécutés, chaque riverain en reprend la
libre disposition, suivant les limites déterminées par l'article
précédent. » C'est ainsi encore que les riverains ont le droit
d'extraire du lit des matériaux et de récolter les herbages et
autres produits de ce dernier. Ce dernier droit ne soulève
aucune difficulté. Aussi n'avons-nous pas cru devoir consacrer un chapitre spécial à son étude. Une remarque générale
à tous ces droits que nous allons examiner successivement,
c'est que tous étaient déjà reconnus aux riverains, sous l'empire du Code civil, bien que ces derniers ne fussent pas considérés comme propriétaires du lit dans l'opinion prédominante à laquelle s'était ralliée la jurisprudence. La seule
modification introduite par la loi de 1898 est dans l'attribution du lit abandonné qui appartient maintenant aux anciens
riverains, au lieu de devenir la propriété des riverains du
nouveau cours, ainsi que le décidait l'article 563 du Code
civil.

CHAPITRE PREMIER

ALLUVIONS ET AUTRES ATTERRISSEMENTS DE RIVE

Qu'est-ce d'abord qu'une alluvion ?

Une alluvion est un atterrissement de nature spéciale. Un atterrissement est une expression générique qui désigne toute accumulation de terre, limon, graviers, etc., qui se forment et émergent dans les cours d'eau; qui s'applique aussi aux terrains naturels que les eaux découvrent en se retirant. Les matières apportées par les eaux prennent le nom de lais. Les matières qui résultent du retrait des eaux constituent des relais. Lorsque les lais et relais se forment imperceptiblement avec adhérence à l'une des rives, ce sont des alluvions. Les atterrissements isolés dans la rivière prennent le nom d'îles ou d'îlots ou conservent simplement leur désignation générique. Il y a enfin des îles qui ne sont pas des atterrissements, qui sont des terrains naturels que la rivière a séparés de la terre ferme en s'ouvrant un bras nouveau.

Donnons d'abord le texte des art. 556 et 557 du Code civil qui d'après l'art. 7 de la loi de 1898 continuent à régir la matière.

Art. 556. « Les atterrissements et accroissements qui se forment successivement et imperceptiblement aux fonds riverains d'un fleuve ou d'une rivière s'appellent alluvions. L'alluvion profite au propriétaire riverain soit qu'il s'agisse d'un fleuve ou d'une rivière navigable, flottable ou non à la charge dans le premier cas de laisser le marchepied ou chemin de halage, conformément aux règlements. »

Art 557. « Il en est de même des relais que forme l'eau

courante qui se retire insensiblement de l'une de ses rives en se portant sur l'autre : le propriétaire de la rive découverte profite de l'alluvion, sans que le riverain du côté opposé y puisse venir réclamer le terrain qu'il a perdu. Ce droit n'a pas lieu à l'égard des relais de la mer. »

Nous n'avons à examiner dans cet ouvrage le droit d'alluvion que par rapport aux rivières non navigables et non flottables. Quant aux rivières navigables, nous nous bornerons à remarquer au début de ce chapitre que, tandis que les art. 556 et 557 leur sont applicables et que, même sur ces rivières, les riverains acquièrent la propriété des lais et relais, les art. 560 et 561 au contraire les distinguent nettement des cours d'eau non navigables au point de vue de l'attribution des îles ou atterrissements qui se forment dans le lit de la rivière.

Dans l'étude du droit d'alluvion, nous allons essayer de résoudre les trois questions que ce sujet nous offre : dans quels cas l'alluvion a-t-elle lieu ? à qui profite-t-elle et comment doit-elle être répartie entre les riverains ? quels sont ses effets ?

Et d'abord dans quels cas l'alluvion a-t-elle lieu ?

Trois conditions sont nécessaires. Il faut qu'il s'agisse d'un fonds riverain du fleuve ou de la rivière, que l'atterrissement soit adhérent à la rive et fasse désormais une partie intégrante du fond riverain ; qu'il se soit fermé lentement et imperceptiblement.

Reprenons ces conditions : il faut qu'il s'agisse d'un fonds riverain du fleuve ou de la rivière. La riveraineté immédiate est nécessaire et suffisante. Elle est nécessaire ; si le fonds est séparé du cours d'eau par un chemin public ou une digue construite par une association syndicale sur un terrain acquis par elle, l'accession se produit en faveur de la collectivité dans le domaine de laquelle rentre le chemin, ou en faveur de cette association propriétaire de la digue. Il ne peut y avoir aucun doute sur cette solution, bien qu'avant 1790 la solution inverse ait été consacrée par des décisions judiciaires. Elle est suffisante ; du moment qu'il y a riveraineté immédiate, peu importe la nature de cette rive, qu'elle soit constituée par des falaises rocheuses ou des murs. Les articles 556 et 557 ne font aucune distinction. D'ailleurs, quelle que soit la composition géologique de cette rive, elle est toujours soumise aux risques de dégradation provenant de l'action des eaux ; elle doit par conséquent bénéficier des avantages qui peuvent aussi se réaliser. L'alluvion ne se produit que si le fonds est riverain d'une rivière, navigable ou non, c'est-à-dire d'une eau courante. Elle ne se produirait pas si le fonds était riverain d'un lac ou d'un étang. D'ailleurs, contrairement à l'avis de M. Demolombe, aucune distinction n'est à faire entre les cours d'eau.

Nous avons déjà eu l'occasion de réfuter, dans le chapitre Ier de notre première partie, l'opinion de cet éminent auteur qui a essayé d'établir une distinction entre les rivières et les ruisseaux. D'ailleurs, au sujet du droit d'alluvion, Demolombe en arrive à vouloir établir une sous-distinction pour les ruisseaux et même poser en principe que les Tribunaux auront à statuer en fait, suivant les espèces, après avoir consulté l'état des lieux, la possession, les titres et toutes les circonstances de l'affaire. La vérité est que tout devient arbitraire lorsqu'on essaie d'établir des distinctions dont il n'existe aucune trace dans les textes législatifs.

Il faut que l'atterrissement soit adhérent à la rive et fasse désormais partie intégrante du fonds riverain. L'accomplissement de cette condition offre un grand intérêt, s'il s'agit d'une rivière navigable et flottable, puisque, sur ces cours d'eau, les riverains sont propriétaires des lais et relais, tandis que l'Etat est propriétaire des atterrissements qui se sont formés dans le lit de la rivière. La question, au contraire, n'a d'intérêt réel pour les cours d'eau non navigables ni flottables que lorsque l'atterrissement dépasse la ligne médiane du cours d'eau. La propriété, en effet, dans ce cas, sera attribuée exclusivement à l'un des riverains ou répartie entre les deux riverains opposés suivant qu'il y aura incorporation à l'une des rives ou, qu'au contraire, la jonction ne sera pas réalisée. Les tribunaux ont à apprécier, en fait, la question de savoir s'il y a effectivement ou non adhérence. Quel niveau doit atteindre l'atterrissement pour que le fait de l'alluvion soit réputé accompli ? Cette question offre encore un grand intérêt pour les rivières navigables et flottables où les allusions tant qu'elles sont imparfaites, ne font qu'un avec le lit, et demeurent dans le domaine public. Pour les cours d'eau non navigables, elle est beaucoup moins importante, surtout depuis que la loi de 1898 a reconnu aux riverains un droit de propriété sur le lit. Cependant il peut être intéressant de savoir si le fait de l'alluvion s'est ou non réalisé, notamment en matière de travaux de curage car, dans ce cas, seule la dépossession d'alluvions arrivées à maturité, donne lieu à indemnité. Voici la solution admise pour les rivières du domaine public, et qui, selon nous, doit être la même pour les cours d'eau non navigables ni flottables. Il faut que les alluvions s'élèvent au-dessus du niveau des eaux coulant à pleins bords sans débordement, mais l'atterrissement peut constituer, par rapport à l'ancienne rive, un étage inférieur nettement délimité du côté de la rivière et fixer ainsi par lui-même la côte de débordement.

Il faut pour qu'il y ait lieu au droit d'alluvion que l'atterrissement se soit formé lentement et imperceptiblement. Les juges ont une grande latitude d'appréciation. L'alluvion qui s'est formée successivement et imperceptiblement ne change pas de nature par cela seul qu'elle a émergé subitement et qu'elle est ainsi apparue tout à coup. Dans ce cas, il n'y a que le fait de l'émergence qui soit subit ; quant au travail de formation, il satisfait dans cette hypothèse aux prescriptions des art. 556 et 557.

A propos de cette troisième condition, nous sommes amenés nécessairement à dire un mot des atterrissements de rive qui ne se forment pas successivement et imperceptiblement et à nous demander quels sont les textes qui leur sont applicables, cette hypothèse sortant du texte même des art. 556 et 557. Faut-il déclarer applicable à ce cas l'art. 561 ainsi conçu : « Les îles et atterrissements qui se forment dans les rivières non navigables et non flottables appartiennent aux propriétaires riverains du côté où l'île s'est formée : si l'île n'est pas formée d'un seul côté elle appartient aux propriétaires riverains des deux côtés à partir de la ligne qu'on suppose tracée au milieu de la rivière »? Faut-il, au contraire, conclure que le législateur a omis de statuer sur la condition des atterrissements dont nous nous occupons ? M. Laurent, qui admet cette dernière conclusion, prétend que les art. 539 et 713 doivent s'appliquer et que les atterrissements doivent ainsi tomber dans le domaine de l'État comme biens sans maître. Mais cette opinion est généralement repoussée par les autres auteurs qui, comme lui, repoussent l'application de l'art. 561. Ces derniers affirment qu'en l'absence de textes il faut appliquer les principes généraux du droit et surtout les principes spéciaux sur lesquels se fondent les art. 556 et suivants. Ils attribuent ainsi la propriété de ces atterrissements aux riverains en invoquant des motifs analogues à ceux qui ont inspiré la rédaction des art. 556 et 557, motifs que nous aurons l'occasion de développer à la fin de ce chapitre lorsque nous présenterons l'ensemble des arguments qui militent en faveur de la solution adoptée par le législateur. En ce qui concerne spécialement les lais, ils tirent un argument très solide de l'art. 559 du Code civil ainsi conçu : « Si un fleuve ou une rivière navigable ou non enlève par une force subite une partie reconnaissable et considérable d'un champ riverain et la porte vers un champ inférieur ou sur la rive opposée, le propriétaire de la partie enlevée peut réclamer sa propriété mais il est tenu de former sa demande dans l'année ; après ce délai il n'y sera plus recevable à moins que le propriétaire du champ auquel la partie enlevée a été unie n'eut pas encore pris possession de celle-ci ». Si donc l'action en revendication n'est ouverte que dans un cas exceptionnel, c'est que l'attribution des atterrissements aux riverains constitue indubitablement la règle générale.

En ce qui concerne spécialement les relais, ils invoquent l'article 563 pour repousser la seule action possible, celle du propriétaire dont le fond a été envahi par suite du déplacement du cours d'eau. Nous savons que cet article 563 a été modifié par la loi de 1898. La revendication doit donc paraître aujourd'hui encore plus impossible. La Cour de cassation a déclaré l'article 561 applicable à ces atterrissements de rives formés subitement. Elle prétend opposer l'expression « d'atterrissements » à celle « d'îles ».

Nous pencherions en faveur de la solution contraire et nous préférerions rechercher le sens de la première expression en la rapprochant de la seconde qui ne s'applique indubitablement qu'aux atterrissements formés dans le lit des rivières, sans aucune contiguïté aux rives. La question n'offre absolument qu'un intérêt théorique pour les rivières non navigables, puisque l'article 561 attribue les îles aux riverains. La question, au contraire, est capitale pour les rivières navigables, car l'article 560 attribue dans ce cas les îles à l'Etat.

Faut-il ajouter une quatrième condition aux trois que nous venons de développer pour que le droit d'alluvion ait lieu ? Est-il nécessaire que la formation de l'alluvion soit due à une cause naturelle ? L'accomplissement de cette quatrième condition n'est pas nécessaire. Les articles 556 et 557 ne font aucune distinction entre les différentes causes de la naissance de l'alluvion, et du moment que l'atterrissement réunira les caractères prescrits par ces articles, ce sera une alluvion dont la condition sera réglée par ces textes. Il n'y a aucune distinction à faire entre les travaux exécutés par l'Etat ou une collectivité et les travaux exécutés par un simple particulier. Mais la question qui a soulevé de grandes controverses est celle de savoir si le riverain dont le fond a été corrodé, ou plus généralement a subi un dommage quelconque par le fait de l'existence de cette alluvion a un recours, une action, et quelle est la nature de cette action. Le droit à réparation n'est pas douteux ; mais les auteurs qui l'ont reconnu n'ont pu se mettre d'accord sur la nature du dédommagement. La revendication doit d'abord, selon nous, être écartée dans tous les cas.

Cela est évident, lorsque le propriétaire bénéficiaire de l'alluvion n'est pas l'auteur des travaux qui ont donné naissance à cette dernière et occasionné le dommage au fonds du plaignant. La solution contraire aurait pour effet de faire perdre au premier, à raison d'un fait qui ne lui serait pas imputable, les avantages qui peuvent résulter pour lui de la riveraineté. Dans l'hypothèse inverse, la revendication totale ou partielle de l'alluvion doit de même être écartée, car elle tendrait à faire ordonner par les tribunaux une compensation en nature qui sortirait du cadre des mesures que ces derniers peuvent ordonner, et qui, de plus, serait en fait très difficile à apprécier. Les tribunaux, soit administratifs, soit judiciaires, ne pourraient de même prescrire la destruction des ouvrages présentant le caractère de travaux publics. Au contraire, l'autorité judiciaire aurait pleine compétence pour ordonner la destruction des travaux effectués par les particuliers alors même qu'ils seraient régulièrement autorisés par l'autorité administrative. Elle pourrait de même ordonner l'enlèvement de l'alluvion, mais seulement si les travaux étaient l'œuvre du propriétaire qui en bénéficie. Dans le cas contraire, ce dernier ne pourrait être ainsi privé d'une propriété régulièrement acquise par lui et alors qu'il n'y aurait à lui reprocher aucune faute, aucun acte de négligence. Quant à la réparation pécuniaire, elle peut toujours être demandée et accordée. Mais, selon nous, le bénéficiaire de l'alluvion, qui n'aurait rien fait pour en provoquer la formation, ne pourrait être condamné à aucune réparation même pécuniaire. Celui qui aurait à souffrir de la présence de cette alluvion ne pourrait que s'adresser à l'auteur des travaux qui lui ont donné naissance.

Nous en arrivons à l'examen de la deuxième question que nous avions annoncée au début de ce chapitre ; à qui profite l'alluvion et comment le partage doit-il en être fait entre les propriétaires riverains ?

Le Code civil attribue aux riverains la propriété des alluvions par lais et relais. Il en était de même en droit romain, mais non pas dans l'ancien droit où le régime des alluvions n'était pas fixé. L'alluvion était attribuée tantôt au seigneur justicier à titre de bien vacant, tantôt au maître du fond envahi, tantôt aux héritages riverains, mais alors, le plus souvent, par une extension des droits des seigneurs féodaux.

C'est par droit d'accession, que le riverain acquiert la propriété de l'alluvion par application de l'article 551 du Code civil aux termes duquel « tout ce qui s'unit et s'incorpore à la chose, appartient au propriétaire suivant les règles ci-après établies. »

La conséquence est que le riverain acquiert la propriété de l'alluvion sans aucun fait de sa part. M. Proudhon soutient le contraire. D'après lui, l'alluvion ne serait acquise au riverain qu'après une prise de possession et une jouissance effective de ce dernier. Cette solution est inexacte et a été repoussée d'ailleurs par la plupart des auteurs, parmi lesquels MM. Daviel et Demolombe. Ce n'est pas, en effet, par l'exercice du droit d'occupation, que le riverain acquiert la propriété de l'alluvion, mais bien par l'effet du droit d'accession. L'acquisition est donc accomplie *ipso facto* immédiatement et même à l'insu du riverain, en dehors de tout acte de possession et de jouissance de ce dernier.

Comment maintenant, et d'après quelles règles les terrains d'alluvion doivent-ils être partagés entre les différents propriétaires riverains qui peuvent y avoir droit ? Le Code civil, auquel s'est référée pour cette matière la loi de 1898, garde le silence le plus profond sur cette question. Ce n'est évidemment pas par oubli, car le partage entre les riverains, soit des alluvions, soit des iles, constituait un problème dont la solution depuis longtemps était recherchée par les jurisconsultes et avait donné lieu aux controverses les plus vives, et cela, non seulement en France, mais en Italie et en Allemagne. Le silence du législateur de 1804 a donc été voulu. Il a d'ailleurs été généralement blâmé. Quant à nous, au contraire, nous lui donnerons toute notre approbation. Si les auteurs du Code civil, en effet, n'ont pas statué sur cette question, c'est qu'ils ont reconnu qu'il était impossible, en l'espèce, de donner un règlement législatif et que la présence de ce dernier pourrait être une nouvelle cause de difficultés, dans un sujet où la pratique révèle des complications aussi variées que contingentes.

Nous ne pouvons entrer dans l'étude détaillée des différents systèmes qui ont été proposés, systèmes dont l'exposition et la critique nécessiteraient des connaissances géométriques qui nous manquent. L'étendue même de la matière que nous étudions dans cet ouvrage ne nous permettrait pas d'ailleurs d'entreprendre cette étude.

La première règle qui paraît avoir été acceptée à peu près unanimement par les auteurs anciens ou modernes, est que les alluvions doivent être réparties entre les riverains, de manière à ce que chacun d'eux ait une part proportionnelle à la largeur de son fonds près de la rive : « Promodo latitudinis cujusque agri quæ latitudo prope ripam sit » (loi 7 n° 3 au digeste : de adquirendo rerum dominio).

Deux conséquences découlent de cette règle : 1° le partage doit avoir lieu en raison de la largeur de chaque héritage : propre ripam, sans qu'il soit tenu compte de sa profondeur et de sa superficie, la formation des atterrissements n'ayant de rapport qu'avec la rive ; 2° Le terrain d'alluvion doit adhérer dans toute sa longueur à la rive même des fonds devant lesquels il s'étend, pour que les propriétaires de ces derniers puissent prendre part au partage.

Trois solutions géométriques ont été proposées. La première consiste à faire la répartition suivant des normales à la rive ancienne passant par les points de séparation des héritages. La seconde consiste à tracer des normales à l'axe du cours d'eau rencontrant la rive aux points de séparation des héritages. La troisième consiste simplement à prolonger les lignes séparatives des fonds. C'est évidemment le plus simple, et dans la plupart des cas, le plus pratique. Rien, d'ailleurs, n'est plus rationnel que de continuer dans l'étendue de l'alluvion, la forme des fonds riverains en vertu de la règle : l'accessoire doit suivre le sort du principal. Une quatrième solution consiste à diviser la superficie de l'alluvion en parties proportionnelles aux longueurs de rive correspondant à chaque parcelle et à faire cette répartition au moyen de droites se détachant des points où les lignes séparatives des héritages viennent rencontrer la berge. Chacun de ces systèmes est d'une application facile, lorsque la ligne du cours d'eau est à peu près rectiligne. Il n'en est plus de même lorsque cette ligne affecte des sinuosités très variées et surtout très brusques et très rapprochées. Il faut alors avoir recours à des procédés géométriques, et la stricte application de chacun de ces systèmes aura généralement pour effet, soit de laisser en dehors du partage une partie de l'alluvion, soit de faire perdre à l'un des co-partageants le bénéfice de la riveraineté, ce qui nous paraît absolument inadmissible. Nous préférons nous en rapporter à l'opinion de M. Demolombe, lorsqu'il a eu à résoudre toutes ces difficultés.

M. Demolombe accorde aux tribunaux toute latitude pour opérer ce partage, d'après l'état des lieux et les difficultés plus ou moins grandes d'exécution révélées par chaque espèce. Le silence même du législateur de 1804 prouve qu'aux yeux de ce dernier, l'empire des faits était prédominant, dans cette matière.

(Demolombe traité de la distinction des biens ; livre II, titre II, chapitre II, page 67).

Quels sont maintenant les effets de l'alluvion ? Le terrain d'alluvion appartient au fonds riverain, en vertu du droit d'accession ; il s'y incorpore, s'y assimile, en devient partie intégrante et doit dès lors en suivre la condition. Ces terrains d'alluvion doivent donc être affectés de toutes les charges, servitudes ou droits de jouissance qui grevaient le fonds riverain. Deux questions seulement sont controversées ; le fermier peut-il jouir du terrain d'alluvion sans augmentation du prix du fermage ? L'acquéreur sous faculté de rachat peut-il, après l'exercice de cette faculté par le vendeur, conserver les terrains d'alluvion qui se seraient formés depuis la vente ? Au sujet de la première, trois systèmes ont été soutenus par les auteurs. Dans l'un de ces systèmes, le fermier n'a la jouissance de l'alluvion qu'en payant un supplément du prix de fermage. Cette solution constitue pour ainsi dire la contre-partie de la disposition de l'article 1722 aux termes

duquel le fermier peut demander soit une diminution de prix,
soit même la résiliation du bail, en cas de perte partielle du
fonds. Dans un second système, le fermier a toujours droit à
la jouissance de l'alluvion sans supplément de prix. Il serait
impossible d'apporter au prix de fermage des changements
pour ainsi dire incessants de manière à ce qu'il reste toujours
d'accord avec les progrès d'alluvion dont la formation aux
termes des articles 556 et 557, doit être successive et imperceptible. D'ailleurs la situation du fermier est la même que
celle du créancier hypothécaire qui, aux termes de l'article
2133, bénéficie de toutes les améliorations du fonds hypo-
théqué et notamment de l'alluvion, et qui, aux termes de
l'art. 2131, peut, au cas de diminution, demander un supplément d'hypothèque. Dans un troisième système, on distingue
entre les fermages dont le prix est fixé par unité de surface,
auquel cas un supplément de prix est dû par les fermiers, et
les fermages dont le prix est fixé en bloc, auquel cas le prix
demeure invariable. M. Demolombe a adopté le premier système pour les alluvions importantes, et le second pour les
alluvions de peu d'étendue. Nous nous rangeons à l'avis de
M. Demolombe, mais seulement si le prix a été en bloc. Pour
le cas où le prix aurait été fixé à tant la mesure, un supplément de prix sera toujours dû, selon nous, par le fermier.

Quant à la deuxième question, malgré l'avis contraire de
Pothier, nous croyons qu'elle doit recevoir une solution négative. Par l'effet de l'exercice de la faculté de rachat, la vente
est résolue non seulement pour l'avenir mais même pour le
passé, les choses doivent être remises en l'état, comme si elle
n'avait jamais existé. D'ailleurs les acquéreurs d'immeubles
avec faculté de rachat pour le vendeur, dans le silence de la
loi, ne méritent aucune faveur, car ils ne sont le plus souvent
que de véritables usuriers qui spéculent sur l'état de gène des
petits propriétaires.

L'attribution des terrains d'alluvions aux riverains a soulevé des critiques très dures de la part de plusieurs auteurs.
Mais il ne suffit pas de critiquer un système, il faudrait pouvoir le remplacer, chose qu'il leur a été impossible de faire.

Néanmoins ces critiques nous obligent, en terminant ce chapitre, à justifier le système adopté par le législateur de 1804 et maintenu par le législateur de 1898 par quelques considérations qui prouveront que ce système est encore le moins contraire à l'équité, le moins sujet à l'arbitraire et surtout le seul possible en pratique.

L'attribution des alluvions aux riverains n'est qu'une application particulière du principe, posé dans l'art. 551 du Code civil, dont nous connaissons déjà les termes.

« Il existe, comme l'a si bien dit Portalis dans son exposé des motifs au corps législatif sur le titre de la propriété, pour ainsi dire une sorte de contrat aléatoire entre le propriétaire du fonds riverain et la nature dont la marche peut à chaque instant ravager ou accroître son fond. » Faure, dans son rapport au Tribunal n'a fait que donner une expression différente à la même idée « ni l'alluvion, ni l'inondation, ne viennent du fait du riverain. La propriété au lieu d'être accrue pouvait être diminuée ; c'est une chance qu'il a courue ; personne ne l'aurait dédommagé du mal, personne ne doit le priver du bien ».

La délimitation entre la rive ancienne et le terrain d'alluvion serait souvent impossible et présenterait toujours de graves difficultés.

Les riverains d'ailleurs ont le droit de se prémunir contre les dangers, que leur occasionne le voisinage de la rivière, par des travaux de défense. S'ils négligent de le faire, ils devront supporter les conséquences de cette négligence.

La formation lente et imperceptible est la caractéristique de l'alluvion. A quel moment s'ouvrira l'action en revendication de la part d'un tiers et quel sera celui qui pourra l'exercer ? Dans le cas du lais, il serait impossible de déterminer l'origine et la provenance des matières déposées par les eaux, qui sont souvent charriées durant un long trajet avant de se fixer à l'une des rives et qui, d'ailleurs, peuvent ne pas venir du lit de la rivière. Il ne pourrait y avoir d'action qu'au profit du riverain opposé si le lais en déviant les eaux était cause pour le fonds de ce dernier de dégradation et de corrosion. Mais cette action qui s'appliquerait à titre de compensation et non plus à titre de revendication serait inadmissible, puisqu'elle ferait ainsi perdre le bénéfice de la riveraineté à l'autre propriétaire, alors que ce dernier n'aurait aucune faute à se reprocher. De même, dans le cas du relais, l'action du propriétaire de la rive corrodée ou envahie devrait être écartée pour la même raison.

Si des actions de cette nature, ou même de simples actions en dommages-intérêts, étaient admises entre riverains, les procès qui s'élèveraient entre ces derniers suffiraient à encombrer les tribunaux existants et à en nécessiter la création de nouveaux.

CHAPITRE II

DE L'AVULSION

Cette hypothèse est prévue par l'article 559 qui est ainsi conçu : « Si un fleuve ou rivière navigable ou non, enlève par une force subite une partie considérable et reconnaissable d'un champ riverain et la porte vers un champ inférieur ou sur la rive opposée, le propriétaire de la partie enlevée peut réclamer sa propriété, mais il est tenu de former sa demande dans l'année ; après ce délai, il n'y sera plus recevable, à moins que le propriétaire du champ auquel la partie enlevée a été unie, n'eût pas encore pris possession de celle-ci ».

Nous avons étudié dans le chapitre précédent l'hypothèse de l'alluvion, c'est-à-dire de l'atterrissement contigu à la rive dont la formation est successive et imperceptible, et celle de l'atterrissement dont la formation est brusque et soudaine, mais sans qu'il soit possible de déterminer l'origine et la provenance des matières dont il est composé. Quelques fois, au contraire, surtout en temps de crues, au lieu de se livrer à ce travail de désagrégation lente des terres riveraines, les eaux de la rivière en brisent une partie importante, la détachent et l'entraînent. Cette partie, après être demeurée ainsi flottante quelque temps, ne tarde pas à se fixer, soit sur le bord d'une rive, à un endroit où le courant a cessé de se faire sentir, soit sur la rive elle-même, où elle se superpose une fois que les eaux elles-mêmes débordées rentrent dans le lit du cours d'eau et reprennent leur cours normal. Il peut donc y avoir soit juxtaposition, soit superposition. L'art. 559 doit-il être déclaré applicable à l'une et à l'autre hypothèses ? Au premier abord, ses termes mêmes sembleraient indiquer que le législateur n'a voulu prévoir que la première. Mais, selon nous, aucune distinction ne nous paraît devoir être faite, puisqu'il s'agit dans les deux cas de régler le même accident et, qu'après tout, les expressions dont s'est servi le Code civil sont générales.

La revendication peut porter non seulement sur les terrains naturels et les produits du sol, mais aussi sur les constructions ou matériaux qui auraient été entraînés par les eaux. Les auteurs sont d'accord sur ce point. Il faut que l'atterrissement soit « considérable ». Le législateur s'est servi à dessein de cette expression qui est très vague et qui laisse aux tribunaux toute latitude d'appréciation dans chaque espèce qui leur est soumise.

Il a simplement voulu arrêter les procès où aucun intérêt sérieux ne serait engagé, la revendication, par exemple, de quelques mottes de terre ou de touffes de gazon. Il faut aussi que la partie enlevée soit reconnaissable. Le législateur aurait pu passer sous silence cette condition qui allait de soi. Il est évident que le revendicant doit nécessairement pouvoir reconnaître son terrain, pour qu'il puisse le revendiquer.

La revendication est purement facultative. C'est un droit pour le propriétaire du terrain ainsi emporté par les eaux ; ce n'est pas une obligation. S'il ne veut pas user de son droit, le propriétaire du fonds, sur lequel s'est effectué le dépôt, n'a aucune action contre lui, pas même pour obtenir des dommages-intérêts, l'avulsion constituant un cas de force majeure qui ne peut donner naissance entre riverains à aucune garantie.

Si le propriétaire du terrain ainsi enlevé veut exercer l'action en revendication, il peut être contraint par le propriétaire du fonds sur lequel le dépôt s'est effectué de reprendre son terrain en entier. Il n'aurait pas le droit de choisir parmi les matières charriées par les eaux, de les trier. Il ne pourrait non plus prétendre jouir de sa chose là où elle a été transportée, car, dans l'hypothèse de la juxtaposition, il ferait ainsi perdre le bénéfice de la riveraineté au propriétaire du fonds inférieur, et, dans l'hypothèse de la superposition, il lui ferait perdre la jouissance et la possession d'une partie de ce fonds lui-même. Dans le cas où il exerce le droit à lui conféré par l'article 559, il doit, sans aucun doute, réparer le dommage que pourra causer au propriétaire du fonds inférieur l'opération de l'enlèvement. La plupart des auteurs ont admis que, dans ce cas, il devait même une indemnité à raison du dommage causé par le fait de l'avulsion et ils ont prétendu s'appuyer, en donnant cette conclusion, sur le droit romain et les principes d'équité. Nous serions avec M. Laurent d'un avis contraire. On ne peut arguer du droit romain que lorsque les textes et les principes de notre législation contemporaine sont complètement muets ; or ce n'est pas ici le cas. La règle incontestable qui domine la situation respective des riverains d'un cours d'eau, c'est qu'ils ne sont nullement garan's les uns vis à vis des autres des cas de force majeure qu'ils n'ont pu ni prévoir ni empêcher, et qui proviennent uniquement de l'action des eaux. Au point de vue de l'équité, il n'y a aucune distinction à faire entre l'hypothèse où le maître du terrain enlevé réclame ce dernier conformément à l'article 559 et l'hypothèse au contraire où il renonce à ce droit. Si dans ce second cas, il ne doit pas répondre des cas fortuits, pour quelle raison en répondrait-il dans le premier ?

Le propriétaire du terrain ainsi emporté par les eaux peut réclamer ce dernier tant que le propriétaire du fonds contre lequel ou sur lequel le dépôt s'est effectué n'en a pas pris possession ; ce ne serait qu'au bout de trente ans qu'il serait déchu de tout droit d'agir conformément à l'article 2262 ainsi conçu : « Toutes les actions tant réelles que personnelles sont prescrites par trente ans, sans que celui qui allègue cette prescription soit obligé d'en rapporter un titre ou qu'on puisse lui opposer l'exception déduite de la mauvaise foi. »

La règle en droit romain était toute différente. La revendication était possible tant que la partie enlevée ne s'était pas incorporée au champ inférieur, tant que les arbres coupant l'atterrissement n'avaient pas poussé leurs racines jusque dans le fonds sur lequel les terres s'étaient déposées.

Cette disposition qui manquait de précision et présentait des difficultés insurmontables, notamment lorsqu'il n'y avait sur l'atterrissement aucune végétation, a été avantageusement remplacée par celle du Code civil. La prise de possession prévue par l'art. 559 doit résulter uniquement du fait de l'homme, d'après une doctrine à peu près générale. L'art. 559 ne peut donc être considéré comme une application du principe du droit d'accession. C'est soit le laps de temps, soit l'occupation qui constituent la cause de l'acquisition de propriété que cet article consacre.

Lorsqu'au contraire, il y a eu acte de possession de la part du propriétaire inférieur, le droit du propriétaire supérieur de réclamer son terrain s'éteint à l'expiration de l'année de l'accident, et ce délai ne pourrait être augmenté pour quelque cause que ce soit. Mais réciproquement, contrairement à l'opinion de la majorité des auteurs, et conformément à la doctrine émise par M. Laurent, le propriétaire du fonds inférieur, selon nous, ne saurait prétendre abréger le délai qui est accordé par l'art. 559 au maître du terrain enlevé par les eaux pour choisir entre le délaissement et la revendication, en prenant l'initiative et en sommant ce dernier d'avoir à prendre un parti dans un délai déterminé, passé lequel il serait déchu de tous droits. Sans doute, cette solution pourra être gênante pour le propriétaire inférieur au cas de superposition, mais elle nous semble commandée par l'art. 559 qui, nous l'avons déjà dit, d'après une doctrine constante, s'applique à cette hypothèse aussi bien qu'à celle de la juxtaposition et ne fait aucune distinction entre elles.

MM. Demolombe et Picard enseignent que l'usufruitier du fonds inférieur pourrait jouir de l'atterrissement par avulsion. Ils reconnaissent d'ailleurs que cette solution doit être surtout admise à raison de motifs très graves d'utilité pratique, mais qu'elle peut difficilement se justifier au point de vue juridique, à raison de l'art. 596 qui n'attribue formellement à l'usufruitier que l'alluvion.

CHAPITRE III

DES ILES ET ILOTS

Lorsque l'atterrissement se forme dans le lit de la rivière sans être contigu à l'une quelconque des deux rives, et se trouve, par suite, complètement environné par les eaux, il prend le nom d'île ou d'îlot.

La distinction qu'il y aurait à faire entre les îles et les îlots n'offrirait aucun intérêt pratique, puisque les mêmes dispositions législatives sont applicables aux unes comme aux autres, et les règlent d'une façon identique. Une île peut se former de trois manières différentes; soit par l'accumulation de matières, charriées d'abord, puis déposées par les eaux sur un point du lit de la rivière où elles finissent par émerger, soit par l'assèchement d'une partie du lit du cours d'eau autour de laquelle il coule, soit par la formation d'un nouveau bras, qui coupe et embrasse le champ d'un particulier. Les deux premières hypothèses sont régies par les articles 560 et 561. La troisième est prévue par l'article 562. L'article 560 s'applique aux rivières navigables, l'article 561 s'applique aux rivières non navigables. Quant à l'article 562, il s'applique à la fois aux premières et aux secondes. En voici le texte :

Art. 560 : « Les îles, îlots et atterrissements qui se forment dans le lit des fleuves ou rivières navigables ou flottables appartiennent à l'Etat s'il n'y a titre ou prescription contraire ».

Art. 561 : « Les îles et atterrissements qui se forment dans les rivières non navigables et non flottables appartiennent aux propriétaires riverains du côté où l'île s'est formée: si l'île

n'est pas formée d'un seul côté, elle appartient aux propriétaires riverains des deux côtés à partir de la ligne qu'on suppose tracée au milieu de la rivière ».

Art. 562 : « Si une rivière ou un fleuve en se formant un
bras nouveau coupe et embrasse le champ d'un propriétaire
riverain et en fait une ile, ce propriétaire conserve la propriété
de son champ, encore que l'ile se soit formée dans un fleuve
ou dans une rivière navigable ou flottable ».

Nous allons nous poser successivement les trois questions
suivantes : A qui la propriété des iles qui se forment dans les
rivières non navigables est-elle attribuée d'après le Code
civil dont les dispositions ont été maintenues en vigueur par
la loi de 1898 ? Sur quel fondement repose cette attribution de
propriété ? Quelle est la situation de ces iles par rapport aux
tiers qui ont des droits sur les fonds riverains ?

A qui la propriété des iles qui se forment dans les rivières
non navigables est-elle attribuée ? Parlons d'abord de l'hypothèse prévue par l'art. 562 qui s'applique à toutes les rivières
même celles qui sont navigables, sans établir entre elles
aucune distinction. Lorsque, par la formation d'un bras nouveau qui l'a coupé, un champ est transformé en ile, le maitre
de ce champ, lorsque ce dernier change ainsi de condition, en
conserve la propriété. Mais il faut que ce champ n'ait subi
aucune autre modification et notamment n'ait éprouvé aucun
déplacement. L'article 562 serait inapplicable à l'hypothèse
d'une ile qui se formerait par le dépôt de matières détachées
de la rive voisine alors même que ces matières, par exception
d'ailleurs, seraient reconnaissables pour le propriétaire de
cette dernière. La disposition de l'art. 562 se justifie d'elle-
même. Le propriétaire du fonds ainsi transformé en ile, en
effet, ne fait que conserver les débris de sa propriété déjà
diminuée par le fait naturel de l'ouverture du bras nouveau.
Aussi a-t-elle toujours été admise soit en droit romain, soit
dans notre ancien droit.

Il n'en est pas de même des hypothèses prévues par les art.
560 et 561, c'est-à-dire des hypothèses où l'ile s'est formée soit
par l'effet de dépôt de matières, soit par l'effet de l'assèche-

ment d'une partie du lit. En droit romain, aucune distinction
n'était faite entre les rivières navigables et les rivières non
navigables. Les îles appartenaient toujours aux riverains.
Notre ancien droit, au contraire, a repoussé sur ce point la
doctrine romaine : les îles qui se formaient dans les rivières
navigables appartenaient au roi, tandis que les îles qui se
formaient dans les cours d'eau non navigables appartenaient
aux riverains. C'est cette solution qui a été consacrée par le
Code civil et qui a passé dans les art. 560 et 561. Quant au
niveau que doivent atteindre les îles pour que les riverains
en soient propriétaires et quant au cas particulier des îles
formées par suite des travaux en lit de rivière, nous ne pouvons que nous référer aux explications et aux solutions que
nous avons déjà données à propos des alluvions dans le
chapitre où nous avons étudié ces dernières.

Nous avons vu que l'article 561, pour l'attribution de l'île,
distinguait le cas où l'île s'est formée d'un seul côté de la
rivière et le cas où elle dépasse la ligne médiane, l'axe de
cette dernière. La première des opérations doit donc consister à bien tracer cette ligne qui doit déterminer la largeur
de la rivière, opération qui n'est pas toujours facile, quand
la rivière a un cours sinueux. Quant au partage de l'île entre
les propriétaires d'une même rive, le Code civil est resté aussi
muet sur les principes qui devaient y présider qu'en matière
de partage d'alluvion. Les mêmes divergences, que nous
avons constatées au sujet de ce dernier pour le choix de la
méthode à employer, se sont manifestées à propos du partage
des îles et nous ne pourrions que nous répéter si nous vou-
lions les rappeler ici. Nous nous contenterons de poser le
principe général : savoir que la situation occupée par l'île
dans la rivière au moment de sa formation détermine les
droits respectifs des riverains.

Cette solution admise par tous les auteurs nous semble
commandée aussi bien par le texte même de l'article 561
(argument tiré des mots « *où l'île s'est formée* » ; c'est donc
que le législateur s'est reporté pour l'attribution des îles au
moment de leur formation) que par les principes. Ces der-

niers commandent en effet que les particuliers devenus propriétaires de l'île une fois formée, c'est-à-dire d'un fonds
riverain d'un cours d'eau jouissent de tous les avantages qui
sont attachés à la situation et au caractère de ce fonds,
et aient, en vertu de cette propriété nouvelle, un nouveau droit
soit aux alluvions, soit aux îles.

Aux alluvions d'abord ; les articles 556 et 557 sont donc
applicables. En conséquence, au cas d'accroissement trans-
versal, si l'axe de la rivière vient à être dépassé, ou au cas
d'accroissement longitudinal, si l'île vient à s'étendre au-
devant de nouveaux fonds riverains, les propriétaires de la
rive opposée dans le premier cas, et les propriétaires de ces
fonds riverains dans le second cas ne peuvent invoquer l'article 561 et revendiquer une part de l'accroissement. L'île
dans son entier n'en continue pas moins à demeurer la propriété exclusive de celui des riverains auquel sa situation, au
moment même de sa formation, l'avait primitivement
attribuée.

Aux îles ensuite. Deux hypothèses sont à envisager.
L'île nouvelle est placée entre l'île préexistante et la rive. Il
faut alors considérer le bras de la rivière situé entre l'île
préexistante et la rive comme un cours d'eau distinct dont il
faut déterminer l'axe et opérer le partage de l'île nouvelle
conformément à l'article 561. L'île nouvelle est placée en
amont ou en aval de l'île ancienne, mais à une distance assez
faible. Le propriétaire de cette dernière peut alors être
appelé à concourir au partage de la première, soit avec
les propriétaires de l'une des rives du cours d'eau, soit même
avec les propriétaires des deux.

Sur quel fondement maintenant repose cette attribution
aux riverains de la propriété des îles? Nous savons que
l'art. 561 a constitué l'argument le plus solide des partisans
du système de l'appropriation privée, soit du lit et des eaux,
soit du lit seulement les eaux restant dans la catégorie des
choses n'appartenant à personne et dont l'usage est commun
à tous. L'art. 560 attribue les îles à l'État, lorsqu'il s'agit d'une

rivière navigable, or l'Etat est justement propriétaire du lit des rivières navigables ; c'est donc que le lit des rivières non navigables appartient aux riverains. La place même des articles 560 et 561 dans le chapitre II, du titre II, qui est intitulé : « du droit d'accession sur ce qui s'unit et s'incorpore à la chose » est la preuve irréfutable que le législateur a attribué la propriété des îles aux riverains parce que ces riverains sont propriétaires du lit et parce que les îles sont considérées comme des accessoires de ce dernier.

Nous avons vu que ce système a été repoussé par une jurisprudence constante de la Cour de cassation et du Conseil d'Etat qui a admis que le lit de même que les eaux étaient insusceptibles de propriété privée. L'attribution des îles aux riverains devait donc se fonder sur des raisons étrangères aux principes du droit d'accession. On l'expliquait par les risques permanents auxquels sont exposés les fonds riverains et comme une juste compensation de ces risques : par le fait ensuite que la formation des îles était en général soit le produit de corrosions antérieures des rives latérales, soit la cause de dommages subséquents pour ces dernières, à raison de l'augmentation de la vitesse des eaux, conséquence presque inévitable de cette formation d'atterrissements ; enfin par ce que personne autre que les riverains n'aurait qualité pour prétendre à la propriété de ces îles, ni l'Etat, puisque les cours d'eau non navigables ne sont pas rattachés au domaine public, ni même les propriétaires des terrains corrodés, dont les débris ont contribué à la formation de l'atterrissement, puisqu'ils ne pourraient intenter une action en revendication qu'à la condition de prouver préalablement que ces débris leur appartenaient primitivement, preuve évidemment impossible à faire.

La loi de 1898 a attribué d'une façon formelle aux riverains la propriété du lit. L'art. 561 doit donc être considéré depuis cette nouvelle loi, comme une application des principes régissant le droit d'accession.

Quelle est la situation de ces îles par rapport aux tiers qui ont des droits sur les fonds riverains? Des controverses

s'étaient élevées parmi les auteurs au sujet des droits d'hypothèque ou d'usufruit que pouvaient posséder ces tiers sur les
fonds riverains. On admettait en général que ces droits ne
pouvaient être étendus aux îles qui, en définitive, constituaient des fonds distincts et séparés de ces derniers, à raison
des articles 2169 et 596. La solution inverse nous semble
s'imposer depuis la promulgation de la nouvelle loi. Les
principes du droit romain doivent être appliqués. Les îles ne
sont plus que des accessoires du lit qui lui-même fait partie
intégrante des fonds riverains et la règle : « accessorium
sequitur principale », doit recevoir son application.

CHAPITRE IV

DU LIT ABANDONNÉ

Cette hypothèse, sous l'empire du Code civil, était résolue par l'art. 563 ainsi conçu : « Si un fleuve ou une rivière navigable flottable ou non se forme un nouveau cours, en abandonnant son ancien lit, les propriétaires des fonds nouvellement occupés prennent à titre d'indemnité l'ancien lit abandonné, chacun dans la proportion du terrain qui lui a été enlevé. » Cet article 563 a été complètement remanié par la loi de 1898.

Voici le nouveau texte : « Si un fleuve ou une rivière navigable ou flottable se forme un nouveau cours en abandonnant son ancien lit, les propriétaires riverains peuvent acquérir la propriété de cet ancien lit chacun en droit soi jusqu'à une ligne qu'on suppose tracée au milieu de la rivière. Le prix de l'ancien lit est fixé par des experts nommés par le président du Tribunal de la situation des lieux, à la requête du préfet du département.

« A défaut par les propriétaires riverains de déclarer dans les trois mois de la notification qui leur sera faite par le préfet, l'intention de faire l'acquisition aux prix fixés par les experts, il est procédé à l'aliénation de l'ancien lit selon les règles qui président aux aliénations du domaine de l'Etat.

« Le prix provenant de la vente est distribué aux propriétaires des fonds occupés par le nouveau cours, à titre d'indemnité, dans la proportion de la valeur du terrain enlevé à chacun d'eux ».

Une remarque s'impose tout d'abord. L'art. 563 ancienne rédaction s'appliquait à la fois aux rivières navigables et flottables et aux rivières non navigables ni flottables. L'art. 563 nouvelle rédaction ne traite plus que des rivières navigables et flottables. Quant aux rivières non navigables ni flottables, leur changement de lit n'est plus réglé par le Code civil, mais par l'art. 4 de la loi du 8 avril 1898. La cause de ce défaut d'harmonie serait peut-être difficile à trouver.

Cet art. 4 est ainsi conçu : « Lorsque le lit d'un cours d'eau est abandonné, soit naturellement, soit par suite de travaux légalement exécutés, chaque riverain en reprend la libre disposition, suivant les limites déterminées par l'article précédent. »

Nous connaissons déjà cet article précédent. Le droit romain attribuait l'ancien lit aux riverains. Pour l'ancien droit français, il y a plus de difficultés. M. Demolombe a prétendu que la solution romaine était admise par la jurisprudence française sous l'empire de l'ordonnance de 1669. Maleville, au contraire, devant le Conseil d'Etat, lorsque ce dernier a eu à discuter le projet du Code civil, a soutenu que l'ancienne jurisprudence française n'avait nullement adopté la régle romaine. D'après lui, dans les pays de coutume, c'était au seigneur haut justicier qu'était attribué l'ancien lit ; quant aux pays de droit écrit, l'ancien lit était adjugé tantôt aux riverains, tantôt aux propriétaires des fonds nouvellement occupés. Le projet du Code civil distinguait entre les rivières navigables et les rivières non navigables. Dans la première hypothèse, l'ancien lit était attribué aux propriétaires des fonds nouvellement occupés ; dans la seconde, il était attribué aux riverains. Cette distinction disparut dans le texte définitif et l'article 563 assimila à cet égard tous les cours d'eau. L'ancien lit fut attribué dans tous les cas aux propriétaires des fonds nouvellement occupés. La solution adoptée par le législateur de 1804 a été l'objet de critiques nombreuses de la la part de la doctrine, critiques, selon nous, entièrement justifiées.

Les rédacteurs du Code civil ont été guidés par une pensée tout à fait inexacte. A leurs yeux, c'étaient les propriétaires des fonds nouvellement occupés qui subissaient un grave dommage ; quant aux anciens riverains, ils n'éprouvaient qu'un faible préjudice. Cette manière de voir est absolument fausse, et si l'on doit admettre le principe qu'il faut indemniser des particuliers victimes d'un accident de force majeure, c'est bien aux anciens riverains qu'une indemnité est due. Le voisinage des rivières non navigables ni flottables constitue certainement un bénéfice bien plutôt qu'une cause de dommages, de pertes et de dépenses, aujourd'hui surtout que l'utilisation, soit agricole, soit industrielle, des eaux a accompli des progrès vraiment remarquables. Ce sont aussi les riverains du lit abandonné qui subissent un grave dommage, puisqu'ils perdent ainsi leurs droits aux alluvions, aux iles qui auraient pu se former, si le cours des eaux n'avait pas changé, et même souvent la valeur considérable des capitaux qui ont été employés à la construction d'usines hydrauliques ou à des travaux d'irrigation. Quant aux propriétaires des fonds nouvellement occupés, ils perdent ainsi sans doute une portion de leurs terrains, mais les avantages qu'ils pourront retirer de leur situation de riverains les indemniseront et au-delà de la valeur de cette portion qui, d'ailleurs, ne sera jamais bien considérable, puisque nous raisonnons en ce moment sur l'hypothèse des rivières non navigables, ni flottables.

Du reste le mode d'indemnité adopté par le Code civil était absolument inacceptable au point de vue pratique. Cet ancien lit n'est constitué en général que par des terrains dépouillés de leur terre végétale, impropres par conséquent à la culture et qui ne peuvent être de quelque valeur qu'entre les mains des propriétaires des héritages riverains. Entre les mains de tiers, leur valeur est nulle. Ils constituent alors des enclaves, et l'indemnité que doivent payer les tiers pour obtenir un droit de passage sur les fonds intermédiaires est la plupart du temps bien supérieure à la valeur de la portion de l'ancien lit qui leur est attribuée. Les riverains de l'ancien lit

auraient donc dû tout au moins jouir d'un droit de préemp-
tion, le prix payé par eux devant être partagé entre les propriétaires des fonds envahis par les eaux. Nous n'avons pas à
examiner ici les difficultés auxquelles donnaient lieu l'interprétation et l'application de l'art. 563 tel qu'il avait été rédigé
par le législateur de 1804, puisqu'elles n'auraient plus actuellement qu'une valeur historique. Nous nous bornerons à indiquer que les questions de partage du lit abandonné entre les
propriétaires des terrains envahis, d'attribution des iles formées dans l'ancien lit avant son abandon par les eaux, des
conséquences diverses de l'attribution du lit abandonné, au
point de vue des charges réelles qui pouvaient grever les
fonds nouvellement occupés par les eaux, suscitaient de nombreuses controverses.

Il en était de même de la question de savoir si les riverains
de l'ancien lit avaient le droit de ramener la rivière, par des
travaux, dans son cours primitif. Les auteurs distinguaient
suivant que le changement était devenu définitif par le fait,
soit de la prise de possession de l'ancien lit par les propriétaires des fonds envahis, soit de la présence d'ouvrages établis
par les nouveaux riverains en vue d'utiliser les eaux, ou qu'il
n'était pas encore caractérisé par des circonstances de cette
nature. Dans le premier cas, ils estimaient que le fait accompli était irrévocable. Dans le second, au contraire, ils accor-
daient en général aux riverains de l'ancien lit le droit d'effectuer les travaux nécessaires pour rétablir le cours antérieur
de la rivière.

La loi de 1898 a inscrit formellement ce droit dans son art. 5
paragraphe 2, ainsi conçu : « Les propriétaires riverains du
lit abandonné jouissent de la même faculté et peuvent dans
l'année poursuivre l'exécution des travaux nécessaires au
rétablissement du cours primitif ».

La loi de 1898 a établi une distinction, au point de vue de
l'attribution du lit abandonné, entre les rivières navigables
et les rivières non navigables. C'est l'art. 563 du Code civil
remanié, dont nous avons donné le texte au commencement
de ce chapitre, qui continue à régir les premières, tandis que

les secondes sont réglées par l'art. 4 de la nouvelle loi. Lorsqu'il s'agit d'une rivière navigable, le législateur a adopté une solution très heureuse au point de vue pratique. L'ancien lit n'est plus attribué en nature comme autrefois aux propriétaires des fonds envahis. Les anciens riverains peuvent acquérir la propriété de ce lit au prix qui sera fixé par des experts nommés par le président du Tribunal de la situation des lieux, à la requête du préfet du département, et ils ont, pour prendre ce parti, un délai de trois mois à dater de la notification qui leur sera faite par le préfet. Ce délai expiré, il est procédé à l'aliénation de l'ancien lit selon les règles qui président aux aliénations du domaine de l'État. Quant au prix provenant de la vente, il est réparti entre les maîtres des fonds envahis à titre d'indemnité dans la proportion de la valeur du terrain enlevé à chacun d'eux. Cette solution qui avait déjà été préconisée par M. Demolombe (Traité de la distinction des biens, tome II n° 64) concilie d'une manière très heureuse les droits des anciens et des nouveaux riverains.

Lorsqu'il s'agit d'un cours d'eau non navigable ni flottable, au contraire, les propriétaires des fonds nouvellement occupés n'ont plus aucun droit sur l'ancien lit, et cela que la déviation des eaux ait une cause naturelle ou qu'elle soit le résultat de travaux légalement ordonnés. Lorsque la déviation des eaux est due à une cause naturelle, ils ne peuvent même prétendre à aucune indemnité pécuniaire. Nous verrons dans le chapitre suivant quelle est au contraire leur situation à ce dernier point de vue, lorsque le lit nouveau est ouvert par suite de travaux légalement ordonnés.

Les anciens riverains reprennent la libre disposition du lit qui d'ailleurs n'avait jamais cessé de leur appartenir aux termes de l'art. 3 de la loi de 1898, et qui était grevé simplement d'une servitude pour le passage des eaux. Cette solution adoptée par le législateur de 1898 dans l'art. 4 est évidemment excellente et au point de vue pratique et au point de vue de l'équité. Nous l'avons déjà démontré, en faisant la critique de la disposition consacrée par l'ancien art. 563 du Code civil.

Mais était-il besoin de reconnaitre formellement aux riverains la propriété du lit du cours d'eau, comme l'a prétendu M. Clément, pour pouvoir le leur attribuer au cas de changement de cours de la rivière? La réponse, selon nous, doit être négative. En effet, le lit des cours d'eau pouvait parfaitement être classé dans la catégorie des res-nullius, conformément à la doctrine adoptée par la jurisprudence, sans que l'on soit dans la nécessité par là même de l'attribuer aux propriétaires des fonds envahis. Le lit abandonné par les eaux tombait dans le domaine de l'Etat, conformément à l'art. 713 du Code civil, comme bien sans maitre, et le législateur pouvait par conséquent l'attribuer aussi bien aux anciens riverains, comme il l'a fait en 1898, qu'aux nouveaux, comme il l'avait fait en 1804.

Puisque la pratique avait révélé des difficultés presque insurmontables à l'application de l'art. 563, puisqu'au point de vue de l'équité il est reconnu que le plus grand dommage est subi par les anciens riverains et non par les nouveaux, puisque le voisinage des cours d'eau est une source de profits beaucoup plus que de dommages, le lit abandonné pouvait donc être attribué aux anciens riverains à titre d'indemnité, sinon comme conséquence d'un droit de propriété antérieur. La critique que nous avons faite, dans le chapitre II de notre 1ʳᵉ partie, du système adopté par le législateur de 1898 dans l'art. 3, qui reconnait aux riverains un droit de propriété sur le lit des cours d'eau, reste donc entière. En un mot, M. Cuvinot s'est efforcé, pour justifier ce système, de démontrer tous les nombreux avantages qu'il y a à attribuer le lit abandonné aux anciens riverains. Cette partie de sa démonstration nous parait irréprochable ; mais celle, dans laquelle il essaye d'établir que cette attribution ne peut se comprendre que comme conséquence du droit de propriété des riverains sur le lit, nous parait loin d'être probante.

Nous terminons en disant que les principes que nous venons de développer au sujet de l'attribution des atterrissements de rive, des iles, des ilots et du lit abandonné ne s'appliquent pas aux terrains noyés par une inondation accidentelle et temporaire, mais seulement au cours normal et permanent de la rivière.

Les terrains ainsi envahis ne sont pas incorporés au lit de la rivière, et, lorsqu'ils émergent par suite du retrait des eaux, les tiers devenus temporairement riverains du cours d'eau par suite de l'inondation ne peuvent invoquer les articles 556, 557 ou 561 pour en revendiquer la propriété. En un mot, ces terrains n'ont jamais cessé d'appartenir à leurs propriétaires primitifs. Il n'y a pas lieu d'ailleurs de distinguer le cas où l'inondation a pris fin naturellement et le cas où elle a pris fin par l'effet de travaux. La distinction entre l'inondation et le changement du cours normal de la rivière est souvent difficile à faire. On ne peut poser de règle à priori et les tribunaux ont à apprécier, en fait, dans chaque espèce. Les principaux éléments de décision sont la durée du séjour des eaux et l'altération plus ou moins profonde des fonds envahis.

CHAPITRE V

CONSÉQUENCES DU DROIT DE PROPRIÉTÉ DES RIVERAINS SUR LE LIT AU POINT DE VUE DES TRAVAUX DE CURAGE ET DU DÉTOURNEMENT DU COURS D'EAU PAR SUITE DE TRAVAUX LÉGALEMENT ORDONNÉS

Le fait de l'encombrement du lit des cours d'eau est à peu près universel, bien qu'il résulte de causes diverses, qui peuvent varier suivant les espèces. Il provient, tantôt des matières charriées par les eaux pluviales qui se déversent dans les cours d'eau, matières qui finissent par s'amonceler sur des points déterminés, tantôt des terres arrachées aux rives mêmes qui se désagrègent sous l'action des eaux, tantôt des plantes aquatiques qui, en se développant, finissent par former obstruction, tantôt des matières qu'y jettent les riverains, tantôt enfin du remous des barrages qui favorise la formation des atterrissements. Il ne faut pas considérer d'ailleurs cette énumération comme limitative. Il est donc indispensable, dans l'intérêt non-seulement du libre écoulement mais encore de l'utilisation agricole ou industrielle des eaux courantes, d'effectuer des travaux destinés à remédier à cet état de choses. Dans certains cas, il peut suffire de rétablir le lit dans son état naturel, « de le curer, suivant l'expression consacrée, à vieux fonds et à vieux bords. » D'autres fois, au contraire, ces opérations sont manifestement

insuffisantes et elles devront être complétées par des travaux
d'approfondissement, de redressement et de régularisation.

Nous allons étudier successivement ces deux sortes d'opérations et voir quelles sont les obligations qui incombent, à
leur sujet, aux riverains. Nous ne pouvons étudier les
questions de compétence et de formalités prescrites par le
législateur, qui sortent manifestement du cadre de notre
sujet ; nous n'avons en effet qu'à examiner, dans cet ouvrage,
les charges qui pèsent, à ce point de vue, sur les propriétaires
riverains en cette qualité et surtout, ce qui sera la partie la
plus intéressante de ce chapitre, les conséquences du droit de
propriété sur le lit qui leur a été reconnu par la loi de 1898.

Prenons d'abord l'hypothèse des travaux de curage proprement dits, c'est-à-dire à vieux fonds et à vieux bords.
La loi de 1898, bien que dans son article 29 elle déclare la
loi du 14 floréal an XI abrogée, s'est inspirée directement des
dispositions de cette dernière loi, mais elle a eu le mérite de
fixer d'une façon définitive certains points qui jusqu'alors
avaient été l'objet de vives controverses, la loi de l'an XI ne
s'étant pas expliquée d'une manière suffisamment précise.
C'est ainsi que la loi de 1898 a déterminé nettement la compétence respective des différentes autorités, le champ dans
lequel devait se mouvoir leur pouvoir d'initiative, les formalités et garanties qui devaient entourer les actes administratifs. Mais toutes ces questions, qui rentreraient dans une
étude des attributions de l'autorité administrative en matière
de cours d'eau, sont complètement étrangères au sujet que
nous avons entrepris de traiter dans cet ouvrage. Quels sont
les effets de ces actes administratifs par rapport aux riverains ? Quelles sont les charges qui peuvent incomber à ces
derniers à raison de ces travaux ainsi exécutés conformément
à la loi de 1898 ? Il a toujours été admis depuis la foi de
l'an XI que les riverains ne pouvaient réclamer aucune
indemnité à raison des dommages occasionnés par ces travaux et qui en sont la conséquence nécessaire.

Certaines servitudes dont l'exercice est absolument indispensable à l'exécution des travaux de curage pèsent aussi sur les riverains. C'est ainsi que ces derniers doivent supporter le dépôt des terres jectisses; c'est d'ailleurs pour eux plutôt un avantage qu'un inconvénient, car ces terres constituent un amendement très favorable à la culture. C'est ainsi encore qu'ils doivent livrer passage sur leurs terrains à tous ceux dont la présence est nécessitée par les travaux de curage, fonctionnaires, agents chargés de la surveillance, entrepreneurs et ouvriers. Il y a même un texte dans la loi de 1898, l'art. 27, qui impose formellement cette charge aux riverains, mais elle existait d'ailleurs auparavant, bien que la loi de l'an XI n'en parlât pas expressément. C'est ainsi, enfin, que les propriétaires et usagers des barrages doivent tenir leurs vannes ouvertes pour l'exécution et pour la réception des travaux de curage aux jours et heures fixés par l'autorité administrative. Quant à la répartition des dépenses, nous nousbornerons à donner le texte de l'article 22 de la loi de 1898 qui pose la règle d'après laquelle elle doit être faite :

ART. 22. — « Le décret règle le mode d'exécution des travaux, détermine la zone dans laquelle les propriétaires intéressés riverains ou non riverains et usiniers peuvent être appelés à y contribuer, et arrête, s'il y a lieu, les bases générales de la répartition de la dépense d'après le degré d'intérêt de chacun à l'exécution des travaux. »

Nous n'insistons pas, car il suffit de lire l'article que nous venons de transcrire pour se rendre compte que si les propriétaires riverains sont appelés à supporter une partie de dépenses, c'est simplement parce qu'ils sont intéressés aux travaux et dans la mesure de leur intérêt. Cela est si vrai que l'article lui-même prévoit que des particuliers autres que les riverains peuvent être intéressés aux travaux et obligés par là même de contribuer aux frais.

Quel est le fondement des obligations particulières aux riverains en matière de curage ? On ne peut les considérer que comme constituant la contre-partie des avantages attachés à leur qualité. Les riverains appelés à utiliser exclusivement les eaux des rivières non navigables, à profiter des alluvions et des îles, appelés aussi à courir les dangers qu'entraîne le voisinage de ces rivières, surtout lorsque le lit se trouve obstrué, ne peuvent prétendre à aucune indemnité à raison des dommages qui sont la conséquence nécessaire des travaux dont ils sont les premiers à profiter, ni de certaines servitudes sans lesquelles l'exécution de ces travaux est impossible.

Prenons maintenant l'hypothèse où un simple curage à vieux fond et à vieux bords est insuffisant et où il paraît nécessaire à l'autorité administrative de procéder à des travaux d'élargissement, de redressement et de régularisation. L'Assemblée générale du Conseil d'Etat avait résolu affirmativement la question de savoir si la loi de l'an XI devait être déclarée applicable à ces travaux, tandis que la section des travaux publics s'était prononcée en sens contraire. La question n'a d'ailleurs plus d'intérêt aujourd'hui, puisque la loi du 14 floréal an XI a été abrogée par la loi de 1898, et que cette dernière assimile d'une façon formelle dans son article 25 ces travaux d'amélioration aux travaux de curage proprement dits, en indiquant que les mêmes règles leur sont applicables.

Cet article 25 est ainsi conçu : « Les travaux d'élargissement de régularisation et de redressement des cours d'eau non navigables et non flottables qui seront jugés nécessaires pour compléter les travaux de curage, sont assimilés à ces derniers, et leur exécution est poursuivie en vertu des articles précédents. »

La première question qui se pose est celle de savoir si les riverains sont tenus de supporter les terres jectisses ou de livrer passage aux surveillants, entrepreneurs, ouvriers, etc., sans pouvoir prétendre à aucune indemnité de dommage, ainsi que nous venons de le voir pour les travaux de curage proprement dits.

C'est que dans notre hypothèse, pour refuser aux riverains toute réparation pécuniaire, on ne peut pas invoquer la servitude naturelle qui pèse sur les riverains, à raison de la situation de leurs héritages, pour le simple rétablissement du cours d'eau dans sa largeur et sa profondeur naturelles. Néanmoins, à raison de la généralité des termes de l'art. 27, qui ne fait aucune distinction entre les travaux de curage proprement dits et les travaux d'élargissement, de régularisation et de redressement, il nous paraît difficile, même dans la deuxième hypothèse, de reconnaître aux riverains un droit à indemnité quelconque, à raison de la servitude momentanée de passage qui est imposée à ces derniers. Au contraire, en ce qui concerne le dépôt des terres jectisses, comme la loi de 1898 ne contient à cet égard aucune disposition formelle, nous inclinerions à croire qu'une indemnité pécuniaire peut être due aux riverains toutes les fois que la servitude pèsera sur eux plus lourdement qu'elle ne l'aurait fait, s'il s'était agi de simple travaux de curage, à moins cependant que cette aggravation ne soit compensée par des avantages correspondants ou ne soit entrée déjà en ligne de compte dans la répartition des charges conformément à l'art. 22 de la loi de 1898. Nous admettrions la même solution pour les chômages de prises d'eau soit industrielles, soit agricoles.

Nous arrivons à l'innovation principale apportée par la loi de 1898 dans la situation des riverains au cas où, par suite de travaux légalement ordonnés, il y a lieu soit d'élargir le lit, soit même d'en ouvrir un nouveau. Jusqu'à cette loi, il fallait recourir aux formalités de l'expropriation, puisque les terrains enlevés aux riverains et incorporés à la rivière cessaient par là même d'être la propriété de ces derniers, les cours d'eau non navigables étant rangés, d'après une jurisprudence constante, dans la catégorie des choses n'appartenant à personne.

La loi de 1898 reconnaissant aux riverains un droit de propriété sur le lit, on ne pouvait plus prétendre qu'ils étaient dépossédés des terrains ainsi incorporés à ce lit.

Restant propriétaires, les formalités de l'expropriation devenaient inutiles et il n'y avait plus que la création d'une simple servitude de passage donnant naissance sans doute à un droit d'indemnité au profit des propriétaires des fonds nouvellement occupés, mais indemnité dont le règlement ne pouvait être régi soit par la loi du 3 mai 1841, soit par la loi du 21 mai 1836. Cette conséquence du nouveau système adopté par le législateur de 1898 relativement aux droits des riverains des cours d'eau non navigables a été déduite par lui dans les articles 6 et 26 de la loi dont nous allons d'abord donner le texte.

Article 6. « Lorsque par suite de travaux légalement ordonnés, il y a lieu d'élargir le lit ou d'en ouvrir un nouveau, les propriétaires des terrains occupés ont droit à une indemnité à titre de servitude de passage.

Pour la fixation de cette indemnité, il sera tenu compte de la situation respective de chacun des riverains par rapport à l'axe du nouveau lit, la limite des héritages demeurant fixée conformément aux dispositions du paragraphe 2 de l'article 3 ci-dessus, à moins de stipulations contraires.

Les bâtiments, cours et jardins appartenant aux habitations, sont exempts de la servitude de passage.

Les contestations auxquelles peuvent donner lieu l'application du paragraphe 2 du présent article et le règlement des indemnités, sont jugées en premier ressort par le juge de paix du canton.

S'il y a lieu à expertise, il peut, dans tous les cas, n'être nommé qu'un seul expert ».

Article 26 : « S'il s'agit de terrains exceptés de la servitude de passage, et si à défaut d'accord il est nécessaire de recourir à l'expropriation, il est procédé à cette expropriation et au règlement des indemnités conformément aux dispositions combinées de la loi du 3 mai 1841 et des paragraphes 2 et suivants de l'article 16 de la loi du 2 mai 1836 ».

Ces articles établissent une distinction très nette entre les bâtiments, cours et jardins attenant aux habitations et les autres terrains. Les premiers sont exonérés de la servitude de passage, et si les travaux doivent les atteindre, il est nécessaire de recourir aux formalités de l'expropriation. Quant aux seconds, au contraire, l'expropriation est inutile et le règlement de l'indemnité appartient au juge de paix du canton dans lesquels sont situés les terrains. Cette innovation a été aussi vivement défendue par M. Cuvinot rapporteur de la loi que critiquée par M. Clément.

Donnons la parole d'abord à M. Cuvinot :

« Lorsqu'il s'agit, dit-il, d'élargir un cours d'eau, la jurisprudence actuelle, je le reconnais, impose l'obligation d'exproprier, d'acheter le terrain nécessaire à l'élargissement. Mais en votant tout à l'heure l'article 3, vous avez consacré une doctrine nouvelle qui entraîne une modification correspondante de la procédure à suivre. Il n'y a pas un ruisseau peut-être qui n'ait besoin d'être élargi sur un certain nombre de points de son cours. On propose d'opérer des élargissements par voie d'expropriation et par conséquent d'acheter aux riverains une partie de terrain qui doit leur rester. Dès qu'il n'y a pas translation de propriété, il n'y a pas expropriation mais seulement dommage. On concevrait difficilement, d'ailleurs, que la surface occupée par un cours d'eau appartint pour une part aux riverains et pour l'autre à l'Etat ou au syndicat qui aurait poursuivi l'exécution des travaux. Je crois qu'en procédant ainsi on aboutirait soit pour le plan parcelle, soit pour la matrice cadastrale, à une confusion inextricable. D'après la doctrine du projet de loi, au contraire, lorsqu'un cours d'eau, qui dans toute sa longueur et dans toute sa largeur, appartient aux riverains, aura besoin d'être élargi, le terrain nécessaire à cet élargissement sera pris sur la rive à rectifier, sans que le riverain soit dépossédé. En votant l'article 3, le Sénat, je le répète, a consacré cette doctrine, par une conséquence logique, inévitable, il doit admettre que l'élargissement des cours d'eau non navigables donne lieu à l'établissement d'une servitude et non à une expropriation. Je ne vois pas qu'il soit possible d'échapper à cette conclusion ». (J. O., 18 juil. 1883).

Donnons la parole maintenant à M. Clément :

« Il (le riverain) en (le cours d'eau) est déclaré propriétaire, dit-il, pour ne pas s'en servir. Remarquez, Messieurs, quelle singulière propriété il aura entre les mains. C'est une propriété qui le dépouille d'abord réellement du terrain sur lequel l'eau coule ; il y a plus, il peut perdre le terrain qui est à côté, car les cours d'eau varient, et non seulement cette propriété, trop souvent, ne lui sera pas utile, mais elle lui sera dangereuse et nuisible, parce que, grâce à elle, il pourra voir une partie de son héritage passer à son voisin. J'imagine en effet que la Commission n'a pas eu la pensée de changer ce principe que les cours d'eau sont des limites entre les voisins. Mais alors si le cours d'eau se porte à droite ou à gauche, c'est l'expropriation sans aucune indemnité, cette fois, de la rive envahie. C'est la condition commune des riverains, je le veux bien, mais vous la rendez plus dure encore. Vous déclarez maintenant qu'on pourra, sur une longueur qui peut être considérable, qui peut s'étendre à plusieurs kilomètres, dans une vallée fertile établir un cours d'eau nouveau sans donner aux propriétaires, dont on aura occupé le sol, les garanties ordinaires de l'expropriation, garanties que l'on accorde pour tous les travaux publics et pour le moindre chemin vicinal. En vérité, c'est pousser très loin contre les riverains ce prétendu principe de la propriété des cours d'eau par les riverains eux-mêmes ; et c'est pour cela que, dans une précédente séance, je disais : Je ne m'oppose pas à ce que vous posiez ce principe de droit de propriété des riverains, si vous n'en faites découler que des conséquences qui leur soient favorables ; mais vous en faites découler au contraire des conséquences qui leur sont extrêmement défavorables et que je ne crois pas raisonnables. La première de ces conséquences est en effet de prendre au propriétaire son terrain sans la garantie de l'expropriation, sous prétexte qu'il va être propriétaire du sol qui est sous l'eau. Mais en réalité c'est l'eau qui possède le lit où elle coule, c'est elle qui va déposséder le propriétaire du sol et qui peut même modifiant plus tard son cours, changer les limites de son domaine, lui enlever un hectare à droite, un hectare à gauche. Véritablement, Messieurs, je crois que ce n'est pas une œuvre de progrès, que ce n'est pas une œuvre utile que d'enlever aux propriétaires la garantie de l'expropriation des redressements qui peuvent lui être si nuisibles. » (*J. O.* 18 juillet 1883.)

S'il nous était permis de donner notre appréciation personnelle sur les arguments développés tour à tour par M. Cuvinot et M. Clément, nous dirions que M. Cuvinot a raison lorsqu'il prétend que l'innovation, proposée par la Commission et qui a reçu ensuite une consécration législative, constitue une conséquence inévitable de la reconnaissance aux riverains de la propriété du lit des cours d'eau, mais que d'autre part les inconvénients de cette innovation, signalés par M. Clément, nous paraissent au-dessus de toute contestation possible. Nous conclurons donc que ce n'est pas la conséquence, déduite dans les art. 6 et 26 par le législateur du système adopté par lui relativement aux droits des riverains des cours d'eau non navigables, qui doit être condamnée, mais le système lui-même tout entier, conclusion que d'ailleurs nous avons eu déjà l'occasion de formuler à la fin du chapitre II de notre première partie.

Section II. — **DROITS DES RIVERAINS SUR LES EAUX**

Aux termes de l'art. 2 de la loi de 1898 : « Les riverains n'ont le droit d'user de l'eau courante qui borde ou qui traverse leurs héritages que dans les limites déterminées par la loi. Ils sont tenus de se conformer dans l'exercice de ce droit, aux dispositions des règlements, et des autorisations émanées de l'administration. »

La formule de cet article est évidemment en elle-même exclusive du droit de propriété sur les eaux des cours d'eau non navigables ni flottables. Elle l'est encore plus, si on la compare à celle de l'art. 3 où le législateur a voulu consacrer le droit de propriété des riverains sur le lit. Cet art. 2 doit-il être considéré comme ayant abrogé implicitement les art. 644 et 645 du Code civil ? La négative ne peut être douteuse, si l'on se rapporte aux travaux préparatoires de la loi de 1898. Au cours de la discussion de cet article, M. Cuvinot rapporteur de la loi, et M. Méline ministre de l'agriculture, en réponse à la question posée par M. Clément, ont formellement reconnu qu'il n'était rien changé aux dispositions de fonds, que les art. 644 et 645 demeuraient en vigueur et, d'une manière générale, que les droits des riverains demeuraient tels qu'ils résultaient de la législation et de la jurisprudence existantes (J. O. 24 juin 1883).

L'art. 2, en un mot, n'a eu pour but que de préciser les conditions auxquelles serait soumis l'exercice des droits reconnus aux riverains, sans prétendre toucher au fond même de ces droits, en modifier la nature. Il nous paraît donc nécessaire de donner le texte des art. 644 et 645 puisqu'ils continuent à régler les droits des riverains sur les eaux.

Art. 644 : « Celui dont la propriété borde une eau courante autre que celle qui est déclaré dépendance du domaine public par l'art. 538 du titre de la distinction des biens peut s'en servir à son passage pour l'irrigation de ses propriétés ; celui dont cette eau traverse l'héritage peut même en user dans l'intervalle qu'elle y parcourt, mais à la charge de la rendre à la sortie de ses fonds à son cours ordinaire. »

Art. 645. — « S'il s'élève une contestation entre les propriétaires auxquels ces eaux peuvent être utiles, les tribunaux, en prononçant, doivent concilier l'intérêt de l'agriculture avec le respect dû à la propriété, et, dans tous les cas, les règlements particuliers et locaux sur le cours et l'usage des eaux doivent être observés. »

Avant d'essayer de préciser quelle est la nature des droits reconnus aux riverains par les articles précédents, il sera peut-être utile de donner quelques notions sur les choses n'appartenant à personne et dont l'usage est commun à tous, parmi lesquelles la jurisprudence interprétant le Code civil avait rangé les cours d'eau non navigables ni flottables, et le législateur de 1898 a classé l'eau courante, le lit appartenant d'une façon privative aux riverains.

Nous avons indiqué dans notre préface qu'il était certaines choses indispensables à l'universalité des hommes et qui, à raison de leur nature, de leur utilité, de leur nécessité même, résistaient à tout droit exclusif et absolu de la part d'un individu isolé : tels sont l'air, la lumière, la mer. Ces choses ne sont à personne, parce que nul n'a la puissance de se les approprier. Cette manière d'envisager les choses n'appartenant à personne et dont l'usage est commun à tous n'est pas admise par tous les auteurs. D'après certains, ces choses ne sont à personne parce que nul n'a besoin de se les approprier.

L'air et la lumière, par exemple, existent en quantité suffisante et au-delà pour tous les habitants de la terre. D'ailleurs, dans certaines conditions, ces éléments peuvent être l'objet de propriété, c'est-à-dire de jouissance exclusive. En un mot, d'après ces auteurs, les choses dites *res nullius* ou, si l'on veut, *res omnium*, ne sont pas telles par une condition primordiale, essentielle de leur nature, mais simplement par le défaut de leur appropriation.

Cette conception nous paraît tout à fait inexacte. Si l'air, si la lumière, si l'eau cessaient d'être communs, la vie sur notre

globe cesserait d'être possible. Sans doute, puisque ces éléments sont indispensables au fonctionnement des différents
organes de l'homme, il faut bien qu'ils soient mis en rapport
constant avec ce dernier, mais le principe de propriété doit-il
intervenir ici? Évidemment non. Peut-on dire que l'oiseau
est propriétaire de l'air qu'il fend avec ses ailes? Peut-on dire
que le poisson est propriétaire du fleuve ou de la mer qu'il
parcourt en tous sens ou même seulement des molécules
d'eau nécessaires à son existence? Personne n'oserait évidemment l'affirmer. Mais pourquoi alors en serait-il différemment de l'homme qui est dans la même condition?

« La chose commune, par sa nature même, se prête admira-
blement à toutes les modifications de jouissance, mais cette
jouissance ne l'altérant en rien puisqu'elle reste entière, complète, et avec la même puissance d'actions, sur tous les êtres
vivants, il devient impossible de dire que l'homme en a la
propriété ou se l'approprie, ce qui reviendrait au même. »
(Dalloz — Jurisprudence générale : répertoire; eaux n° 213).
Sans doute l'homme par son industrie, sa science dont les
progrès, surtout ces derniers temps, ont été remarquables,
peut produire en se servant de l'eau, de l'air, du feu, d'autres
corps susceptibles d'appropriation privée, mais il ne s'ensuit
nullement que les choses communes elles-mêmes deviennent
des propriétés dans l'acception que le droit et la civilisation
ont donnée à ce mot.

Restreignons maintenant le champ de nos investigations et
envisageons plus spécialement l'eau courante : est-elle susceptible de propriété privée? Cette question, que le législateur
de 1898 a résolue avec raison, selon nous, dans le sens de la
négative, a toujours vivement préoccupé les jurisconsultes
qui se sont occupés des questions d'eau, sans que l'accord ait
pu se faire entre eux, remarque d'ailleurs que nous avons eu
déjà et aurons encore l'occasion de faire. L'un des plus éminents auteurs du XIXᵐᵉ siècle, M. Daviel, pose d'abord en
principe qu'il est certaines choses qui, à raison de leur nature,
résistent à toute appropriation privée de la part de l'homme,
parmi lesquelles il range l'eau courante : « Mais il est, dit-il,

dans la nature, des choses qui n'admettent pas l'exercice de cette puissance plénière de l'homme. Ce sont elles qui résistent à toute occupation exclusive, à toute modification industrielle. Lorsque l'usage de ces choses se réduit nécessairement pour chacun à une jouissance momentanée et fugitive, où pourrait s'attacher sur elles l'empreinte exclusive de la propriété?

D'ailleurs le droit cesse où cesse l'utilité. Et quel serait pour un individu l'intérêt d'interdire aux autres la participation à des choses dont l'usage est inépuisable, de telle sorte que chacun peut en profiter, sans diminution du droit d'autrui? Comment s'acquerra le domaine des airs? Où plantera-t-on des bornes dans la pleine mer? Qui pourra retenir en sa possession l'eau courante d'un fleuve? Quel homme raisonnable se croira préjudicié parce qu'on pêchera sans sa permission dans la haute mer, ou qu'on viendra, pour les besoins de la vie, puiser au courant d'un ruisseau?

Evidemment, l'air, la mer et l'eau courante devaient rester entre les hommes dans une communauté négative qui permet à chacun d'en user, sous la condition de ne pas gêner l'usage réciproque que les autres sont appelés à en tirer aussi. Les lois ont consacré à cet égard les notions de la raison. » (Daviel: traité de la législation et de la pratique des cours d'eau. Tome I, p. 6). Mais M. Daviel, après avoir posé ce principe général, savoir que l'eau courante est une chose commune, insusceptible d'appropriation privée, fait aussitôt des restrictions, lorsqu'il s'agit des petits cours d'eau, s'inspirant sur ce point de la doctrine des jurisconsultes anglais:

« L'eau des rivières a toujours en législation été considérée sous deux aspects: sous l'un c'est un volume fluide, continu, se précipitant habituellement sur les lieux inférieurs, et, par cela même, peu susceptible d'être possédé autrement que par la possession des fonds sur lequel il coule et des rives qui le bordent: sous l'autre c'est une agglomération de parties fluides, susceptibles d'être séparées du volume entier et par conséquent d'être possédées comme telles. Sous ce dernier rapport à cause de l'utilité de cet élément pour l'homme, de la nécessité même où il est de s'en servir, l'eau des rivières, des ruisseaux, a partout, ainsi que l'air, ainsi que la lumière, été considérée comme une chose commune à tous, elle n'appartient à personne exclusivement, mais chacun peut en faire usage en se conformant aux lois qui règlent ce même usage.

Ainsi l'eau courante est seule d'un usage commun ; la force motrice accessoire inhérent aux fonds riverains, est une dépendance de la propriété, qui subsiste indépendamment des concessions de l'administration, indépendamment de toute réalisation d'usine. On possède une chute d'eau par cela seul qu'on possède le te rain sur lequel elle se trouve. L'administration en permettant de construire une usine ne concède pas un droit nouveau, elle règle par voie de police un droit préexistant. »

Et plus loin encore :

« La pente de l'eau est un accessoire inhérent à la propriété du lit. » (Daviel, traité de la législation et de la pratique des cours d'eau : Tome II, pages 46, 47 et 48).

La commission de la chambre des députés, saisie du projet de loi voté précédemment par le Sénat, avait admis en 1888 cette doctrine. Le rapport déposé par M. Maunoury, en son nom, contenait en effet des dispositions aux termes desquelles les riverains devaient être propriétaires de la pente des eaux entre l'origine et l'extrémité de leur fonds. La chute devait en conséquence être indivise entre les deux riverains dans les cas où les deux rives appartenaient à des propriétaires différents. Dans cette hypothèse, si les propriétaires ne pouvaient parvenir à s'entendre sur l'usage ou le partage de ce bien commun, la licitation pouvait en être provoquée, soit par l'un, soit par l'autre. Les tiers ne devaient pas être admis aux enchères à moins cependant que l'un des propriétaires ne consentit à fournir le terrain nécessaire à l'exploitation de la chute.

La chambre des députés n'a pas ratifié l'œuvre de la Commission et s'est contentée de voter purement et simplement le projet de loi, tel qu'il lui avait été transmis par le Sénat.

M. Picard avait très bien montré les dangers de cette innovation, tant au point de vue de l'intérêt même des riverains, qu'au point de vue de l'intérêt général.

Très souvent, en effet, la pente qui pourra exister dans les limites d'un héritage sera trop faible pour permettre à un établissement industriel de fonctionner. Si l'on reconnaît alors à chaque riverain la propriété de la pente qui existe dans les limites de son héritage, ce sera lui reconnaître la plupart du temps un droit dont il ne pourra tirer aucun profit. Pour pouvoir créer une usine, il lui faudra conclure des arrangements avec plusieurs riverains, dont les héritages seront situés en amont, de manière à bénéficier ainsi d'une pente plus considérable et suffisante pour fournir la force motrice nécessaire au fonctionnement de son usine. Mais il suffira de la résistance, de l'entêtement d'un seul de ces riverains, pour rendre toute utilisation industrielle de l'eau courante de sa part impossible, au grand détriment ainsi de l'intérêt général du pays. (Picard, Traité des eaux, droit et administration, tome I, pages 254 et 255). La Chambre des députés, heureusement en effet en avril 1898, a reculé, ainsi que l'avait souhaité M. Picard, non pas cependant devant les conséquences dangereuses de l'innovation, mais simplement par la raison que, sous le coup déjà des préoccupations électorales, elle a voté sans débat le texte de la loi adopté par le Sénat.

Ainsi donc, la doctrine soutenue par M. Daviel et adoptée par la Commission de la Chambre des députés, offre au point de vue pratique des inconvénients qui la rendent inacceptable. Mais, même au point de vue théorique, elle ne nous paraît pas à l'abri de toute critique. M. Daviel, qui commence par poser en principe que l'eau courante constitue en elle-même une chose commune lorsqu'on la considère comme un volume continu qui se précipite vers les fonds inférieurs, prétend que cette eau peut être susceptible d'appropriation privée lorsqu'on la considère comme force motrice, à titre d'accessoire du sol. C'est la pente du lit, en effet, qui donne à l'eau courante sa vitesse et crée par conséquent la force motrice.

Cette conception de l'eau courante, envisagée comme force motrice, ne nous parait pas admissible. Il nous parait d'abord au moins étrange de faire, sous le nom de force motrice, un accessoire du lit, de la masse fluide qui en elle-même, on le reconnait, est insusceptible d'appropriation privée, de conférer ainsi indirectement à l'homme, à titre de de dépendance du sol, la propriété de ce qu'il ne peut posséder directement. Mais d'ailleurs est-il bien vrai que ce soit la pente du lit qui ait créé la rivière? N'est-ce pas plutôt l'eau de cette dernière qui, se mouvant à raison de sa fluidité et de sa pesanteur, a créé elle-même la pente? Est-ce l'eau qui peu à peu a fait son lit, l'a aplani, a enlevé tous les obstacles, ou bien est-ce le lit qui s'est créé tout seul, de lui-même, avant de recevoir l'eau? Est-il nécessaire, enfin, qu'il y ait déclivité du terrain pour qu'il y ait pente? Le plus grand fleuve d'Amérique roule, parait-il, ses eaux durant un parcours de cinquante lieux sur un sol absolument plan. Concluons donc que la force motrice ne peut être considérée comme un accessoire du lit où elle se produit et déclarée à ce titre susceptible d'appropriation privée. Nous ne pouvons que féliciter le législateur de 1898 d'avoir rendu à cet égard toute controverse désormais impossible. Comme nous l'avons dit au commencement de ce chapitre, la formule de l'art. 2, en effet, est en elle-même exclusive du droit de propriété des riverains sur les eaux des cours d'eau non navigables ni flottables, et l'est encore davantage si on la compare à celle de l'art. 3, où le législateur a voulu consacrer le droit de propriété des riverains sur le lit.

Mais alors quelle est la nature des droits conférés aux riverains sur les eaux, puisqu'il ne peut-être question de droits de propriété? Si l'on se reporte soit à l'article 2 de la loi de 1898, soit à l'art. 644 du Code civil, on voit que le législateur dans ces deux articles s'est servi de la même expression. Le riverain peut « user » de l'eau courante. De même, l'art. 645 du Code civil indique que les tribunaux doivent observer les règlements particuliers et locaux sur le cours et l'« usage » des eaux. Quel sens faut-il attribuer à ces mots « user, usage » ? Faut-il les prendre dans l'acception qui leur est donnée par le législateur dans l'art. 625 du Code civil aux termes duquel ; « les droits d'usage et d'habitation s'établissent et se perdent de la même manière que l'usufruit »? Le riverain doit-il être considéré par conséquent comme jouissant, sur l'eau des rivières non navigables ni flottables, d'un véritable droit d'usage ? Cette conception du droit des riverains est inadmissible. Il suffit de se rappeler les caractères et les effets de la servitude personnelle pour s'en rendre immédiatement compte. Une servitude, disent MM. Aubry et Rau, est un droit réel en vertu duquel une personne est autorisée à tirer de la chose d'autrui une certaine utilité. En principe, c'est le propriétaire seul qui a le droit de retirer de sa chose toute l'utilité qu'on peut en retirer. La servitude constitue donc une exception au droit commun. Il existe deux espèces de servitudes dans notre droit, comme d'ailleurs en droit romain : les servitudes personnelles et les servitudes réelles.

Occupons-nous pour le moment de la première catégorie. La servitude personnelle est celle qui confère à une personne déterminée un droit sur la chose d'autrui. Son caractère essentiel est d'être attachée à la personne et de ne pouvoir lui survivre. Le Code civil reconnaît trois espèces de servitudes personnelles, bien qu'il se soit gardé de prononcer ce nom, à raison des souvenirs encore trop récents, à l'époque où il a été promulgué, de la féodalité : l'usufruit, l'usage et l'habitation.

Si donc le droit reconnu au riverain sur les eaux des cours d'eau non navigables ni flottables par les articles 2 de la loi de 1898 et 644 du Code civil est un véritable droit d'usage, ce droit d'usage continuera à lui appartenir personnellement, alors même qu'il vendra son fonds qui borde la rivière. Par l'effet des mutations, les droits à l'usage des eaux demeureront ainsi attachés à des personnes qui n'auront plus la faculté de les exercer. D'ailleurs le droit d'usage ne pourra jamais être de longue durée, puisqu'il sera nécessairement viager ou temporaire. Le contraire aboutirait à créer ainsi une véritable servitude réelle en faveur de personnes, ce qui serait manifestement impossible sous l'empire de notre législation.

Le législateur qui s'est servi des mots « usage, user » dans les textes précités, n'a donc pu vouloir consacrer au profit des riverains un droit de servitude personnelle. Il vaut mieux reconnaître qu'il s'est servi d'une expression impropre, d'une qualification erronée plutôt que de lui prêter une absurdité

Le droit des riverains serait-il alors une servitude réelle sur le cours d'eau ? La servitude réelle est celle qui existe sur un fonds (fonds servant) au profit d'un autre fonds (fonds dominant) appartenant à un autre propriétaire :

« C'est, dit l'article 637, une charge imposée sur un héritage pour l'usage et l'utilité d'un héritage appartenant à un autre propriétaire. »

Sans doute cette servitude est exercée par une personne, e propriétaire du fonds dominant, ce dernier ne pouvant l'exercer lui-même : mais elle n'en constituera pas moins un attribut de ce fonds et le droit de l'exercer s'acquiert et se perd avec la propriété de ce dernier. Cette seconde conception du droit des riverains paraît au premier abord assez séduisante. C'était l'opinion des jurisconsultes romains et coutumiers. Nos anciens auteurs nous parlent de ''la servitude de cours d'eau'' qui était une véritable servitude réelle. La place même, qu'occupe dans notre Code l'article 644 au titre des servitudes ou services fonciers, ne peut laisser aucun doute à cet égard. Si le législateur, dans cet article, n'a pas employé le mot de servitude réelle, c'est simplement parce que ce mot l'a effrayé, en raison des souvenirs encore trop récents, comme nous avons déjà eu l'occasion de le remarquer, de la féodalité. Cette théorie néanmoins nous paraît inadmissible.

Et d'abord si l'on a pu, avant la nouvelle loi de 1898, prétendre que le législateur de 1804 a craint d'employer le mot de servitude réelle, bien qu'il ait voulu consacrer ce droit, cette prétention devient inadmissible aujourd'hui, puisque le législateur de 1898, qui, lui, n'était pas pressé par les mêmes souvenirs, n'a pas cru devoir employer le mot de servitude. Nous sommes donc en droit d'affirmer que s'il n'a pas employé ce mot, c'est qu'il n'a pas considéré le droit des riverains comme un droit de servitude réelle. D'ailleurs sur quoi reposerait cette servitude de cours d'eau? Serait-ce sur le lit? C'est impossible puisque le lit, aux termes de l'article 3 de la loi de 1898, appartient aux riverains et que personne ne peut avoir de servitude sur sa propre chose : nemini res sua servit, principe absolument certain en droit. Serait-ce alors sur l'eau? Mais l'eau courante, nous l'avons déjà vu, de l'aveu même du législateur moderne, est une chose, à raison de sa nature même, non susceptible du droit de propriété, partant de servitude réelle, qui n'est qu'un démembrement de ce droit.

Jusqu'à présent, nous nous sommes bornés à critiquer les différents systèmes qui ont été émis au sujet de la nature des droits des riverains sur l'eau des rivières non navigables ni flottables. Nous pouvons résumer les développements que nous venons de fournir en disant que l'eau courante est une chose qui, en principe, n'appartient à personne et dont l'usage est commun à tous ; que le droit des riverains sur elle ne peut être considéré, ni comme un droit de propriété, ni comme un droit d'usage c'est-à-dire une servitude personnelle, ni comme une servitude réelle. Mais cependant il est évident que ce droit existe, il est évident que le législateur, soit dans l'article 2 de la loi de 1898, soit dans l'article 644 du Code civil, a voulu accorder aux riverains certains privilèges qui les mettent, au point de vue de l'utilisation de l'eau courante des cours d'eau non navigables ni flottables, dans une situation plus avantageuse, plus favorisée, que celle de l'ensemble des autres individus. Quelle est donc la nature juridique de ces privilèges, de ces avantages, de ces faveurs? Nous avouons humblement que, sur cette question aussi obscure, aussi embrouillée à raison surtout des notions philosophiques et de droit naturel sur la nature de l'eau courante qui ont servi de point de départ à la doctrine, il est beaucoup plus facile de critiquer que de formuler soi-même un système, surtout si on a la prétention de le mettre à l'abri de tout reproche. Aussi n'allons-nous donner notre opinion sur ce sujet que sous toutes réserves.

Nous avons essayé de démontrer dans le cours de ce chapitre que l'eau courante, de même que l'air ou la lumière, était une chose n'appartenant à personne et sur laquelle chacun pouvait prétendre à certains droits.

C'est ainsi que chacun, par exemple, peut puiser de l'eau dans les rivières pour les besoins de la vie, y laver du linge, y abreuver des bestiaux.

Mais l'eau courante, soit au point de vue agricole, soit au point de vue industriel, a été l'objet, surtout durant la deuxième partie du XIXe siècle, de modes d'utilisation très variés.

Le législateur, selon nous, a simplement voulu reconnaître aux riverains le privilège exclusif de certains de ces modes d'utilisation, à raison de la situation même de leurs héritages, soit parce qu'ils supportent les inconvénients qu'entraîne le voisinage du cours d'eau, soit parce qu'il peuvent seuls profiter de ces modes d'utilisation. La conséquence que nous pouvons d'ores et déjà déduire de ce point de départ, sans anticiper sur les développements que nous aurons à fournir dans le chapitre II de la section présente, c'est que les privilèges, dont jouissent les riverains à l'égard des autres individus, constituent l'exception et que la règle est la commune jouissance de tous.

Nous terminons en disant que, pour plus de facilité, dans le cours des chapitres suivants, nous désignerons les droits des riverains sous le nom de droits d'usage, ainsi que l'a fait le législateur. Nous savons maintenant que cette expression ne désigne, dans la matière que nous traitons dans cet ouvrage, ni une servitude personnelle, ni une servitude réelle.

CHAPITRE PREMIER

RAPPORT DES RIVERAINS DES COURS D'EAU

NON NAVIGABLES NI FLOTTABLES

ET DU PROPRIÉTAIRE DE LA SOURCE.

———

Nous venons d'essayer de déterminer, d'une manière générale, quelle est la nature des droits accordés aux riverains des cours d'eau non navigables ni flottables aux termes des articles 644 du Code civil et 2 de la loi du 10 avril 1898. Nous allons maintenant entrer dans l'étude détaillée de ces droits, et examiner les difficultés aussi nombreuses que complexes qu'elle soulève. Cette partie de notre sujet n'est certes ni la moins ardue ni la moins périlleuse à développer. Si nous ne sommes pas arrivés à présenter des théories à l'abri de toute critique, nous avons eu du moins la consolation de nous assurer par la lecture des auteurs les plus éminents, qui ont traité les questions d'eaux avec le plus d'autorité, que nous n'étions pas les seuls.

Nous avons déjà indiqué, dans notre introduction, que nous avions été amenés, par l'étude de la loi du 10 avril 1898, à étudier séparément les droits des riverains des cours d'eau non navigables ni flottables par rapport aux propriétaires des sources qui forment ou alimentent ces rivières, et les droits des riverains entre eux. Nous pouvons même ajouter, qu'abstraction faite de la loi de 1898, cette distinction ne se serait pas moins imposée à nous, à raison même de la nature du cours d'eau. Tout cours d'eau prend nécessairement naissance quelque part. A cet endroit, ce n'est souvent qu'un mince **filet** d'eau qui peut surgir dans une propriété privée et qui, par lui-même, n'est pas encore le cours d'eau. Il faut que ce filet d'eau se réunisse à d'autres filets d'eau pour que ce dernier soit constitué. D'autres fois au contraire, bien que ce cas soit tout à fait exceptionnel, la source, au lieu de ne débiter, comme nous venons de l'indiquer, qu'un volume d'eau minime, donne naissance par elle seule, à raison de la continuité et de l'abondance de ses eaux, à un véritable cours d'eau. Comme nous l'indiquions dans notre introduction, on peut dire que le cours d'eau est alors cours d'eau dès sa naissance.

Quels sont les droits des propriétaires des fonds dans lesquels surgissent soit, comme dans la première hypothèse, ces minces filets d'eau, soit, comme dans la seconde, cette source d'un débit tout à fait exceptionnel, par rapport aux riverains du cours d'eau non navigable ni flottable, auquel la réunion de ces filets d'eau ou cette source exceptionnelle donne naissance? Les premiers doivent-ils être assimilés aux seconds? doivent-ils au contraire jouir d'une situation privilégiée? Ce privilège doit-il consister dans un véritable droit de propriété sur la source ou au contraire dans un simple droit de priorité d'usage? Des restrictions doivent-elles être admises soit à ce droit de propriété, soit à ce droit de priorité d'usage, dans l'intérêt des riverains inférieurs du cours d'eau et quelles seront-elles? Nous ne craignons pas d'affirmer que cette question est l'une des premières qui ont dû se présenter à l'esprit des législateurs de toutes les époques et de tous les pays, qui ont eu à régler la condition légale des cours d'eau ainsi que les droits privés dont ils sont susceptibles. C'est elle, comme nous l'avons déjà dit, qui a été l'objet de toute la sollicitude du législateur de 1898.

Nous allons commencer par transcrire les textes du Code civil. Nous donnerons ensuite un résumé des difficultés auxquelles a donné lieu leur interprétation dans la doctrine, ainsi que des solutions consacrées par la jurisprudence. Nous étudierons alors la loi du 10 avril 1898 en essayant, s'il y a lieu, d'éclairer le sens et la portée des textes par l'examen des travaux préparatoires de cette loi. Nous terminerons par la critique de l'innovation contenue dans ces textes. Enfin, dans un appendice, nous donnerons un aperçu d'une question pleine d'actualité, qui préoccupe vivement l'esprit des populations de plusieurs départements du midi de la France, soulève des polémiques ardentes parmi tous les représentants de ces dernières, soit sénateurs, soit députés, soit conseils généraux, soit municipalités, nous voulons parler de la question des eaux de Fontaine-l'Evêque.

CODE CIVIL

Nous connaissons déjà l'article 644 qui a trait aux droits des riverains sur les cours d'eau non navigables ni flottables. Les droits du propriétaire du fonds dans lequel une source prend naissance sont réglés par les articles 641, 642 et 643.

Art. 641 : Celui qui a une source dans son fonds peut en user à sa volonté sauf le droit que le propriétaire du fonds inférieur pourrait avoir acquis par titre ou par prescription. »

Art. 642 : « La prescription dans ce cas ne peut s'acquérir que par une jouissance non interrompue, pendant l'espace de trente années, à compter du moment où le propriétaire du fonds inférieur a fait et terminé des ouvrages apparents destinés à faciliter la chute et le cours de l'eau dans sa propriété. »

Art. 643 : « Le propriétaire de la source ne peut en changer le cours, lorsqu'il fournit aux habitants d'une commune, village ou hameau l'eau qui leur est nécessaire ; mais si les habitants n'en ont pas acquis ou prescrit l'usage, le propriétaire peut réclamer une indemnité, laquelle est réglée par les experts. »

Quelle est la nature du droit que le législateur de 1804, dans l'art. 641, a voulu concéder au propriétaire du fonds où naît la source ? Si l'on consulte les auteurs, on voit qu'ils sont loin de s'accorder entr'eux. Le doute est venu des termes mêmes de cet article 641, qui ont une certaine ambiguïté. Que signifient en effet ces mots : « en user à sa volonté » ?

Dans une première théorie, on soutient que les sources ne peuvent être l'objet d'une véritable propriété privée, qu'elles font partie de ces choses qui n'appartiennent à personne et que la nature destine à l'usage de tous.

Sans doute, le propriétaire du fonds où naît la source doit jouir d'un certain privilège, mais ce privilège consiste dans un droit de préférence ou de premier occupant et non dans un véritable droit de propriété ; s'il n'use pas de ce droit de préférence, s'il abandonne l'eau à la communauté, s'il laisse l'eau couler vers les fonds inférieurs sans vouloir en user, les propriétaires de ces derniers qui, eux, l'ont utilisée, ne peuvent plus en être privés arbitrairement. Ce système a, d'ailleurs, souvent donné lieu à des confusions regrettables contre lesquelles il faut se mettre en garde. Il ne faut pas considérer le droit de préférence que l'on reconnait au propriétaire du fonds où naît la source comme un véritable droit d'usage, au sens technique qui lui est attribué par les art. 625 et suivants du Code civil.

L'usage, nous avons déjà eu l'occasion de l'indiquer, est un droit attaché à une personne, constitué, selon l'expression, *intuitu personœ*, qui ne peut ni passer à ses successeurs, ni même être transmis par elle à une autre personne. Il est évident que, parmi les partisans du système que nous exposons, aucun d'eux n'a pu avoir l'idée de consacrer, au profit du propriétaire du fonds où nait la source, un droit de cette nature. Il ne peut non plus être question de soutenir que la source est grevée d'une servitude réelle au profit du fonds lui-même. Il faudrait pour cela d'abord admettre que la source a une individualité juridique propre, qu'elle se distingue nettement du fonds, ce qui est inexact comme nous le démontrerons. Cette solution ensuite ne peut se concilier avec le point de départ du système, savoir que l'eau de la source n'est pas susceptible de propriété privée. Si elle n'est pas susceptible de propriété privée, elle ne peut, par là même, être l'objet de servitudes soit personnelle, soit réelle, qui

ne sont que des démembrements de la propriété. En conséquence, lorsqu'on affirme que le propriétaire du fonds où
naît la source a un droit de priorité d'usage sur elle, on ne
veut nullement dire par là qu'il possède soit une servitude
personnelle, soit une servitude réelle, mais qu'il a un droit
de premier occupant.

Les partisans de ce système se fondent surtout sur les
termes mêmes de l'article 641 « user à sa volonté » qui
excluent formellement toute idée de droit de propriété.

Dans un deuxième système, au contraire, on reconnaît au
propriétaire du fonds où naît la source, un véritable droit de
propriété sur cette source. Ce système a été adopté par la
majorité des auteurs et consacré par une jurisprudence très
ferme de la Cour de cassation (Cour de cassation civile,
29 janvier 1840; Répertoire, Servitude, n° 114, note 1 : requête,
22 mai 1854; D. P. 1854, 1.301). La source n'a pas d'individualité juridique propre : elle est une portion du fonds où
elle surgit ; ce qui a été exprimé par un axiome : *portio agri
videtur aqua viva*. Ce n'est qu'une application de l'art. 552 aux
termes duquel : « la propriété du sol emporte la propriété
du dessus et du dessous ». Le propriétaire du fonds, étant, par
là même, propriétaire de la source qui en fait partie intégrante, peut, conformément à l'art. 544, disposer de cette
dernière de la manière la plus absolue.

MM. Baudry-Lacantinerie et Chauveau ont vivement critiqué ce système comme étant contraire, selon eux, à la
raison.

« Il y a des fleuves, disent-ils, dans l'intérieur du sol comme
à sa surface. Pourquoi les eaux des fleuves souterrains seraient-
elles propriété privée plus que celles des fleuves existant à la
surface ? Et puis, quelle bizarrerie dans l'expression courante !
L'eau qui alimente ma source a peut-être traversé successivement sous terre cent propriétés différentes ; elle aura donc
appartenu à cent propriétaires ; la loi lui en donne un nouveau
dans ma personne au moment où elle émerge sous forme de
source, et c'est pour me faire perdre ce droit de propriété,
aussitôt que l'eau sort de mon fonds pour entrer dans le

fonds voisin. A ce compte, pourquoi ne pas dire en vertu du principe, que celui auquel appartient un fonds est propriétaire du dessus, que l'eau contenue à l'état de condensation dans les nuages devient successivement la propriété de tous ceux au-dessus des héritages desquels les nuages passent? » (MM. Baudry-Lacantinerie et Chauveau, traité théorique et pratique de droit civil; des biens, page 534).

MM. Baudry-Lacantinerie et Chauveau, d'ailleurs, s'empressent de reconnaître que le droit du propriétaire du fonds où naît la source peut aller jusqu'à l'abusus ; que ce propriétaire peut, ou aveugler la source, ou l'absorber, ou même la détourner de son cours pour en faire profiter un particulier autre que celui auquel la destinait la pente naturelle du terrain, ou enfin la laisser couler vers les fonds inférieurs conformément à l'article 640, aux termes duquel : « Les fonds inférieurs sont assujettis envers ceux qui sont plus élevés à recevoir les eaux qui en découlent naturellement, sans que la main de l'homme y ait contribué. Le propriétaire inférieur ne peut point élever de digue qui empêche cet écoulement, le propriétaire supérieur ne peut rien faire qui aggrave la servitude du fonds inférieur ».

La théorie de MM. Baudry-Lacantinerie et Chauveau, au point de vue des conséquences pratiques, ne diffère pas beaucoup du système qui reconnait au maitre du fonds où naît la source un droit de propriété sur cette dernière. La seule différence, comme nous allons le voir, est dans la nature du droit qui pourra être acquis aux tiers, soit par titre, soit par prescription.

Les solutions, que MM. Baudry-Lacantinerie et Chauveau proposent au point de vue de l'étendue du droit du maitre du fonds où naît la source, ne nous paraissent pas concorder avec leur point de départ. Si la source doit être considérée comme une chose commune, insusceptible de propriété privée, comment accorder au propriétaire du fonds où elle naît ce droit d'abusus, qui est reconnu à ce dernier par ces auteurs? Qu'est-ce donc ce droit qui lui permet, soit d'aveugler la source, soit de l'absorber, soit surtout de la détourner, sinon un véritable droit de propriété ? On n'a qu'à se reporter à l'article 544 du Code civil, aux termes duquel « la propriété est le droit de jouir et disposer des choses de la manière la plus absolue, pourvu qu'on n'en fasse pas un usage prohibé par les lois ou par les règlements », pour se convaincre de la vérité de notre affirmation. Si l'on suppose avec le premier système que la source doit être rangée dans la catégorie des choses n'appartenant à personne, il est impossible par là même d'admettre qu'un particulier en puisse disposer librement et comme bon lui semble.

Le maître du fonds où naît la source doit être assimilé aux riverains inférieurs du cours d'eau auquel cette source donne naissance. Sans doute, on peut lui reconnaître un certain droit de préférence, à raison de la situation de son héritage, mais ce droit doit être nécessairement limité, au moins dans une certaine mesure, par le droit des riverains inférieurs. C'est d'ailleurs en vue de cette conciliation entre ces droits respectifs, conciliation qu'il paraissait indispensable d'établir, tant au point de vue de l'équité qu'au point de vue de l'intérêt général du pays, que les partisans du premier système l'ont soutenu avec tant de résolution, d'acharnement même, notamment, ainsi que nous le verrons tout à l'heure, lors de la discussion de la loi de 1898 devant le Sénat.

Quant à nous, nous nous rallions, sans réserves aucunes, au deuxième système qui a réuni les suffrages de la grande majorité des auteurs et a été adopté par la jurisprudence de la Cour de cassation.

Le principal défaut, en effet, du premier système est de se faire une conception trop absolue de l'individualité juridique de la source. M. Batbie, à la séance du Sénat du 10 juillet 1883, a précisé d'une façon remarquable quelle était la nature de la propriété des sources : « ce n'est pas, dit-il, principalement dans la propriété de l'eau que consiste le droit du propriétaire, c'est plutôt dans la propriété de l'ouverture de la source ; l'objet de son droit n'est pas principalement l'eau qui vient on ne sait d'où, quelquefois de propriétés éloignées, après un long voyage souterrain. Mais ce qu'on ne peut pas lui contester, c'est la propriété de la bouche, de l'émergence de la source et sur ce point il doit pouvoir faire ce que tout propriétaire peut faire de sa chose. Notamment il doit pouvoir élargir le point de cette émergence; si elle le gêne ici, il peut le transporter ailleurs, il doit pouvoir même, et cela est enseigné par tous les commentateurs, éteindre la source s'il en a la puissance. S'il trouve que cette source a l'inconvénient de rendre humide la propriété, ce qui est de nature à nuire à la salubrité, il a le droit d'éteindre la source, s'il en a les moyens, il peut en changer l'émergence et par conséquent la direction, c'est-à-dire qu'il peut en changeant l'ouverture faire couler au nord ce qui coulait au sud et à l'ouest ce qui coulait à l'est. Voilà en quoi consiste la propriété de la source, voilà d'où vient le droit de détourner son cours, droit que je considère comme incontestable. » (*J. Off.*, 11 juillet 1883).

Le maître du fonds où naît la source est donc propriétaire de cette dernière. Il a sur elle en principe le droit absolu d'en user, d'en abuser, d'en disposer. Quelles sont maintenant les restrictions qui ont été apportées par le Code civil au droit du propriétaire de la source ?

Certains auteurs, s'inspirant d'une doctrine très ancienne admise par certains jurisconsultes romains et notre ancienne jurisprudence française, ont soutenu que le droit du propriétaire de la source, en principe absolu, ne devait pas aller cependant jusqu'à permettre à ce dernier de disposer de cette source : « dans le dessein et uniquement pour nuire à son voisin ». M. Demolombe, avec la majorité des auteurs, a repoussé à juste titre cette doctrine comme étant contraire à la fois aux textes mêmes de la loi et aux principes; aux textes c'est-à-dire à l'article 641 et à l'article 544, que nous connaissons déjà ; aux principes, car il est inadmissible qu'on puisse se livrer à cette inquisition arbitraire des motifs et des intentions qui peuvent diriger le propriétaire d'une chose dans l'exercice de son droit absolu de propriété (Demolombe, traité des servitudes ou services fonciers; tome Ier, page 82). Les partisans de la doctrine que nous critiquons en ce moment ont voulu invoquer les travaux préparatoires du

Code civil, ainsi que l'art. 645 qui donne aux tribunaux pleine latitude d'appréciation, pour essayer de justifier leur doctrine. Nous répondrons que les différentes opinions, qui ont pu être émises au cours de la discussion du projet du Code civil, même par les rédacteurs de ce dernier, ne peuvent avoir de valeur, que lorsque le texte promulgué manque de netteté, de précision, pour dissiper son obscurité, ou lorsqu'il se trouve en contradiction avec d'autres textes, pour essayer de les concilier ; or, ce n'est pas ici le cas. L'art. 641 consacre le droit absolu du propriétaire de la source et n'indique que deux exceptions à ce droit; l'art. 643 en indique une troisième. Aucune d'elles n'a trait à l'hypothèse où le propriétaire de la source disposerait de cette dernière, dans le dessein et uniquement pour nuire à son voisin. Quant à l'art. 645 qui accorde aux tribunaux un certain pouvoir discrétionnaire, il nous paraît indubitable qu'il ne peut pas être appliqué à la disposition prévue par l'art. 641.

Ce pouvoir discrétionnaire des tribunaux ne peut se comprendre qu'en ce qui concerne les eaux courantes des cours d'eau non navigables ni flottables, considérées comme choses communes, sur lesquelles aucun particulier ne peut prétendre à un droit exclusif, mais a seulement le droit de s'en servir pour autant qu'elles lui sont utiles. D'ailleurs l'article 645 fait suite à l'article 644 et les eaux auxquelles le premier fait allusion sont évidemment les eaux dont il est question dans le second (argument tiré des mots : S'il s'élève une contestation entre les propriétaires auxquels « ces » eaux peuvent être utiles). C'est ce que la Cour de Cassation a décidé formellement dans un arrêt en date du 29 janvier 1840. (Dalloz, répertoire servitude n° 114 ; note 1).

Nous avons dit que les articles 641, 642 et 643 du Code civil indiquaient trois exceptions au droit, en principe, absolu du propriétaire de la source. Et d'abord l'article 641 parle du titre. Le titre doit émaner nécessairement, selon nous, du propriétaire de la source. C'est ainsi qu'un acte auquel ce dernier n'aurait pas été partie ne pourrait lui être opposé. Nous citons, à titre d'exemple, la convention par laquelle les propriétaires inférieurs auraient procédé entre eux à un partage de l'usage des eaux, et même le règlement émané de l'autorité compétente qui pourrait intervenir à ce sujet. Certains auteurs ont prétendu que ce dernier cas devait constituer une exception à la règle que nous venons de poser et que d'ailleurs eux-mêmes admettent, savoir que le titre doit émaner du propriétaire de la source lui-même. Mais cette exception ne nous paraît nullement justifiée : le droit du propriétaire de la source échappe à tout pouvoir de réglementation, soit de la part des tribunaux, comme nous l'avons déjà dit, conformément à l'article 645, soit de la part de l'administration, et le règlement, qui interviendrait pour concilier les droits des propriétaires inférieurs, ne pourrait s'appliquer qu'à l'état de choses actuel tant qu'il continuera d'exister, et ne pourrait porter atteinte au droit absolu du propriétaire de la source. Nous croyons, avec M. Demolombe, que le même principe était déjà admis dans notre ancien droit, et que les établissements créés à l'époque de la féodalité, soit par les seigneurs eux-mêmes, soit par des particuliers dûment autorisés par ces derniers en vertu de leurs droits de police ou de leurs droits de propriété sur les rivières non navigables, ne sont pas fondés en titre à l'encontre du propriétaire de la source ; d'après l'article 641 : « Les seigneurs ne possédaient sur les sources aucun droit ni de propriété ni de police et les concessions qu'ils ont pu faire ne sont pas plus opposables au propriétaire de la source que ne le serait aujourd'hui l'autorisation administrative. » (Demolombe, traité des servitudes ou services fonciers, tome 1er, page 86).

Aux termes de l'article 640 : « les fonds inférieurs sont assujettis envers ceux qui sont plus élevés à recevoir les eaux qui en découlent naturellement sans que la main de l'homme y ait contribué, le propriétaire inférieur ne peut point élever de digue qui empêche cet écoulement, le propriétaire supérieur ne peut rien faire qui aggrave la servitude du fonds inférieur. » Il ne faudrait donc pas confondre le titre par lequel le propriétaire de la source pourrait acquérir une servitude d'écoulement sur un fonds inférieur qui n'en serait

pas naturellement grevé, à raison de sa situation, et contre
lequel, par conséquent, l'article 640 ne saurait être invoqué, et
le titre par lequel le propriétaire du fonds inférieur acquerrait
un droit sur l'eau de la source. Dans le premier cas, le propriétaire de la source ne renonce à aucun des droits qu'il possède
sur cette dernière, et le propriétaire du fonds grevé ainsi de
cette servitude conventionnelle d'écoulement ne pourrait
indubitablement se prévaloir de l'existence de cette servitude
pour prétendre à un droit quelconque sur l'eau de la source.
Le propriétaire de cette dernière reste donc toujours libre
d'en disposer selon son bon plaisir.

Dans le second cas au contraire, le propriétaire du fonds
inférieur acquiert un véritable droit à l'encontre du maître de
la source, qui ne peut plus en détourner le cours à son préjudice. Les tribunaux devront donc se livrer à un examen attentif
des termes de l'acte et rechercher avant tout quelle a été
l'intention des parties, au cas où le sens de cet acte ne leur
paraîtrait pas suffisamment clair.

Bien que l'art. 641 ne mentionne, comme moyens d'acquérir des droits sur la source du fonds supérieur, que le titre
et la prescription, la doctrine et la jurisprudence s'accordent
cependant pour reconnaître la destination du père de famille
comme mode d'acquisition. Cette solution nous paraît d'autant
plus évidente que l'art. 692 l'assimile au titre : « la destination
du père de famille vaut titre à l'égard des servitudes continues et apparentes. » Si donc un fonds est divisé et s'il
existe des ouvrages apparents destinés à l'adduction des eaux
de la partie supérieure de ce fonds sur la partie inférieure,
celui auquel est attribué cette dernière partie, peut, sauf
clause contraire de l'acte, exiger le maintien de ces ouvrages
et a un droit acquis sur les eaux de la source dans la mesure
et dans les limites correspondant à l'état des choses existant
lors de la séparation. Il n'y a rien de spécial à notre matière
et ce n'est que l'application pure et simple des art. 692, 693 et
694. Aussi ne croyons-nous pas devoir insister et nous con-
tenterons-nous d'indiquer que, conformément à ces articles,
les travaux devront être apparents.

Nous arrivons maintenant à la prescription. Les conditions auxquelles est subordonné son accomplissement sont indiquées dans l'article 642.

Et d'abord, il est évident que le simple fait de l'écoulement de l'eau de la source sur les fonds inférieurs, quelque temps qu'il ait duré, ne doit pas suffire. C'est un droit formellement consacré par le Code civil dans l'article 640 pour le propriétaire de la source, que de l'abandonner à son cours naturel. Or jamais l'exercice d'un droit de la part d'un individu n'a pu servir de base à une prescription s'accomplissant au profit d'autrui. L'article 2232 est d'ailleurs formel dans ce sens : « les actes de pure faculté et ceux de simple tolérance ne peuvent fonder ni possession ni prescription. » La solution serait la même si le propriétaire de la source l'avait détournée et lui avait donné une direction différente de sa direction naturelle. Dans cette hypothèse, le propriétaire du fonds inférieur a le droit de s'opposer à l'écoulement des eaux de la source, conformément à l'article 640. S'il ne le fait pas, la prescription, bien loin de s'accomplir à son profit, courra au contraire contre lui. Ce n'est pas lui qui acquerra par prescription un droit sur les eaux de la source, mais bien le propriétaire de cette dernière qui acquerra sur le fonds inférieur une servitude d'écoulement. Nous pouvons donc d'ores et déjà affirmer que, pour que la prescription d'un droit sur les eaux de la source puisse s'accomplir au profit du propriétaire du fonds inférieur, il faudra que ce dernier ait effectué des travaux qui, d'une part, annoncent son intention d'acquérir un droit sur les eaux de la source et, d'autre part, supposent chez le propriétaire de cette source, par son inaction et son silence durant une période de 30 ans, un abandon de son droit de libre disposition.

Ces principes une fois établis, il est assez facile de préciser les conditions auxquelles est subordonné l'accomplissement de la prescription. Il faut d'abord que les travaux soient terminés. Ce n'est en effet qu'à ce moment que le propriétaire de la source peut être considéré comme mis en demeure de réclamer. Les auteurs se sont divisés sur la question de savoir si les ouvrages doivent être permanents. La question ayant été formellement tranchée par la loi de 1898, nous croyons inutile d'insister, et nous dirons seulement que l'affirmative a toujours dû s'imposer, selon nous, la possession utile pour prescrire devant nécessairement être continue, aux termes de l'article 2229 et de l'article 642 lui-même. Peu importe d'ailleurs la nature et l'importance de ces travaux. Aucune condition à priori n'est exigée par le Code civil et les tribunaux doivent les apprécier dans chaque espèce. Les travaux ensuite doivent être apparents, aux termes de l'article 642 ; la possession autrement serait clandestine, ce qui serait manifestement contraire à l'article 2229 et aux principes, par conséquent, qui régissent dans notre droit la prescription.

Les travaux doivent être l'œuvre du propriétaire inférieur puisqu'ils doivent annoncer, comme nous l'avons dit plus haut, l'intention, de sa part, d'acquérir un droit sur les eaux de la source, et doivent avoir pour but de faciliter la chute et le cours de l'eau dans sa propriété ; c'est-à-dire manifester clairement la volonté du propriétaire inférieur d'utiliser les eaux dans l'intérêt de son fonds. Si, donc, il s'agissait de travaux qui, bien qu'étant l'œuvre de ce dernier, n'auraient pour but que de diminuer les inconvénients de la servitude d'écoulement, du passage des eaux dans le fonds inférieur, le propriétaire de ce fonds n'aurait aucun droit acquis sur les eaux de la source et le maître de cette dernière garderait sur elle son droit absolu de disposition.

En un mot, dans cette hypothèse la prescription, selon nous, pourra s'accomplir au profit du propriétaire du fonds inférieur, mais, une fois accomplie, ce sera la servitude d'écoulement, dont bénéficie le maître de l'héritage supérieur, qui pourra ainsi être restreinte et modifiée, mais non le droit qu'il possède sur sa source. Inversement, si les travaux étaient effectués par le propriétaire de la source, alors même qu'ils auraient pour effet de faciliter la chute et le cours de l'eau sur le fonds inférieur, il ne pourra jamais en résulter une servitude active au profit de ce dernier mais bien au contraire une servitude passive.

Lorsque les ouvrages remontent à une époque éloignée, il est souvent impossible au propriétaire inférieur de fournir la preuve matérielle qu'il en est l'auteur. Dans cette hypothèse, il faut admettre que les travaux sont présumés faits par celui auquel leur existence est utile.

Dans le cas où les travaux auraient une nature mixte et seraient utiles à la fois et au fonds supérieur et au fonds inférieur, le juge devra essayer de trouver dans les autres circonstances de fait de la cause, des éléments de décision. Mais il devra alors agir avec beaucoup de prudence et se souvenir que, jusqu'à preuve du contraire, le droit du propriétaire de la source est absolu et que c'est à celui qui invoque la prescription qu'incombe le fardeau de la preuve.

Les ouvrages doivent-ils être faits sur le fonds supérieur ! Cette question a donné lieu aux controverses les plus vives parmi les auteurs.

Nour ne croyons pas devoir entrer dans l'étude des différents systèmes qui ont été proposés et des arguments qu'on a fait valoir à leur appui.

La question, en effet, n'offre plus aucun intérêt aujourd'hui, puisqu'elle a été formellement tranchée par la loi de 1898. La Cour de cassation d'ailleurs, par une jurisprudence constante, a toujours subordonné l'accomplissement de la prescription à la stricte exécution de cette condition, qui a été l'objet de contestations si vives (Cour de cassation, requête 2 août 1858, D. P. 1859, 1.230; civile, 23 janvier 1867 D. P. 1867, 1.159; requête 4 mars 1885, D. P. 1886, 1.34). Nous dirons seulement que cette jurisprudence doit être approuvée, selon nous, sans réserves aucunes. Sans doute, les travaux préparatoires du Code civil ont pu fournir aux adversaires du système, d'après lequel les travaux doivent être faits sur le fonds supérieur, des arguments très sérieux.

Sans doute l'exigence d'une pareille condition rend toute prescription presque impossible. Mais ces raisons ne nous paraissent pas convaincantes. Et d'abord, le droit du propriétaire de la source est assez respectable pour qu'il ait mérité la protection et la garantie que lui a accordées le législateur.

Ensuite, seule, la solution adoptée par la jurisprudence nous paraît conforme et au texte même de l'art. 642 et aux principes qui régissent la prescription. Au texte de l'art. 642, disons-nous. En effet cet article exige que les travaux aient pour effet de faciliter la chute et le cours de l'eau dans le fonds inférieur. Faciliter la chute, c'est-à-dire faciliter le passage du fonds supérieur dans le fonds inférieur, au point où l'eau quitte le premier pour entrer dans le second. Il faut donc, comme le dit si bien M. Demolombe « que les travaux entreprennent et mordent, pour ainsi dire, sur le fonds supérieur lui-même ! ».

Aux principes qui régissent la prescription. Qui dit prescription, dit usurpation du droit d'autrui. Lorsque le propriétaire du fonds inférieur vient effectuer des travaux sur le sol de son voisin, pour prendre ainsi son eau chez lui, l'usurpation apparaît avec évidence. Mais où est l'usurpation lorsqu'il effectue des travaux chez lui, sur son propre fonds ? Évidemment il n'y en a aucune, car alors il ne fait qu'user de son droit de propriétaire. Si l'on admet que, dans ce cas, la prescription court à son profit et à l'encontre du propriétaire de la source, comment, par quels moyens et à quel titre ce dernier pourra-t-il l'interrompre ? En obtenant des propriétaires inférieurs une reconnaissance de la précarité de leurs possessions, disent les partisans du système adverse, soit amiable, soit, s'ils refusent de la donner, judiciaire ? Mais alors, s'il y a cent propriétaires inférieurs qui ont effectué des travaux sur leurs fonds, il faudra que le propriétaire supérieur intente cent actions différentes ! Dira-t-on que ce dernier pourra interrompre la prescription en interceptant l'eau conformément à l'art. 2243 aux termes duquel : « il y a interruption naturelle lorsque le possesseur est privé pendant plus d'un an de la jouissance de sa chose soit par l'ancien propriétaire, soit même par un tiers ? » Mais comment le propriétaire de la source pourra-t-il interrompre le cours de cette dernière durant un laps de temps aussi considérable ? Quelle que soit la superficie du bassin qu'il pourra construire pour contenir l'eau, cette dernière ne tardera pas à le remplir et à reprendre son cours dans la vallée.

Nous ne pouvons donc que féliciter d'ores et déjà le législateur d'avoir mis fin à cette grave controverse et surtout d'avoir consacré, sur ce point, les véritables principes qui devaient régir la prescription.

Quelle est maintenant la nature du droit acquis par titre ou par prescription. Certains auteurs ont voulu distinguer entre ces deux modes d'acquisition. Il nous paraît impossible d'admettre cette distinction. Comme le disent fort bien MM. Baudry-Lacantinerie et Chauveau (Traité théorique et pratique de droit civil, des biens, page 546), on peut, en principe, acquérir par prescription ce que l'on peut acquérir par titre, et d'ailleurs la loi met ici la prescription sur la même ligne que le titre.

Quant à nous, il est évident que la solution doit être différente, suivant que l'on admet que le maître du fonds où naît la source est propriétaire de cette dernière, ou qu'il a sur elle simplement un droit de priorité d'usage. M. Demolombe cependant, qui est partisan du premier système, semble considérer le propriétaire inférieur comme n'étant investi, dans tous les cas, que d'une simple servitude de prise d'eau sur le fonds supérieur :

« En ce qui concerne le propriétaire qui a la source dans son fonds, dit cet auteur, ce qui résulte du texte même de l'article 641, c'est qu'il ne peut en user à sa volonté, lorsque le propriétaire du fonds inférieur a acquis un droit de prise d'eau, mais évidemment, il n'a pas perdu pour cela la propriété de sa source ; c'est simplement une servitude qui a été acquise contre lui par le propriétaire inférieur. Et dès lors le propriétaire du fonds où naît la source peut encore lui-même s'en servir et tirer parti des eaux à la condition seulement de ne pas porter atteinte au droit qui a été acquis par le propriétaire inférieur. Il est clair par exemple qu'il ne peut plus désormais détourner le cours de la source à son préjudice. S'il peut encore en user, ce n'est plus à sa volonté, c'est-à-dire d'une manière arbitraire et absolue. Il faut au contraire qu'il en use modérément. » (Demolombe, traité des servitudes ou services fonciers, tome I, page 109).

Dans la suite de ses développements, M. Demolombe continue à n'envisager uniquement que l'hypothèse de la constitution au profit du fonds inférieur d'une servitude de prise d'eau. Que cette hypothèse soit évidemment de beaucoup la plus générale, nous ne songeons pas à le nier. Mais nous prétendons seulement, d'accord avec la jurisprudence (Cassation, 25 mars 1867, Dalloz, 67. 1. 220), que l'hypothèse, bien que très rare, nous le reconnaissons, où le propriétaire du fonds inférieur acquiert sur la source un véritable droit de propriété, est cependant parfaitement possible, si l'on admet que le maître du fonds où naît la source a un véritable droit de propriété sur cette dernière. Si en effet il est propriétaire, sa propriété peut être acquise par un tiers soit par titre, soit par prescription.

Les tribunaux ont à décider, dans chaque espèce, d'après les faits de la cause, si le propriétaire du fonds inférieur a acquis sur la source un véritable droit de propriété ou une simple servitude de prise d'eau. Notre solution n'est nullement inconciliable avec les notions que nous avons données au début de ce chapitre sur la nature juridique de la source. Nous avons indiqué que cette dernière n'avait pas d'individualité juridique distincte du fonds et qu'elle ne pouvait être considérée que comme un accessoire de ce dernier. Quand donc nous disons que le maître du fonds inférieur a pu acquérir la propriété de la source, nous ne prétendons pas qu'il a acquis la propriété de l'eau considérée en elle-même et indépendamment du terrain où elle sourd, mais qu'il a acquis par là même le point d'émergence de la source, c'est-à-dire une partie du fonds supérieur lui-même. S'il en était autrement, il ne pourrait y avoir que la constitution d'une simple servitude de prise d'eau. Concluons en disant que si l'on considère le maître du fonds où naît la source comme ayant sur elle un droit véritable de propriété, on est obligé d'admettre par là même que ce droit de propriété peut être transféré à un tiers soit par titre, soit par prescription.

Dans le système au contraire d'après lequel le propriétaire du terrain où jaillit une source n'est pas propriétaire de celle source et n'a sur elle qu'un simple droit de priorité d'usage, il est évident qu'il ne peut être question de transmission d'un droit de propriété, puisque cette propriété n'existe pas, mais simplement d'un droit de servitude, soit réelle, soit même personnelle (nous connaissons déjà la différence qui existe entre ces deux servitudes). (Baudry-Lacantinerie et Chauveau, traité théorique et pratique de droit civil, des biens, page 535).

Nous venons d'essayer de déterminer la nature du droit que pourra acquérir sur la source le propriétaire du fonds inférieur. Nous allons maintenant tenter de préciser l'étendue de ce droit, soit par rapport au maitre du fonds où nait la source, soit par rapport aux propriétaires des fonds inférieurs.

Et d'abord par rapport au propriétaire du fonds où nait la source, il ne saurait y avoir de difficulté, lorsque le maitre du fonds inférieur a acquis sur cette source un véritable droit de propriété. Ce dernier en a alors l'absolue disposition ; il peut conduire les eaux sur un autre fonds, en changer l'affectation ou même les aliéner au profit d'un tiers. Quant au maitre du fonds où nait la source, il est tenu de respecter scrupuleusement le droit de propriété qui a été ainsi acquis par le propriétaire du fonds inférieur et ne peut lui porter aucune atteinte. Il n'en est pas de même lorsque ce dernier n'a acquis qu'une simple servitude de prise d'eau, et les auteurs sont loin de s'accorder sur l'étendue, soit des droits acquis par le propriétaire inférieur, soit des droits conservés par le maitre du fonds supérieur. Nous nous en referons sur ces deux points à l'opinion émise par M. Picard (traité des eaux, droit et administration, tome 1er, pages 137, 138 et 139) qui, lui-même, n'a fait qu'adopter, sauf quelques légères restrictions, les solutions proposées par MM. Daviel et Demolombe. Le propriétaire du fonds inférieur, en résumé, peut user et disposer des eaux comme il l'entend, après leur sortie du fonds supérieur, pourvu que la situation du fonds servant, en l'espèce du fonds supérieur, n'en soit pas aggravée et les tribunaux ont un pouvoir souverain d'appréciation pour déclarer

qu'il y a aggravation, alors même que le régime de la prise
d'eau n'aurait pas été modifié par les changements effectués
par le maître du fonds dominant. Quant au propriétaire du
fonds servant, il ne peut faire aucun acte qui tende à restreindre l'usage de la servitude, ou à rendre son exercice plus
incommode, mais il pourrait néanmoins offrir au propriétaire
du fonds inférieur un endroit aussi commode pour l'exercice
de ses droits et celui-ci serait tenu de l'accepter. C'est là,
d'ailleurs, en tous points, l'application pure et simple de
l'art. 701. Si, après que le maître de la source a ainsi satisfait
à son obligation, il reste un excédent, il demeure libre d'en
disposer à son gré et, notamment, de faire d'autres
concessions.

Quelle est maintenant l'étendue du droit du propriétaire
inférieur qui a ainsi acquis sur la source un droit de propriété
ou de servitude par rapport aux autres propriétaires inférieurs ? Il faut distinguer, selon nous, deux hypothèses, celle
où les eaux de la source n'arrivent au fonds inférieur que par
leur écoulement naturel, et celle où elles ont été l'objet d'une
dérivation directe du fonds où elles surgissent jusqu'au
fonds bénéficiaire du droit. Dans le premier cas, le propriétaire de ce fonds ne peut se prévaloir de son titre vis-à-vis
des autres riverains et son droit demeure régi par l'art. 644. Il
ne doit être considéré, en un mot, dans ses rapports avec ces
derniers, que comme un simple riverain. Dans le second cas,
au contraire, s'il a acquis un véritable droit de propriété sur
la source, il possède sur les eaux de cette source le droit
absolu, soit de les absorber, soit de les détourner, soit même
de les aliéner, et les propriétaires des fonds inférieurs ne
pourraient être déclarés recevables à s'en plaindre, quelque
préjudice qu'ils en éprouvent. Ce point n'a donné lieu à
aucune difficulté.

Il n'en est pas de même pour le cas où le propriétaire du
fonds inférieur n'a acquis sur la source qu'une simple servitude de prise d'eau. La plupart des auteurs enseignent que,
dans ce cas, il ne peut arrêter le cours des eaux au détriment
des propriétaires d'aval. M. Demolombe est très affirmatif
sur ce point.

« Ce qui est certain, dit-il, c'est que le propriétaire du fonds inférieur qui a acquis une servitude de prise d'eau sur la source qui découle du fonds supérieur, c'est, disons-nous, que ce propriétaire n'a pas le droit d'en arrêter le cours au détriment des fonds inférieurs (article 644) car il n'a pas acquis la propriété de la source ; et il n'a pas en conséquence le droit d'en disposer. » (Demolombe, traité des servitudes ou services fonciers, tome 1er, page 114). M. Demolombe reconnaît d'ailleurs immédiatement après que les propriétaires des fonds inférieurs ne doivent pas pour cela être considérés comme ayant acquis eux-mêmes un droit quelconque sur les eaux de la source. Mais cette solution nous paraît alors inconciliable avec l'opinion émise par l'éminent auteur au sujet des droits dont jouit le propriétaire du fonds dominant par rapport au propriétaire du fonds servant. Il indique en effet que le premier peut disposer comme il l'entend des eaux une fois entrées dans son héritage, du moment qu'il n'en résulte aucune aggravation pour le second, qui n'a dès lors aucun intérêt à s'y opposer. Comment admettre que ce droit de disposition pourra être restreint au profit d'individus qui ne peuvent prétendre à aucun droit sur les eaux de la source (M. Demolombe le reconnaît lui-même ?) Est-ce par application de l'article 644 ? Mais cet article ne s'applique qu'aux eaux livrées à leur cours naturel ; or, nous examinons en ce moment l'hypothèse où les eaux de la source ont été l'objet d'une dérivation. Est-ce par application de la règle : *servitus servitutis esse non potest ?* Nous répondrons qu'il ne faut pas confondre la servitude avec le produit de cette servitude. Dans l'espèce, l'eau une fois entrée et recueillie dans l'aqueduc, forme une propriété au profit de celui qui l'a recueillie et celui-ci, du moment qu'il ne porte aucun préjudice au propriétaire du fonds servant, qu'il n'aggrave pas sa situation, qu'il agit en un mot vis-à-vis de ce dernier, dans la limite de son droit, peut disposer pleinement, selon nous, de cette eau et même l'aliéner, sans que les propriétaires d'aval ne puissent aucunement se plaindre du préjudice qui leur serait ainsi causé.

Nous arrivons maintenant à l'étude de la troisième exception au droit du propriétaire de la source, celle qui est prévue par l'article 643. Cet article indique : « que le propriétaire de la source ne peut en changer le cours lorsqu'il fournit aux habitants d'une commune, village ou hameau, l'eau qui leur est nécessaire ».

L'intérêt public exigeait impérieusement que le droit du propriétaire de la source, absolu en principe, reçût une limitation dans l'hypothèse spéciale prévue par l'article 643. Ce n'est d'ailleurs qu'une application particulière du principe consacré par la législation de presque tous les pays, d'après lequel la propriété privée peut être supprimée lorsque l'intérêt public du pays l'exige impérieusement. A plus forte raison par conséquent, cette propriété, au lieu d'être supprimée complètement, peut-elle être simplement grevée d'une servitude, ainsi que l'édicte l'article 643 dans l'hypothèse particulière prévue par lui :

« Mais, comme le fait très judicieusement observer M. Demolombe, la disposition de l'article 643 a ceci de singulier et de remarquable, qu'elle constitue une attribution directe et de plein droit de la servitude au profit de la commune, du village, du hameau, sans qu'il soit nécessaire d'employer les formalités de l'expropriation pour cause d'utilité publique. » (Demolombe, *Traité des servitudes ou services fonciers*, tome 1er, page 116).

La disposition de l'article 643 constitue donc une double exception : exception au droit du propriétaire de la source, et exception au principe fondamental de notre législation d'après lequel, lorsqu'il y a lieu dans l'intérêt public de supprimer ou de restreindre le droit de propriété privée, une indemnité préalable doit être accordée, indemnité dont le règlement appartient au jury d'expropriation. La disposition de l'article 643, à ce double titre, selon nous, doit être interprétée restrictivement, conformément à la règle *exceptio est strictissimæ interpretationis*.

De cette règle nous déduirons une série de conséquences. Et d'abord l'art. 643, ne prévoyant que les eaux de source,

n'est pas applicable aux citernes, mares, étangs, en un mot,
à toutes les eaux stagnantes. La différence qui doit être faite
entre les eaux de source d'une part, et les eaux stagnantes
d'autre part, se justifie d'ailleurs, selon nous, très facilement.
Les eaux de source seules sont inépuisables et peuvent par
conséquent satisfaire aux besoins qui ont été l'objet de la
sollicitude du législateur dans l'art. 643. Il faudrait ensuite,
si l'on adoptait la solution inverse, accorder aux habitants le
droit de venir puiser l'eau jusque sur le fonds qui la contient,
ce qui constituerait une restriction exorbitante au droit du
propriétaire de ce dernier, qui perdrait notamment ainsi la
faculté de se clore, restriction qui ne pourrait être admise
dans notre législation qu'à la condition d'être garantie par
toutes les formalités prescrites par les lois sur l'expropriation
pour cause d'utilité publique. Le droit qu'a tout propriétaire
d'effectuer dans son fonds toutes les fouilles qu'il croira bon
de faire, alors même que ces fouilles auraient pour résultat
d'intercepter les veines alimentaires de la source, nous paraît
devoir être maintenu, malgré la disposition de l'art. 643,
puisque cette dernière ne s'applique qu'à une source ayant
un cours extérieur et est par conséquent inapplicable aux
eaux souterraines. Sur ces deux points, la Cour de cassation
par une jurisprudence constante, a consacré les solutions
que nous venons de donner. (Cour de cassation, civile 5
juillet 1864, D. P. 1864, 1.280, civile 25 mars 1891 ; D. P. 1894,
1.335, civile 29 novembre 1830 ; Dalloz, répertoire servitude,
n° 183 ; note 1).

Il ne suffit pas que l'eau soit nécessaire aux habitants, soit
de maisons isolées, soit même de maisons voisines dont la
réunion ne constituerait pas au moins un hameau, pour que
la disposition de l'art. 643 puisse être invoquée. Il faut qu'il y
ait une agglomération d'habitants suffisante. Sur ce dernier
point, contrairement à l'opinion de MM. Dalloz et Demolombe, et conformément à l'avis de M. Picard, nous croyons
que l'autorité judiciaire aurait pleine compétence pour
apprécier si l'agglomération, au cas où cette question serait
débattue, constitue ou non un hameau et peut ainsi bénéficier

ou non de l'art. 643, sans être tenue d'un renvoi préjudiciel à l'autorité administrative.

Il faut que l'eau soit nécessaire aux habitants de la commune, du village ou du hameau. Un simple intérêt de commodité ne suffirait donc pas. Quant à la nécessité dont parle l'article 643, il ne faut l'envisager que par rapport aux besoins personnels des habitants, aux besoins domestiques. L'utilité donc des eaux de la source pour l'irrigation des champs de ces derniers, ou, comme force motrice, pour le fonctionnement des moulins destinés à la mouture des blés pour l'approvisionnement de la commune, serait insuffisante, selon nous, pour rendre l'article 643 applicable, bien que certains auteurs aient prétendu le contraire.

Nous avons déjà eu l'occasion de faire connaître notre sentiment sur la question de savoir si les habitants peuvent prétendre à un droit d'accès sur le fonds pour y exercer le puisage ou l'abreuvage. Nous avons en effet indiqué que l'article 643 ne pouvait être déclaré applicable aux eaux stagnantes, justement parce que la solution inverse aurait pour conséquence de grever le fonds d'une servitude non prévue, selon nous, par cet article.

Telles sont les solutions qui nous paraissent découler nécessairement de la règle que nous avons essayé d'établir au commencement de notre étude de l'article 643.

Mais, cependant, il ne faudrait pas exagérer et dire par exemple que l'article 643, ne parlant que de la restriction au droit du propriétaire de la source, serait inapplicable par là même aux droits que les riverains intermédiaires ont pu acquérir, soit conformément à l'article 644, soit surtout conformément à l'article 641. Si les riverains en effet tiennent leurs droits de l'article 644, nous savons que ces droits n'existent pas par rapport au propriétaire de la source : le législateur n'avait, par conséquent, pas besoin d'en parler ; il lui a suffi d'indiquer que le droit du propriétaire de la source était limité dans l'hypothèse prévue par l'article 643, pour que le droit des riverains le soit par là même. S'ils ont acquis au contraire des droits sur la source, conformément à l'article 641.

l'article 643 leur est de même nécessairement applicable, car ils ne sont alors que des ayant droit du propriétaire de la source, et ce dernier n'a pu leur transmettre plus de droits qu'il n'en avait lui-même : nemo plus juris ad alium transferre potest quam ipse habet.

Bien que l'art. 643 ne parle que du détournement de la source, la majorité des auteurs et la jurisprudence ont admis que le propriétaire de cette dernière ne pouvait user des eaux, de manière à rendre illusoire le droit concédé par cet article aux habitants; par exemple, les absorber ou les rendre impropres aux usages domestiques. Cette solution, bien qu'éminemment rationnelle, nous paraît difficilement acceptable, à raison des termes mêmes de l'art. 643 qui n'interdit que le détournement de la source. Le propriétaire garde donc le droit d'en user à son gré et les habitants n'ont pu acquérir contre lui que le superflu des eaux. Nous n'insistons pas, car la loi de 1898 a modifié, comme nous le verrons, le texte de cet article, et a rendu, sur ce point, toute controverse désormais impossible.

L'art. 643 accorde au propriétaire un droit à une indemnité. Mais cette indemnité, comme nous l'avons déjà dit, n'est pas préalable et est réglée par experts. Elle doit se calculer non d'après l'avantage retiré par la communauté mais d'après le préjudice subi par le propriétaire.

L'article indique aussi que l'indemnité n'est pas due au cas où les habitants ont acquis ou prescrit l'usage de la source. La première formule se comprend d'elle-même. Il n'en est pas de même de la seconde. Qu'a voulu entendre le législateur par ces mots « prescrit l'usage » ? S'agit-il d'une prescription acquisitive, comme semble le dire le texte, prescription qui ne commencera à courir qu'à compter du jour où la communauté aura fait et terminé des ouvrages conformément à l'art. 642 ? S'agit-il au contraire d'une prescription purement extinctive et libératoire ? En faveur du premier système, on a indiqué que, tant que le propriétaire n'était pas interpellé conformément à l'art. 642 par les habitants de la commune, aucune prescription ne pouvait courir contre lui, puisqu'il pouvait ignorer la nécessité des eaux pour les habitants, ou même simplement n'avoir aucun intérêt à détourner le cours de la source ; or, c'est un acte de pure faculté pour le propriétaire que de laisser les eaux suivre leur cours naturel, conformément à l'art. 640, et un acte de cette nature ne saurait engendrer contre lui aucune prescription.

Nous inclinerions néanmoins en faveur du système adverse. Il ne peut être question pour les habitants d'avoir à prescrire l'usage des eaux, puisque cet usage leur est accordé de plein droit par l'art. 643. La seule prescription donc qui soit possible pour eux est celle qui a pour résultat de les libérer de leur dette vis-à-vis du propriétaire de la source, de l'action qui appartient à ce dernier à l'effet d'obtenir une indemnité, action qui est née dès le jour où les habitants ont usé de l'eau conformément à l'art. 643.

Telles sont les seules exceptions prévues par le Code civil au droit du propriétaire de la source. La jurisprudence en a trouvé, paraît-il, une troisième. D'après cette jurisprudence, le droit du propriétaire de la source se trouve restreint dans le cas où les eaux ont été volontairement abandonnées à la communauté irrigative. Le propriétaire du fonds où naît la source, nous le savons, d'après la jurisprudence elle-même, peut disposer de l'eau de cette source selon son bon plaisir. Il peut l'aveugler, s'il y a intérêt et s'il en a la puissance, il peut l'absorber ; il peut la détourner de son cours naturel au profit d'un tiers qui acquiert alors sur elle soit simplement un droit de servitude, soit même un droit de propriété. Il peut aussi, conformément à l'art. 640, laisser les eaux suivre leur cours naturel. Dans cette hypothèse, les riverains inférieurs du cours d'eau, auquel cette source peut donner naissance, acquerront sur les eaux de ce cours d'eau certains droits régis par l'art 644. Ces droits alors devront modifier le droit du propriétaire de la source, lorsque cet état de choses remontera à une date suffisamment ancienne et pourra ainsi être considéré comme ratifié même par la volonté tacite de ce dernier, qui, durant cet espace de temps considérable, n'aura pas cru devoir exercer d'une manière quelconque son droit de propriété sur les eaux de la source. C'est à peu près le sens qu'il attribuer à cette expression « abandon à la communauté irrigative » employée par la Cour de cassation dans un de ses arrêts (Cassation, 22 Mai 1854, D. 54, 1, 301).

Cette jurisprudence a été très vivement et, selon nous, très justement critiquée par la plupart des auteurs. En effet, quel que soit le temps durant lequel le propriétaire de la source aura laissé les eaux de cette dernière suivre leur cours naturel, ce propriétaire ne pourra jamais être considéré comme ayant renoncé tacitement à son droit de propriété.

Nous l'avons déjà dit et nous aurons encore l'occasion de le répéter, c'est un droit pour le propriétaire de la source que de laisser les eaux s'écouler sur les fonds inférieurs conformément à l'article 640 ; en exerçant ce droit formellement reconnu par le législateur, il ne peut être considéré comme ayant renoncé tacitement au droit d'utiliser plus tard les eaux, de les absorber, de les vendre même, s'il le juge utile ou agréable.

D'ailleurs quand et à quelles conditions cette renonciation tacite de la part du propriétaire de la source devra-t-elle être présumée? La Cour de cassation a oublié de le dire et c'est là le point capital. (Laurent, Principes de droit civil français, T. VII, pages 214, 227, 228) Baudry-Lacantinerie et Chauveau. Traité théorique et pratique de Droit civil, des biens, p. 553 et 554).

Concluons donc que le droit du propriétaire de la source est en principe absolu et qu'il ne peut y avoir à ce droit d'autres exceptions que celles expressément prévues par le Code civil, c'est-à-dire par les articles 641, 642, 643. Mais cette théorie n'est-elle pas excessive ? N'y a-t-il pas des cas où l'exercice de ce droit si absolu du propriétaire de la source peut occasionner un véritable désastre dans toute une région? Sans doute, tant que la source demeure la propriété privée d'un particulier, ces hypothèses sont à peu près impossibles. Il ne faut pas oublier en effet, que les entreprises de ces particuliers ne peuvent pas dépasser certaines proportions, à raison des moyens et des ressources dont ils disposent. Le détournement de la source ne sera possible que si son volume est peu important, et, en tous cas, il ne pourra être effectué que pour l'irrigation de terres peu éloignées. Sans doute, en vertu de la loi du 28 avril 1845, le propriétaire du fonds qui aura acquis un droit aux eaux de la source, pourra obtenir la servitude de passage sur tous les fonds intermédiaires, quel qu'en soit le nombre et quelle que soit la distance à parcourir ; mais il ne faut pas perdre de vue qu'il aura à payer une indemnité à raison de l'établissement de cette servitude, indemnité qui sera d'autant plus considérable que l'acqueduc devra traverser plus d'héritages et qui arrivera ainsi à dépasser de beaucoup les avantages qu'il pourra retirer de l'irrigation de son héritage, lorsque ce dernier sera trop éloigné du fonds où jaillit la source.

Il n'en est plus de même lorsque les sources, et il s'agit alors toujours au contraire de sources dont le volume est considérable, qui donnent même naissance par elles-mêmes très souvent à de véritables cours d'eau, lorsque les sources, disons-nous, sont acquises par des collectivités puissantes telles que des départements ou des communes. Des travaux immenses alors sont effectués, les eaux de la source peuvent être conduites à des distances considérables. C'est ainsi que la ville de Paris a acquis la source de la Dhuys et les sources de la Vanne qui produisent la première 20.000 et les secondes 100.000 mètres cubes par jour et sont conduites à 130 et à 157 kilomètres du lieu où elles jaillissent. Lorsque ces collectivités ne peuvent se mettre d'accord, soit avec le propriétaire de la source, soit surtout avec les propriétaires des fonds intermédiaires, elles sont obligées de réclamer un décret déclaratif d'utilité publique. L'autorité administrative alors, grâce à l'enquête préalable à laquelle on procède conformément aux dispositions de la loi du 3 mai 1841, peut apprécier pleinement les divers intérêts en cause, tâcher de les concilier par toutes les mesures qu'elle croira devoir prescrire dans ce but, refuser même la déclaration d'utilité publique, s'il lui apparaît que les intérêts menacés par la dérivation des eaux sont plus importants que ceux de la collectivité qui la réclame, et en tous cas obliger cette dernière à payer des indemnités aux divers intéressés, suffisantes pour réparer le préjudice qu'ils éprouveront. Le Conseil d'Etat, ces derniers temps, a toujours imposé cette condition aux communes, qui réclamaient un décret déclarant les travaux d'utilité publique, et n'a accordé ce dernier que lorsque les communes prenaient l'engagement préalable d'indemniser tous les intéressés irrigants ou usiniers, auxquels la dérivation devait porter préjudice. Mais l'hypothèse, en définitive, où la collectivité qui voudra procéder à des travaux de dérivation n'aura pas besoin d'un décret déclaratif d'utilité publique, est possible et doit par conséquent être prévue. Il suffit, en effet, à cette dernière, d'acquérir, à l'amiable, la propriété de la source et de s'entendre ensuite avec les propriétaires de tous les fonds que devra traverser le canal de dérivation. En indemnisant largement ces derniers, ce résultat peut être atteint et la collectivité y a encore intérêt, puisque, une fois maîtresse de la source et n'ayant pas à recourir à l'autorité administrative supérieure pour obtenir un dércet déclaratif d'utilité publique, elle pourra alors se prévaloir de l'art. 641 vis-à-vis des riverains inférieurs et leur refuser toute réparation du préjudice énorme qui leur sera ainsi causé.

Mais cette conséquence doit-elle nécessairement être admise par interprétation de la législation existante ? Le Conseil d'Etat, après avoir pendant longtemps opiné pour l'affirmative, a changé complètement sa jurisprudence, ces dernières années, et déclare que l'article 641 ne peut être invoqué par ces puissantes collectivités qui acquièrent ainsi des sources pour les dériver. (Conseil d'Etat, 5 mai 1893, Lebon 1893, page 369; Conseil d'Etat, 9 août 1893, Lebon 1893, page 698.) Nous ne pouvons que l'approuver pleinement dans son revirement de jurisprudence. Le code civil n'a réglé que les droits des particuliers entre eux et non les rapports des particuliers avec l'administration. Ces derniers ne sont donc pas régis nécessairement par les dispositions qui s'appliquent aux premiers :

« On pouvait tout d'abord se demander, comme le dit fort bien M. Picard, si, en édictant l'article 641 du Code civil, le législateur de 1804 avait prévu l'éventualité du détournement de sources considérables fournissant au cours d'eau inférieur son principal aliment, à de nombreuses usines leur force motrice, à de vaste superficies de terrains l'eau nécessaire à leur mise en valeur. Ne s'était-il pas borné à envisager les œuvres ordinaires de l'homme telles que les faits de l'expérience du passé lui permettaient de les concevoir ? Comment eut-il supposé qu'un jour viendrait où des villes puissantes, armées du droit d'expropriation, pourvues de ressources financières supérieures à celles de certains Etats de l'Europe, ayant à satisfaire aux exigences d'un grand intérêt public, exécuteraient des travaux de dérivation et d'adduction comparables à ceux qui ont été réalisés pendant la seconde moitié de ce siècle ?. » (Picard, traité des eaux, droit et administration, tome I, pages 167 et 168).

C'est d'ailleurs la solution qu'avait déjà admise le Conseil d'Etat dans une matière similaire, celle de l'assèchement des sources et des puits par les tranchées ou tunnels ouverts pour la création des voies de chemins de fer ou des canaux ; l'application de l'article 552, en effet, avait été rejetée par lui. C'est à raison de cette similitude de situation, qu'il a été amené à inaugurer sa nouvelle jurisprudence en matière de dérivation des sources. Il y a lieu, par conséquent, de distinguer, parmi les travaux effectués par ces collectivités, entre ceux qui ne dépassent pas les proportions des œuvres privées ordinaires auxquels l'article 641 peut être déclaré applicable, et ceux, au contraire, qui à raison de leur importance, de leur étendue, n'ont pu entrer dans les prévisions du législateur de 1804. Au sujet de ces derniers, la législation spéciale, qui régit les travaux publics et les dommages qui en sont la conséquence, est applicable. Il suffit donc qu'il y ait préjudice, que ce préjudice soit direct, matériel et certain, pour que celui qui l'éprouve ait droit à une indemnité :

« Considérant, dit l'arrêté du 5 mai 1893, Sommelet contre commune de Rolampont et Compagnie de l'Est, qu'il appartient au Conseil de Préfecture d'apprécier si l'exécution des travaux rentrant dans l'exercice normal du droit conféré par l'article 641 du Code civil ne peut donner lieu à une indemnité, ou si, au contraire, ces travaux sont à raison de leur objet et de leur importance au nombre de ceux dont l'exécution donne en vertu de l'article 4 de la loi du 28 Pluviose an VIII, ouverture à une action en dommages de la part des particuliers. »

Nous venons de donner un résumé de l'état de la législation, de la doctrine et de la jurisprudence avant la loi du 10 avril 1898. Nous allons maintenant nous livrer à l'examen des dispositions contenues dans cette loi relativement aux droits du propriétaire de la source par rapport aux droits des riverains inférieurs et faire la critique de l'innovation qu'elles consacrent.

Loi du 10 avril 1898.

Les droits du propriétaire de la source sont réglés dans l'article 1 de la loi du 10 avril 1898 dont voici le texte complet :

Article premier : « Les articles 641, 642 et 643 du Code civil sont remplacés par les dispositions suivantes :

Art. 641. — Tout propriétaire a le droit d'user et de disposer des eaux pluviales qui tombent sur son fonds.

Si l'usage de ces eaux ou la direction qui leur est donnée aggrave la servitude naturelle d'écoulement établie par l'article 640 une indemnité est due au propriétaire du fonds inférieur.

La même disposition est applicable aux eaux de source nées sur un fonds. Lorsque par des sondages ou des travaux souterrains un propriétaire fait surgir des eaux dans son fonds, les propriétaires des fonds inférieurs doivent les recevoir ; mais ils ont droit à une indemnité en cas de dommages résultant de leur écoulement.

Les maisons, cours, jardins, parcs et enclos attenant aux habitations ne peuvent être assujettis à aucune aggravation de la servitude d'écoulement dans les cas prévus par les paragraphes précédents.

Les contestations auxquelles peuvent donner lieu l'établissement et l'exercice des servitudes prévues par ces paragraphes et le règlement, s'il y a lieu, des indemnités dues aux propriétaires des fonds inférieurs sont portées en premier ressort devant le juge de paix du canton qui, en prononçant, doit concilier les intérêts de l'agriculture et de l'industrie avec le respect dû à la propriété.

S'il y a lieu à expertise il peut n'être nommé qu'un seul expert.

ART. 642. — Celui qui a une source dans son fonds peut toujours user des eaux à sa volonté dans les limites et pour les besoins de son héritage.

Le propriétaire d'une source ne peut plus en user au préjudice des propriétaires des fonds inférieurs qui depuis plus de trente ans ont fait et terminé, sur le fonds où jaillit la source, des ouvrages apparents et permanents destinés à utiliser les eaux ou à en faciliter le passage dans leur propriété.

Il ne peut pas non plus en user de manière à enlever aux habitants d'une commune, village ou hameau l'eau qui leur est nécessaire, mais si les habitants n'en ont pas acquis ou prescrit l'usage, le propriétaire peut réclamer une indemnité laquelle est réglée par experts ;

ART. 643. — Si dès la sortie des fonds où elles surgissent les eaux des sources forment un cours d'eau offrant le caractère d'eaux publiques et courantes, le propriétaire ne peut les détourner de leur cours naturel au préjudice des usagers inférieurs. »

La première question qui se pose, après la lecture de cet article, est celle de savoir quel est le droit que le législateur a voulu conférer au maître du fonds dans lequel naît la source. Si l'on s'en tient à la lettre même de l'article dans sa partie qui modifie l'ancien article 642 du Code civil, il est indubitable que le propriétaire du fonds où surgit cette source n'est plus propriétaire de cette dernière. Il n'a sur elle qu'un droit d'usage, plus étendu sans doute que celui des riverains inférieurs du cours d'eau, mais restreint néanmoins dans certaines limites, les besoins de son héritage, assez étroites, ce qui semble exclure le droit de disposition. En résumé, c'est la première théorie que nous avons exposée plus haut et d'après laquelle les sources sont insusceptibles de propriété privée et ne peuvent être l'objet que de droits d'usage plus ou moins étendus, c'est cette théorie, disons-nous, repoussée par la jurisprudence et la plupart des auteurs sous l'empire du Code civil, qui semble avoir été consacrée par le législateur de 1898.

Quant à nous, après avoir étudié attentivement les travaux préparatoires de la nouvelle loi, nous avons acquis la conviction que toute autre a été la volonté du législateur et que ce dernier, au contraire, a eu l'intention de maintenir purement et simplement le Code civil, c'est-à-dire le droit de propriété sur les sources, et de donner seulement une consécration législative à la théorie de la jurisprudence relativement à l'abandon des eaux à la communauté irrigative, théorie que nous avons déjà exposée et critiquée.

Et d'abord le législateur de 1898 a voulu maintenir, en principe, le droit de propriété du maître du fonds où naît la source. Cela nous paraît évident, si l'on se reporte au *Journal Officiel* du 22 juin 1883 donnant le compte-rendu de la séance du Sénat du jeudi 21 juin 1883.

La Commission est arrivée à cette séance avec une nouvelle rédaction de l'art. 642 qui lui avait été renvoyé déjà plusieurs fois.

Art. 642. — Celui qui a une source dans son fonds peut toujours user des eaux à sa volonté dans les limites et pour les besoins de son héritage mais il ne peut en détourner le cours au préjudice des usagers inférieurs.

M. Méline, ministre de l'Agriculture, a pris alors la parole pour combattre la seconde partie de l'art. 642 :

« Je n'ai, Messieurs, dit-il, sur l'art. 642 qu'une déclaration à faire au Sénat ; c'est que le gouvernement ne croit pas pouvoir adopter la rédaction de cet article telle qu'elle vous est proposée par la commission.

Il ne croit pas pouvoir l'adopter parce que cet article laisse subsister la difficulté qu'il s'agit de résoudre en ne permettant pas aux tribunaux de discerner ce qui sépare la source du cours d'eau, et que, par conséquent, il ne met pas fin au débat qu'il s'agit de clore ; ce débat, il l'ouvre au contraire, et il enlève aux tribunaux la base d'appréciation que nous cherchons à leur donner. J'ajoute que le gouvernement ne croit pas davantage possible de faire résulter du simple écoulement de l'eau du fonds supérieur sur le fonds inférieur le droit pour le propriétaire du fonds inférieur de s'emparer de cette eau, de la considérer comme une propriété et de retirer au propriétaire du fonds supérieur le droit dont il a joui jusqu'à présent. »

A la suite de cette observation, la première partie de l'art. 642 a été adoptée (celui qui a une source dans son fonds peut toujours user des eaux à sa volonté dans les limites et pour les besoins de son héritage) et la deuxième au contraire a été rejetée (mais il ne peut en détourner le cours au préjudice des usagers inférieurs).

L'intention du Sénat a donc bien été de respecter le principe du droit de propriété sur les sources, et c'est par mégarde qu'il a voté la première partie de l'art. 642 dont la rédaction avait été inspirée par des idées tout à fait opposées, puisque la commission, qui l'avait élaborée, voulait supprimer ce droit de propriété reconnu jusqu'alors aux maîtres des fonds où les sources prennent naissance.

La suite de la discussion, qui porte sur le nouveau texte, proposé par la commission, destiné à remplacer l'art. 643 du Code civil, et les divers amendements proposés par certains membres du Sénat, nous a fortifié dans cette opinion. Il n'est question dans cette discussion que de la conciliation à établir entre le droit absolu du propriétaire du fonds où naît la source d'user de cette dernière à sa volonté, d'en disposer, droit de propriété par conséquent, avec les droits des propriétaires inférieurs qui ont utilisé les eaux de cette source. L'étendue de la matière que nous traitons dans cet ouvrage ne nous permet pas d'entamer l'étude de toutes les théories et solutions proposées dans ce but. Nous indiquerons seulement qu'aucune d'elles ne parut satisfaisante au Sénat qui renvoya le texte du nouvel article 643 avec les divers amendements à la commission, pour qu'elle put élaborer une rédaction nouvelle. Le Sénat renvoya aussi le nouvel art. 642 qu'il venait de voter, mais dans le but seulement de permettre à la commission d'en coordonner le texte avec les dispositions soit précédentes, soit suivantes.

A la séance du mardi 10 juillet 1883, le texte du nouvel art 641, tel qu'il a été promulgué, est adopté sans débat. Il en est de même de l'art. 642 ; mais, par une anomalie étrange, ce membre de phrase : « mais il ne peut en détourner le cours au préjudice des usagers inférieurs », qui avait été rejeté, comme nous l'avons exposé plus haut, à la séance du 21 juin, est reproduit au *Journal Officiel* du 11 juillet qui donne le compte-rendu de la séance du Sénat de la veille, séance dans laquelle ce dernier a adopté le texte définitif de l'art. 1er de la nouvelle loi. Ce texte n'est donc pas le même que celui qui a été voté par la Chambre des Députés à la séance du 25 mars 1898 (*J. O.* 26 mars 1898), où ce membre de phrase ne figure pas. S'il était prouvé que le texte ainsi voté en dernière délibération par le Sénat n'est pas rigoureusement conforme au texte voté par la Chambre des Députés, on pourrait se demander si l'article 1er a force de loi.

Mais cette hypothèse ne nous paraît pas probable. La reproduction du membre de phrase : « mais il ne peut en détourner le cours au préjudice des usagers inférieurs » au journal officiel du 11 juillet 1883 nous paraît être en effet le résultat d'une erreur matérielle d'impression de la sténographie. Le Sénat n'avait aucune raison d'adopter, selon nous, ce membre de phrase qui consacre l'expropriation des propriétaires de toutes les sources, à la séance du 10 juillet, alors qu'il l'avait formellement repoussé à la séance du 21 juin, et, en tous cas, il nous paraît évident que, si le Sénat était revenu réellement sur son vote, il y aurait eu des débats à ce sujet, débats qui n'ont pas existé, puisque l'article 642, d'après le même *Journal Officiel* du 11 juillet 1883, a été adopté sans aucune discussion, au moins en ce qui concerne ses paragraphes 1 et 2. M. Cherpin, en effet, a bien proposé sur cet article un paragraphe additionnel ainsi conçu : « il ne peut non plus en user de manière à enlever aux habitants d'une commune, village ou hameau l'eau qui leur est nécessaire pour leurs usages domestiques ou à priver les propriétaires inférieurs de l'utilisation qu'ils en ont faite par des travaux apparents pour l'agriculture ou l'industrie, mais dans ces cas le propriétaire de la source pourra réclamer une indemnité qui sera fixée par les tribunaux ordinaires et prescriptible suivant les règles du droit. »

Mais cet amendement qui a été rejeté ne tendait, comme il est facile de s'en rendre compte par sa simple lecture, qu'à modifier le paragraphe 3 de l'art. 642 et laissait intacts les paragraphes 1 et 2. Enfin, et c'est là pour nous le point capital, si le Sénat avait adopté l'article 642 avec le membre de phrase qui a été reproduit au *Journal Officiel* du 11 Juillet 1883, il n'aurait pu discuter et adopter l'art. 643 qui devenait absolument inutile et même incompréhensible. Si l'article 642 enlevait dans tous les cas au propriétaire du fonds le droit de détourner les eaux de la source, comment expliquer l'art. 643 qui ne lui enlevait le même droit que dans une hypothèse particulière, celle où, dès la sortie du fonds où elles surgissent, les eaux des sources forment un cours d'eau offrant le caractère d'eaux publiques et courantes ?

Concluons donc en disant que le Sénat a voté l'art. 642 à la séance du 10 Juillet 1883, tel qu'il l'avait déjà voté à la séance du 21 Juin 1883, tel qu'il a été voté ensuite par la Chambre des députés et tel enfin qu'il a été promulgué.

Cette difficulté aplanie, continuons notre démonstration. Après avoir voté l'art, 642 et rejeté, au sujet de ce dernier, l'amendement de M. Cherpin, le Sénat a passé à l'examen du nouvel article 643 proposé par la Commission, texte qui, finalement, a été voté. Nous ne pouvons encore ici rendre compte de toutes les critiques qui ont été adressées à ce texte, ni des diverses théories et solutions proposées par les orateurs qui se sont succédé à la tribune. Mais ce qui nous paraît utile de constater, c'est que la plupart de ces derniers se sont élevés contre l'article 643 parce qu'il consacrait une distinction entre les petites sources et les sources abondantes qui, par elles-mêmes, donnent naissance à un cours d'eau, le droit des propriétaires des fonds où elles surgissent restant absolu à l'égard des premières et recevant au contraire une restriction importante à l'égard des secondes. Pour prouver la vérité de ce que nous avançons, nous allons d'abord donner la parole à M. Griffe, un de ceux qui se sont élevés avec le plus de talent contre la rédaction de la Commission.

« L'article 643, dit-il, dont vous connaissez le texte, établit une distinction entre les sources qui sont peu volumineuses, qui ont un débit peu considérable, et les sources qui à la sortie des fonds où elles surgissent forment un cours d'eau offrant le caractère d'eau publique et courante. Je voudrais bien que cette conception théorique qui forme la distinction proposée passât de la théorie à la pratique. Je voudrais bien savoir comment, sans tomber dans l'arbitraire le plus absolu, les tribunaux pourront décider qu'une source constitue une source de la première catégorie ou une source de la seconde. Une source qui se manifeste par un filet d'eau ayant un faible parcours, est une vraie source dont le propriétaire peut disposer ; mais cette source perd son caractère primordial et devient un cours d'eau, une eau courante, si elle atteste un grand volume et coule successivement à travers une série de propriétés plus ou moins étendues.

Le volume de l'eau et l'étendue du parcours tel est le critérium que la commission admet comme base de sa distinction. Il en résulte que si la source débite une faible quantité ou un petit volume d'eau, le propriétaire peut en disposer à son gré, que si, au contraire, la source est très volumineuse, elle constitue un cours d'eau, une eau courante, sur laquelle le propriétaire n'a plus d'autres droits que ceux des riverains ».

Pour M. Griffe, il parait donc hors de doute que le système de la commission consacre le droit de propriété absolu du propriétaire du fonds, lorsqu'il ne s'agit que d'une petite source, c'est-à-dire de celle qui n'est pas prévue par le texte de la commission, qui ne constitue pas par elle-même un véritable cours d'eau.

Nous allons donner maintenant la parole à M. Cuvinot et nous ferons, par là même, la preuve que nous nous sommes proposés de faire, savoir que le législateur de 1898 n'a voulu innover que pour les sources d'un débit considérable et que, pour les autres, il a voulu maintenir les principes admis jusqu'alors, sous l'empire du Code civil, par une jurisprudence constante :

« Nous vous demandons simplement, dit M. Cuvinot, d'insérer le texte de cet arrêt (arrêt de la Cour de cassation de 1854) dans un article de loi. Nous vous demandons de faire passer dans un article de loi un des monuments de la Cour de cassation. Pourquoi ? Parce que cette jurisprudence a varié et parce que l'arrêt que nous vous signalons donne satisfaction à nos institutions et à nos opinions. Nous voulons éviter des variations qui sont de nature à troubler gravement les intérêts privés que la jurisprudence ne sauvegarde pas aussi bien qu'un article de loi ».

M. Ninard, qui était précédemment monté à la tribune, a déclaré lui aussi qu'il adoptait la rédaction de l'article 643 proposée par la Commission, parce que ce n'était que l'application pure et simple des principes du Code civil et la consécration législative de l'exception, admise par la jurisprudence inaugurée en 1854, au droit du propriétaire du fonds d'émergence, au cas d'abandon des eaux de la source à la communauté irrigative. M. Méline, qui a défendu ensuite le texte de la Commission avec son autorité habituelle, a exprimé la même opinion.

Concluons donc que l'intention du législateur de 1898 a été, pour toutes les sources qui ne rentrent pas dans l'hypothèse prévue par l'article 643, de maintenir purement et simplement les principes jusqu'alors admis par la plupart des auteurs et une jurisprudence constante, sous l'empire du Code civil, c'est-à-dire de maintenir, sur les sources, le droit de propriété reconnu jusqu'alors aux propriétaires des fonds où elles surgissent, et que l'article 642 constitue, par conséquent, une véritable erreur de sa part, puisque son texte même consacre des principes et des solutions contraires aux principes et aux solutions qu'il voulait faire prévaloir.

Mais cette démonstration qui nous paraît certaine serait néanmoins insuffisante, à elle seule, pour nous autoriser à reconnaître en principe au maître du fonds où naît la source la propriété de cette dernière. Alors même, en effet, qu'il est prouvé que l'intention du législateur est contraire au texte qu'il a élaboré, l'interprète, avons-nous dit déjà plus haut, doit s'incliner devant ce texte et l'appliquer, toutes les fois que son sens sera clair et précis, et qu'il ne sera pas en désaccord avec d'autres textes. En un mot, entre l'esprit du législateur et le texte de la loi, c'est ce dernier qui doit prévaloir, lorsque l'interprétation de ce texte ne soulève aucune difficulté. C'est la solution qu'il faudrait certainement admettre, si nous ne nous trouvions en présence que de l'article 642.

Mais heureusement pour les propriétaires des fonds d'émergence, cet article n'est pas le seul à régler la condition légale des sources ainsi que les droits dont elles sont susceptibles. Il faut rapprocher l'art. 642 de l'art. 643 pour en déterminer le sens et la portée respectives, et, si l'on fait ce rapprochement, on est nécessairement conduit à repousser l'interprétation littérale de l'art. 642 et à admettre que cet article ne doit pas être considéré comme restrictif, mais simplement comme énumératif, que le droit de disposition du propriétaire du fonds sur la source qui y prend naissance, est absolu en principe, qu'il est en définitive, comme il l'était auparavant, un véritable droit de propriété. C'est ce que démontrent avec beaucoup de clarté MM. Aubry et Rau, dans le commentaire qu'ils donnent de la loi du 10 avril 1898 : « Le premier alinéa, disent ces auteurs, après avoir reproduit les expressions de l'ancien art. 641, « peut user des eaux à sa volonté », ajoute : « dans les limites et pour les besoins de son héritage ». Ce dernier membre de phrase pris au pied de la lettre conduirait à décider que le propriétaire du fonds d'émergence n'a le droit d'absorber que la portion d'eau indispensable aux besoins de cet héritage et qu'il est tenu de laisser l'excédent s'écouler par la pente naturelle des terrains, sur les fonds inférieurs. Or, cette atteinte au droit absolu de disposition admis par le Code civil a bien été consacrée par la loi de 1898 dans le nouvel article 643, mais uniquement pour le cas où la source formerait dès la sortie du fonds où elle surgit un cours d'eau offrant le caractère d'eaux publiques et courantes. Si l'art. 642 n° 1 avait la portée que sa rédaction semble impliquer, il est manifeste que l'art. 643 serait absolument inutile, car ce texte ne ferait que confirmer, pour les sources d'un volume considérable, une règle déjà posée par l'article précédent pour toutes les sources sans exception. Une semblable anomalie dans la loi nouvelle est tout à fait inadmissible, alors surtout que la restriction édictée par l'article 643 a rencontré une vive opposition. » (Cours de droit civil français par MM. Aubry et Rau, 5ᵉ édition, tome 3, p. 58 et 59, note 4 *ter*.)

Puisque la disposition de l'article 643 ne peut se comprendre si l'on s'en tient au sens littéral de l'article 642, l'interprète a le droit de rechercher, dans l'examen des travaux préparatoires, quelle a été l'intention du législateur, le but qu'il poursuivait, les principes qu'il voulait consacrer ; la démonstration que nous avons faite ci-dessus, appuyée sur l'argument tiré du rapprochement des articles 642 et 643, argument qui lui sert de point de départ, acquiert une force incontestable et nous nous croyons maintenant autorisé à conclure formellement que le droit de propriété sur les sources au profit des maîtres des fonds où elles surgissent doit être maintenu, non pas seulement par interprétation de la volonté du législateur de 1898, mais par interprétation des textes mêmes qui ont été promulgués. Nous pouvons même ajouter, qu'en dehors de tout examen des travaux préparatoires, la volonté du législateur de maintenir le droit de propriété sur les sources au profit des maîtres des fonds où elles prennent naissance se manifeste clairement dans ce même article 642, puisque cet article dans son paragraphe 2 contient l'expression suivante : « Le propriétaire d'une source... »

Nous ne pouvons donc que nous référer à tous les développements que nous avons fournis plus haut, lorsque nous avons examiné les dispositions du Code civil et l'interprétation qui en a été donnée par la doctrine et la jurisprudence, puisque la loi de 1898, en dehors de l'hypothèse prévue par l'article 643, a consacré les mêmes principes et les mêmes droits.

Nous n'avons qu'un mot à dire sur la différence de texte qui existe entre le paragraphe 2 de l'article 642 et l'ancien article 642 et le paragraphe 3 du même article et l'ancien article 643. Les modifications, qui ont été introduites dans les nouveaux textes, n'ont eu pour but que de faire disparaître certaines controverses qui s'étaient élevées au sujet de l'interprétation des anciens articles du Code civil et de donner une consécration législative aux solutions adoptées par la jurisprudence.

Le paragraphe 2 du nouvel article 642 porte que les travaux effectués par les propriétaires des fonds inférieurs ne pourront faire courir la prescription au profit de ces derniers que s'ils ont été effectués sur le fonds ou jaillit la source, et s'ils sont permanents.

Le nouveau texte met fin ainsi ainsi à deux controverses, que nous avons déjà eu l'occasion de signaler et dont la première surtout a été très vive, en donnant une consécration législative aux solutions adoptées par la jurisprudence. Sur ce point, nous ne pouvons que féliciter à nouveau le législateur de 1898, non seulement d'avoir mis fin à ces controverses, mais encore d'y avoir mis fin, en respectant les véritables principes qui régissaient, sous l'empire du Code civil, la prescription, et qui, selon nous, doivent toujour la régir.

D'après l'art. 642, paragraphe 3, le propriétaire de la source « ne peut pas non plus en user de manière à enlever. »

L'ancien art. 643 se contentait d'interdire au propriétaire de la source d'en changer le cours. La différence de rédaction est appréciable. Néanmoins il n'y aura rien de changé dans la jurisprudence, car cette dernière n'avait pas cru devoir interpréter restrictivement les termes de l'art. 643, et elle interdisait au propriétaire de la source, non seulement le détournement des eaux, conformément à cet article, mais encore tout usage qui aurait pour conséquence de rendre illusoire le droit ainsi conféré aux habitants. Ici encore la jurisprudence antérieure interprétant souverainement les dispositions du Code civil a été confirmée purement et simplement.

Le nouvel art. 642 ne parle, comme restrictions au droit du propriétaire de la source, que de la prescription et du droit conféré aux habitants de certaines communautés, et il a omis de citer le titre, contrairement à l'ancien article 641, qui le réservait d'une façon expresse. Mais cette omission n'a aucune importance et il résulte clairement des travaux préparatoires et spécialement des déclarations de M. Cuvinot, rapporteur, déclarations qui n'ont soulevé aucune discussion, que si le législateur de 1898 n'a pas voulu en parler, c'est seulement parce que ce n'était, d'après lui, que l'application pure et simple du droit commun.

Le droit du propriétaire de la source est encore restreint dans l'hypothèse spéciale de l'art. 643 que nous croyons devoir reproduire une deuxième fois, à raison de son importance. C'est cet article, en effet, qui constitue l'innovation véritable introduite par le législateur de 1898 dans le régime des sources, puisque nous venons de conclure, avec MM. Aubry et Rau, que l'art. 642 de la nouvelle loi n'a fait que maintenir les principes antérieurs, tels qu'ils avaient été formulés par la jurisprudence interprétant souverainement le Code civil.

Art. 643 : « Si dès la sortie du fonds où elles surgissent les eaux de sources forment un cours d'eau offrant le caractère d'eaux publiques et courantes, le propriétaire ne peut les détourner de leur cours naturel au préjudice des usagers inférieurs. »

Et d'abord, c'est seulement le droit de détourner le cours des eaux de la source, c'est-à-dire le droit de disposition absolu, qui est enlevé au propriétaire du fonds où surgit cette source, mais ce dernier conserve le droit d'en user dans les limites et pour les besoins de son héritage. C'est du moins la solution qui nous paraît s'imposer à raison du principe qu'il faut interpréter restrictivement les dispositions exception- nelles. Le maître du fonds où naît la source, propriétaire de cette dernière, ainsi que nous l'avons démontré, peut user et abuser des eaux de cette source. L'art. 643 lui enlève ce droit d'*abusus*, de disposition absolue ; c'est donc que l'*usus* lui reste. MM. Aubry et Rau ont admis la même solu- tion (Aubry et Rau, cours de droit civil français 5ᵐᵉ édition, page 67).

Reste la question essentielle, c'est-à-dire celle de savoir dans quels cas l'article 643 devra s'appliquer et quelles sont les sources que cet article devra comprendre. Pour bien appré- cier le sens et la portée de cette disposition, il faut s'en référer aux explications données par M. Cuvinot, rapporteur de la loi, à la séance du 10 juillet 1883, séance dans laquelle le Sénat a voté finalement la dernière rédaction de l'article 643, proposée par la commission, rédaction qui a passé dans la loi. Nous avons déjà eu l'occasion de citer un passage du discours de M. Cuvinot. De ce passage, il résulte clairement que la volonté du législateur a été de consacrer, par une dis- position formelle, l'exception au droit absolu du propriétaire de la source, admise par la jurisprudence, au cas d'abandon des eaux à la communauté irrigative. Continuons la citation : « Que l'on qualifie le texte, dit M. Cuvinot, que nous propo- sons à cet effet, de loi interprétative ou qu'on lui donne tout autre nom, ce n'est pas ainsi que nous considérons la ques- tion. Nous dirons : les dispositions du Code civil ont donné lieu à des interprétations diverses. Ces interprétations sont de nature à laisser certains intérêts en souffrance. Nous pen- sons qu'il est nécessaire d'ajouter un article du Code civil et nous le proposons, messieurs, en nous appuyant sur un arrêt formel de la Cour de Cassation. »

M. Cuvinot répond alors à diverses interpellations qui lui sont adressées, en donnant lecture du considérant de cet arrêt, sur lequel il fonde son argumentation. Il continue en ces termes :

« Il me semble impossible de ne pas reconnaître dans le considérant que je viens de lire la justification complète et préalable de la rédaction que nous proposons au Sénat. Tout à l'heure, l'honorable M. Buffet disait que toutes les sources formaient une eau courante. Je viens de répondre que nous n'entendions appliquer la disposition dont nous demandons l'adoption qu'aux sources assez abondantes pour former, à la sortie du fonds où elles surgissent, une eau courante. Il est très difficile, dit-on, de définir les eaux publiques courantes, mais cette définition, je vous le montre, Messieurs, nous la prenons dans un arrêt de la Cour de cassation. D'ailleurs la difficulté est la même pour les ruisseaux. L'art. 644 du Code civil dit :

« Celui dont la propriété borde une eau courante.. » Eh bien quelle définition le Code donne-t-il de l'eau courante ? Aucune. On est obligé de s'en rapporter à la jurisprudence. L'eau courante où commence-t-elle ? Commence-t-elle à ce filet liquide qui provient des eaux pluviales comme le disait l'honorable M. Buffet ? Tire-t-elle au contraire son origine de la réunion de plusieurs de ces filets liquides dans un lit bien dessiné et sous un volume assez considérable pour mériter le nom de cours d'eau ? Cette expression que le Code ne définit pas et que la jurisprudence seule peut donner, nous l'appliquons exactement de la même façon aux eaux fournies par une source. La difficulté existe, nous l'avons toujours reconnu. Il y a deux moyens d'en sortir : le premier, vous n'en voulez pas, ce serait de laisser à l'administration le pouvoir de fixer le point où commencent les eaux publiques et courantes, Le second moyen, celui que nous vous proposons, c'est de laisser aux tribunaux le soin d'interpréter, comme la Cour de cassation, dans le sens que leur indique le caractère de l'eau publique et courante. C'est ce caractère que nous avons rappelé dans notre texte et j'espère que le Sénat voudra bien donner son approbation à cette rédaction dernière qui sauvegarde de la façon la plus complète les intérêts et les droits d'usage du propriétaire du fonds où naît la source ainsi que les droits acquis par les usagers inférieurs.»

M. Méline, qui vient à son tour défendre le texte proposé par la commission, emploie la même argumentation. Il faut distinguer la source du cours d'eau dont la condition doit être régie par des principes différents. Cette distinction ne peut être établie *a priori* par le législateur et doit être laissée à l'appréciation des tribunaux.

Essayons maintenant de déterminer le sens et la portée de l'art. 643. Un point tout d'abord nous semble hors de doute, c'est que cet article ne peut s'appliquer, à raison de ses termes mêmes, qu'aux sources dont le débit est très abondant qui ne constituent par conséquent que l'exception. Il ne suffit pas que la source, en aval du fonds où elle jaillit, par sa réunion à d'autres sources, constitue un véritable cours d'eau. Les rédactions primitives en effet, proposées par la Commission, portaient les mots suivants : « si la source alimente un cours d'eau... ». Or ces rédactions ont été modifiées, à raison des justes critiques qu'elles ont soulevées : toute source, en effet, si petite qu'elle soit, peut être considérée comme alimentant plus ou moins un cours d'eau. Il faut donc que la source, par elle seule, et dès la sortie du fonds où elle surgit, constitue un cours d'eau réunissant les conditions prescrites par l'art. 643.

Ce premier point résolu, quand y aura-t-il cours d'eau aux termes de l'art. 643? Le texte de cet article serait d'une interprétation difficile, nous allions dire presque impossible, si on refusait de l'éclairer par l'examen des travaux préparatoires de la loi de 1898 et spécialement du commentaire donné par le rapporteur au nom de la commission, puisque c'est sur ce commentaire que le Sénat a voté la rédaction proposée par cette dernière. Quand donc en effet peut-on dire encore une fois que la source constituera un cours d'eau, et que ce cours d'eau offrira le caractère d'eaux publiques et courantes. Que signifie cette expression d'eaux publiques?

Cette expression, prise au pied de la lettre, est évidemment vicieuse, car elle semble indiquer que les eaux, auxquelles l'article fait allusion, font partie du domaine public. Or, nous savons que seules les rivières navigables et flottables ont été classées parmi ses dépendances. La paraphrase de cet article serait donc la suivante : Si dès la sortie du fonds où elles surgissent, les eaux de source forment un cours d'eau offrant le caractère d'eaux publiques et courantes, c'est-à-dire un cours d'eau navigable et flottable « ce qui serait une impossibilité puisqu'en France aucune rivière, à notre connaissance, n'est navigable à l'endroit même où elle prend sa source » : le propriétaire ne peut les détourner de leur cours naturel au préjudice des usagers inférieurs, « ce qui serait une absurdité puisque, les rivières faisant partie du domaine public imprescriptible et inaliénable dès l'endroit où elle sont reconnues navigables, aucun particulier ne peut prétendre à un droit quelconque sur elle non seulement de disposition mais même d'usage et ne peut qu'obtenir de l'autorité administrative des concessions toujours précaires et révocables ». L'article 643 aurait donc à la fois prévu une impossibilité et commis une absurdité.

Cette disposition doit donc nécessairement être éclairée par l'examen des travaux préparatoires, et c'est la raison qui nous a décidé à transcrire à peu près complètement le discours de M. Cuvinot. Il résulte des explications fournies par ce dernier, que la commission a entendu s'en référer complètement aux principes contenus dans l'arrêt de la Cour de cassation de 1854, principes que nous avons déjà exposés et critiqués et dont voici le résumé.

Lorsqu'une source surgit sur un fonds, le propriétaire de ce dernier a sur cette source un droit absolu de disposition. Il peut la détourner de son cours naturel au profit d'un tiers, il peut l'éteindre : mais s'il ne se livre à aucun acte d'appropriation, s'il la laisse suivre son cours naturel, les droits que les propriétaires inférieurs pourront ainsi acquérir, conformément à l'article 644 du Code civil, sur le cours d'eau auquel cette source donne naissance, modifieront alors le droit absolu du propriétaire du fonds d'émergence qui ne pourra plus détourner les eaux au préjudice de ces riverains, lorsque cet état de choses pourra être considéré comme ratifié par lui au moins tacitement et ne sera pas le résultat de sa simple tolérance.

« Attendu, dit l'arrêt de 1854, que ces règles reçoivent exception au cas où les eaux ont été volontairement abandonnées à la communauté irrigative ; qu'elles prennent alors le caractère d'eaux publiques et courantes et que la loi crée en ce cas en faveur des riverains des droits qui modifient ceux du propriétaire primordial ». (D. P. 54. 1. 301).

Trois conditions paraissent donc nécessaires, aux termes de cet arrêt auquel s'est référé le rapporteur de la loi, pour qu'une eau ait, vis-à-vis des riverains, le caractère légal d'eau publique et courante : 1º abandon, soit exprès, soit tacite, mais qui devra être suffisamment clair, de la part du propriétaire de la source, de son droit de disposition sur cette dernière ; 2º La continuité et le volume des eaux coulant dans un lit suffisamment dessiné ; 3º L'utilisation des eaux par les riverains inférieurs marquée par des actes suffisamment nombreux pour constituer ce que l'arrêt de 1854 et l'art. 643 appellent la publicité des eaux.

Nous pouvons donc affirmer que l'art. 643 ne pourra s'appliquer aux puits artésiens et aux sources nées de fouilles que lorsque les trois conditions, que nous venons d'énumérer, seront réunies à leur égard. C'est donc dire qu'elles ne pourront tomber sous le coup de l'art. 643 qu'au bout d'un certain temps. Le simple fait, en effet, de l'écoulement des eaux de la source sur les fonds inférieurs ne suffit pas pour faire acquérir aux propriétaires de ces derniers un droit sur ces eaux.

Le droit de fouille qui appartient au propriétaire d'un fonds est enfin entièrement respecté. M. Méline, ministre de l'agriculture, sur interpellation de M. Batbie, l'a formellement reconnu à la séance du 10 juillet 1883. Le texte même de l'article 643 est d'ailleurs favorable à cette solution. Ce qu'il interdit c'est le détournement des eaux, une fois qu'elles ont surgi à la surface du sol, et non les travaux de captation des eaux souterraines. Cette solution enfin nous paraît s'imposer à raison du nouvel article 641, paragraphe 4, qui implique

formellement et d'une façon absolue le droit de fouille :
« lorsque par des sondages ou des travaux souterrains un
propriétaire... » Mais alors, comme l'a très justement fait
remarquer M. Batbie à la séance du 10 juillet 1883, le
propriétaire d'amont pourra tarir la source, même celle prévue par l'art. 643, ou la jeter dans une autre direction, et le
propriétaire du fonds sur lequel la source émerge actuellement ne le pourrait pas ?

Il le pourra évidemment à fortiori; et, s'il le peut, la disposition de l'article 643 n'a plus sa raison d'être.

Nous venons d'entamer, par cette remarque, la seconde
partie de nos développements, c'est-à-dire la critique de
l'innovation introduite par le législateur de 1898 dans le
régime des sources.

Nous avons déjà indiqué les raisons qui nous ont fait
repousser la jurisprudence de la Cour de cassation relative
au prétendu abandon des eaux à la communauté irrigative.
Nous avons dit que cette théorie ne pouvait être soutenue par
interprétation des dispositions du Code civil. Mais nous avons
à envisager ce système à un autre point de vue, non plus
celui de l'interprète, mais celui du législateur : nous avons à
nous demander si le législateur de 1898, qui, lui, n'était pas
lié par les dispositions du Code civil, a bien fait en consacrant cette théorie de la Cour de cassation.

La réponse, nous le disons immédiatement, nous paraît
essentiellement négative.

Et d'abord, le législateur, paraît-il, a voulu mettre fin aux
procès interminables et sans cesse renouvelés qui s'étaient
élevés à ce sujet entre particuliers. Mais ces procès vont continuer comme par le passé, et cela pour la raison bien simple
qu'il n'y a rien de changé. Pourquoi en effet, la Cour de cassation, par ce fameux arrêt de 1854 tant commenté, tant
discuté, qui a constitué, pour ainsi dire, le véritable pivot
autour duquel se sont déroulés au Sénat les débats de la loi
sur le régime des eaux, n'avait-elle pas mis fin elle-même a
tous les procès ? Pourquoi après 1854 se sont-ils renouvelés
en aussi grand nombre ?

Parce que la Cour de cassation, comme nous l'avons déjà dit, avait oublié d'indiquer dans quels cas il y avait abandon volontaire à la communauté irrigative, dans quels cas il y avait cours d'eau et dans quels cas ce cours d'eau avait le caractère d'eaux publiques et courantes, de donner en un mot le critérium qui permit de distinguer la source du cours d'eau. Or, le législateur de 1898 n'a pu trouver lui-même le critérium et, après plusieurs tentatives infructueuses dans ce but, il a fini par s'en rapporter à cette jurisprudence incertaine et indécise qui avait laissé la porte ouverte à tous les procès. Cette jurisprudence nous paraissait mauvaise à ce point de vue et la loi, par conséquent qui n'a fait que la consacrer, doit nous paraître de même.

Il est impossible en effet de prétendre que le propriétaire de la source, qui lui laisse suivre son cours naturel, peut être considéré comme renonçant par là à un des droits quelconques qu'il possède sur cette source, puisqu'en agissant ainsi, il ne fait qu'user d'un droit qui lui est formellement reconnu par la loi. Dire que les droits acquis par les riverains inférieurs, conformément à l'art. 644, modifieront le droit primordial du propriétaire du fonds d'émergence, c'est obliger par là-même, comme l'a dit fort spirituellement un des orateurs qui sont montés à la tribune du Sénat, M. Baragnon, le propriétaire à boire sa source, et il faut pas oublier que, dans l'hypothèse de l'art. 643, il s'agit de sources d'un débit considérable. La solution consacrée par le législateur ne peut donc se soutenir, si on en fait la critique en se plaçant au point de vue juridique. Résumons-nous : le propriétaire de la source qui aura laissé les eaux de cette dernière suivre leur cours naturel, ne peut, en aucun cas, par ce simple fait, être considéré comme ayant renoncé à un droit quelconque sur cette source : voilà pour la première condition ; ensuite il est impossible de distinguer la source du cours d'eau, comme le fait l'art. 643, puisque le législateur n'a pu trouver un critérium qui aurait permis d'opérer cette distinction, et de donner une définition légale des eaux publiques ; s'en rapporter aux tribunaux sur ces deux points, comme l'a fait la loi, c'est donner naissance nécessairement à une foule de procès, puisque aucune règle à priori ne peut être posée : voilà pour les deuxième et troisième conditions.

Seul, le système adopté par le Code civil qui consacre le droit absolu du propriétaire de la source, nous paraît véritablement conforme aux principes qui régissent et doivent régir le droit de propriété privée. Le propriétaire du fonds où jaillit une source peut, dans les limites de son héritage, faire tous les travaux qu'il juge utiles, alors que ces travaux ont pour but et pour effet, soit d'aveugler la source, soit d'en détourner les eaux, « ce qu'on ne peut pas lui contester, c'est la propriété de la bouche, de l'émergence de la source, et sur ce point il doit pouvoir faire ce que tout propriétaire peut faire de sa chose. » Nous n'avons pu nous empêcher de rappeler encore une fois les paroles que M. Batbie a prononcées à la séance du Sénat du 10 juillet 1883 et qui précisent, avec une clarté merveilleuse, la véritable nature du droit du propriétaire de la source. L'article 643, méconnaissant ce principe, interdit le détournement des eaux de la source, une fois qu'elles ont surgi à la surface du sol, mais, comme nous l'avons démontré plus haut, le droit de fouille est entièrement respecté ; l'article 643 est inapplicable aux eaux souterraines. On arrive alors à cette conséquence bizarre, c'est que le propriétaire du fonds où jaillit la source, ne pourra effectuer aucun ouvrage, sur la bouche de cette source ou au-dessous du point d'émergence, qui aurait pour effet de détourner de leur cours les eaux de la source, mais il pourra, en amont de ce point d'émergence, alors que les eaux ne constituent encore qu'un courant souterrain, effectuer des travaux qui auraient pour but et pour résultat de le capter et de le faire jaillir à un autre endroit ; et, si l'on croit devoir admettre la solution inverse et affirmer que le propriétaire du fonds où jaillit la source ne pourra ainsi, grâce à ce droit de fouille, éluder la disposition de l'article 643, il faudra de même nécessairement enlever ce droit de fouille à tous les propriétaires des fonds situés en amont et leur interdire tous travaux qui auraient pour conséquence d'arrêter et de détour-

ner le cours souterrain qui surgit en aval pour constituer la source. On voit à quelles entraves funestes le droit
de propriété serait soumis, dans un tel système.

Mais il faut prévoir une objection tirée d'un ordre non plus
juridique mais économique. Cette objection a été présentée,
sous toutes les formes possibles, au cours des débats sur la
nouvelle loi au Sénat : l'intérêt des riverains du cours d'eau
auquel la source a donné naissance. Voilà des individus,
a-t-on dit et répété à satiété, qui ont pu faire des dépenses
considérables, établir des ouvrages très importants en vue
d'utiliser les eaux du cours d'eau, et ces dépenses et ces
ouvrages pourront être faits en pure perte, devenir d'une
inutilité complète et cela, par la volonté, par le caprice du maître du fonds où jaillit la source qui constitue le cours d'eau.

Nous allons répondre d'abord par un exemple. Voilà un
individu qui procède à des travaux d'une importance considérable, qui ouvre dans son héritage des tranchées colossales,
qui y établit des barrages formidables, qui dépense une
véritable fortune : tout cela, pour capter les eaux qui coulent
à l'intérieur de son fonds. C'est son droit. Une fois les travaux finis, une fois les eaux captées et amenées à la surface
du sol, il se prépare à les utiliser et, dans ce but, il crée un
établissement industriel ou une exploitation agricole, à
laquelle création il consacre une deuxième fortune. C'est toujours son droit. Mais alors le propriétaire du fonds situé en
amont, qui peut disposer de capitaux aussi considérables
que ceux du précédent, s'avise de procéder chez lui,
dans son héritage, à des travaux semblables, et ces travaux
ont juste pour effet d'arrêter les eaux qui arrivaient jusqu'au
fonds du premier, de frapper de stérilité complète tous les
ouvrages créés par lui et de rendre ses dépenses inutiles.

Criera-t-on à l'iniquité ? Le législateur devra-t-il protéger
le propriétaire qui, le premier, a fait des dépenses et procédé à
des travaux ? Personne évidemment n'oserait le soutenir et
tout le monde sera d'accord pour dire à ce propriétaire ma-
lheureux : vous n'avez pas le droit de vous plaindre, il ne
tenait qu'à vous d'acquérir sur les héritages supérieurs, que

vous supposiez traversés par l'eau souterraine que vous vouliez capter, un droit de servitude par lequel les propriétaires de ces héritages se seraient interdits de faire tous travaux qui auraient pour effet d'empêcher l'eau d'arriver jusqu'à vous et, en tous cas, si vous ne pouviez les connaître, c'est une chance que vous avez courue, chance qui s'est tournée contre vous, mais que vous deviez envisager avant de faire ces dépenses.

Remarquons que, dans notre hypothèse, le propriétaire pouvait ne pas connaître le cours de l'eau souterraine qu'il comptait capter, tandis que, dans l'hypothèse de l'art. 643, les riverains du cours d'eau connaissent parfaitement sa source.

Mais, pourra-t-on encore nous objecter, votre exemple n'est pas probant, car, dans votre hypothèse, il n'y a en cause que des intérêts d'individus isolés ; sur le cours d'eau, au contraire, il s'est créé un ensemble d'intérêts, dont le nombre et l'importance sont considérables, et qui, par conséquent, se lient essentiellement à l'intérêt même de la collectivité, à l'intérêt de la nation. Mais cette théorie nous paraît présenter des dangers extrêmes, dangers que n'ont pas suffisamment prévus la plupart de ceux qui se sont montré au Sénat ses défenseurs les plus acharnés. Dire que sur le cours d'eau il s'est constitué une collectivité d'intérêts devant laquelle le droit du propriétaire de la source doit céder, c'est dire que, toutes les fois que le droit de propriété individuelle sera en opposition avec les intérêts de la collectivité, ce droit de propriété devra être supprimé au profit de cette dernière qui pourra s'en emparer librement : c'est l'expropriation, en un mot, sans aucune garantie, sans aucune indemnité, de la propriété privée, toutes les fois qu'elle sera utile à la collectivité, ce qui arrivera toujours.

La plupart des orateurs, qui sont montés à la tribune du Sénat, venons-nous de dire, pour défendre les intérêts des riverains, ne se sont pas rendus bien compte de la tendance collectiviste de la nouvelle loi ; ce qui le prouve, c'est que, parmi eux, on compte celui qui s'est fait un honneur de lutter contre le collectivisme et qui, dans cette lutte, a déployé un courage, une constance, à une époque où l'inconstance et la variation dans les opinions constituent la règle, et aussi un talent au-dessus de tout éloge (nous voulons parler de M. Méline). Un seul parmi les orateurs, M. Buffet, a eu vraiment conscience de ces dangers, et il les a signalés à la séance du 10 juillet 1883 :

« J'avais précédemment, dit-il, et voilà pourquoi j'ai tenu à monter un instant à cette tribune, donné une marque d'approbation à l'amendement primitif de M. Cherpin. J'étais allé peut-être un peu trop loin, car j'avais réservé mon opinion dernière, en réalité cet amendement dans sa forme primitive — il n'avait pas encore été rédigé, mais M. Cherpin avait très clairement expliqué l'économie — ne portait aucune atteinte aux principes du Code civil. Il portait peut-être une certaine atteinte au principe d'expropriation pour cause d'utilité publique, puisqu'il permettait cette expropriation au profit d'établissements particuliers, mais enfin il fallait une déclaration d'utilité publique ce qui était une garantie. Aujourd'hui les choses ont changé. Je ne puis pas, remarquez-le bien, détourner un cours d'eau qui sort de mon fonds ; je ne puis pas empêcher les propriétaires inférieurs d'utiliser ce cours d'eau, mais, par cela seul que j'ai une source qui descend dans un cours d'eau et qu'on aura utilisée comme on en a le droit, je ne puis pas protester contre l'utilisation du cours d'eau; elle est absolument légale. Mais par cela seul que j'ai une source qui contribue dans une certaine mesure à l'alimentation de ce cours d'eau, mais qui en est parfaitement distincte, je perdrais la libre disposition de cette source ? Ceci n'est pas tolérable, même quand on me donnerait une indemnité ; je n'admets pas, en effet, qu'un particulier qui trouve que ma propriété lui est utile puisse me dire : vous allez m'en céder l'usage moyennant une indemnité » (*J. Off.* 11 juillet 1883).

M. Buffet critiquait, dans son discours, non seulement la rédaction proposée par la Commission, mais aussi les amendements proposés par M. Cherpin et M. Griffe. Le premier consacrait le droit des riverains inférieurs à l'encontre du droit du propriétaire de la source, mais à la charge par eux de payer une indemnité à ce dernier, et avait été déjà repoussé avant la discussion de l'art. 643, car il portait sur l'art. 642, puisqu'il assimilait la condition des riverains inférieurs à celle des communautés d'habitants. Le second, au contraire, portait sur l'art. 643. Il supprimait toute distinction entre les sources et il enlevait à leurs propriétaires leur droit de disposition sur elles, lorsque les riverains avaient joui du cours d'eau d'une manière continue dans l'intérêt de l'industrie ou de l'agriculture, au moyen d'ouvrages permanents et apparents, et pendant trente années à dater de la promulgation de la loi. En définitive, l'amendement de M. Griffe reposait sur les mêmes principes que le texte de la Commission, savoir : d'un côté, un prétendu abandon de la part du propriétaire de la source et, de l'autre, l'utilisation des eaux par les riverains inférieurs. La seule différence était qu'il consacrait l'expropriation de toutes les sources sans aucune garantie ni indemnité, mais seulement à l'expiration d'un délai de trente ans ; tandis que le texte proposé par la Commission et qui a passé dans la loi les exproprie immédiatement, mais seulement lorsque les conditions prévues par l'art. 643, conditions que nous connaissons déjà et que nous avons suffisamment développées, sont réunies.

Quant à nous, la solution que le législateur aurait dû adopter était celle qui avait été proposée par M. Cherpin à une précédente séance et à laquelle M. Buffet a fait allusion dans le passage de son discours que nous venons de reproduire. Lorsqu'il s'est établi sur le cours d'eau un ensemble d'intérêts dont le nombre et l'importance sont considérables, lorsqu'on peut prétendre que l'intérêt même du pays exige que ces intérêts soient sauvegardés dans une certaine mesure, ne peut-on pas dire qu'il y a alors un véritable cas d'utilité publique qui nécessite l'expropriation du propriétaire de la source, mais l'expropriation, alors, avec toutes les formalités et les garanties prescrites par les lois spéciales qui la régissent (*J. Off.*, 22 juin). Malheureusement, du 21 juin au 10 juillet, M. Cherpin a cru devoir modifier le principe même de son amendement : il a voulu, comme nous l'avons déjà indiqué, assimiler la condition des riverains inférieurs à celle des communautés d'habitants. C'est ce qui a occasionné son échec, car beaucoup de membres du Sénat, parmi lesquels M. Buffet, qui avaient accueilli le système primitif proposé par M. Cherpin avec beaucoup de faveur, ont au contraire critiqué très vivement et, selon nous, très justement, à la séance du 10 juillet, la rédaction apportée par M. Cherpin, comme contraire aux principes mêmes développés par lui à la précédente séance.

Cette solution nous paraît excellente, avons-nous dit, et cela pour trois raisons. La première est qu'elle respecte absolument le droit du propriétaire du fonds où jaillit la source, puisque, s'il perd la propriété de cette dernière, il en a l'équivalent au moyen de l'indemnité préalable qui lui sera accordée ; la seconde est qu'elle sauvegarde complètement les droits des riverains inférieurs, puisqu'ils seront certains désormais que les eaux de la source ne pourront plus être détournées de leur cours ; la troisième enfin est que ces riverains ne pourront obtenir le décret déclaratif d'utilité publique de l'autorité administrative, que lorsque leurs intérêts seront suffisamment nombreux et suffisamment considérables pour intéresser directement la prospérité du pays ; ce qui laissera en dehors leurs intérêts individuels, qui ne peuvent être préférés, selon nous, au droit du propriétaire de la source, sans que l'on commette la plus criante des injustices.

APPENDICE

QUESTION DES EAUX DE FONTAINE-L'ÉVÊQUE

Nous avons parlé, au commencement de ce chapitre, des polémiques ardentes que cette question avait soulevées, polémiques qui ne sont pas encore près de finir.

Le 27 avril 1895 est intervenu entre, d'une part, M. Bret, préfet du Var, agissant au nom du département du Var en vertu d'une délibération du Conseil général en date du 20 avril, et, d'autre part, M. de Gassier et Mlle de Gassier Jeanne, propriétaires-rentiers, agissant dans un intérêt commun, une convention aux termes de laquelle M. et Mlle de Gassier s'engageaient à vendre au département du Var la source de Fontaine-l'Évêque pour le prix de 800.000 francs.

L'article 4 de la convention, dont l'importance est capitale, comme nous allons bientôt le reconnaître, est ainsi conçu :

« Art. 4. — Cette vente est soumise à cette seule condition suspensive que le département du Var obtiendra la loi ou décret d'utilité publique nécessaire pour la construction du canal projeté. Le délai accordé au département pour l'obtention de cette loi ou de ce décret est fixé à deux ans à partir d'aujourd'hui. Passé ce délai, M. et Mlle de Gassier demeureraient libres de tout engagement ».

Une première prorogation a été accordée jusqu'au 31 décembre 1898 et une deuxième jusqu'au 31 janvier 1899. Ce n'est que le 14 janvier 1899 qu'est intervenue la vente ferme, postérieurement par conséquent à la promulgation de la loi du 10 avril 1898.

Et d'abord, que le nouvel article 643 soit applicable à la source de Fontaine l'Evêque, c'est une question qui n'a fait l'objet d'aucune contestation sérieuse, même de la part du département du Var, et ce n'est pas par ce moyen que ce dernier espère faire triompher ses prétentions. D'après le département du Var, il n'est intervenu, le 14 janvier 1899, aucun contrat nouveau, il n'y a eu que ratification de la convention primitive, celle qui a été signée le 27 avril 1895, et c'est à la date de cette convention qu'il faut se placer pour en apprécier la validité. Or, il est indubitable qu'en 1895 M. et Mlle de Gassier pouvaient disposer pleinement, sous l'empire du Code civil, de leur source en faveur du département du Var.

Cette argumentation nous parait reposer sur des bases peu solides. Et, en effet, si l'on analyse la convention de 1895 et spécialement la quatrième clause que nous avons transcrite ci-dessus, la conclusion évidente, selon nous, est que cette convention constituait une promesse de vente de la part de M. et de Mlle de Gassier, promesse qui était acceptée par le département du Var.

Aux termes de l'art. 1589 du Code civil : « La promesse de vente vaut vente lorsqu'il y a consentement réciproque des deux parties sur la chose et sur le prix ». C'est bien notre hypothèse, puisque les vendeurs, M. et Mlle de Gassier, et l'acheteur, le département du Var, étaient d'accord sur la chose qui constituait l'objet de la vente, en l'espèce la source de Fontaine l'Evêque, et sur le prix, qui était fixé à la somme de huit cent mille francs. D'après cet article, les principes qui régissent le contrat de vente doivent donc être appliqués ici.

L'article 1584 porte que : « La vente peut être faite purement et simplement ou sous une condition soit suspensive, soit résolutoire ; elle peut aussi avoir pour objet deux ou plusieurs choses alternatives : dans tous les cas, son effet est réglé par les principes généraux des conventions ».

Aux termes donc de cet article 1584 in fine, lorsqu'une vente est conditionnelle, l'effet de cette vente est réglé par

les principes généraux qui régissent les obligations conditionnelles. Il nous paraît alors certain tout d'abord que la convention du 27 avril 1895 constituait une véritable vente ou
promesse de vente (peu importe, puisque l'article 1589, qui
est applicable à notre hypothèse, assimile la promesse de
vente à la vente) sous condition. Nous croyons devoir insister
sur ce point. En effet, alors même que les parties qualifient
de condition un événement futur mais certain, les effets de la
convention intervenue entre eux ne doivent pas être déterminés, dans ce cas, par les principes qui régissent les obligations conditionnelles, mais par ceux qui régissent les obligations à terme. Cela a une grande importance, car le terme, à
la différence de la condition, ne suspend point l'engagement
mais en retarde seulement l'exécution. S'il était donc prouvé
que l'événement, auquel les parties contractantes en 1895
avaient subordonné formellement la formation du contrat de
vente, constituait un terme et non une condition, cette vente
aurait été parfaite dès cette époque, l'exécution seule en aurait
été différée, et le département du Var serait devenu immédiatement propriétaire, puisqu'à ce moment l'objet du contrat
existait encore.

Mais il n'y a pour nous aucune difficulté à admettre, ainsi
que les parties l'ont formellement déclaré dans la quatrième
clause, que l'obtention, par le département du Var, de la loi,
ou du décret déclaratif d'utilité publique constituait non un
terme mais une véritable condition, c'est-à-dire un événement
futur et incertain. La loi en effet pouvait ne pas être votée, le
décret déclaratif d'utilité publique pouvait être refusé.

Nous nous trouvons donc en présence d'une véritable convention conditionnelle, et cette condition, les parties ont
déclaré qu'elle serait suspensive. Nous allons donc nous
reporter aux articles du Code civil qui règlent les effets de
cette condition.

Aux termes de l'article 1182 : « lorsque l'obligation a été
contractée sous une condition suspensive, la chose qui fait la
matière de la convention demeure aux risques du débiteur
qui ne s'est obligé de la livrer que dans le cas de l'événement

de la condition. Si la chose est entièrement périe sans la faute du débiteur, l'obligation est éteinte. » La solution, que le législateur a consacrée au point de vue des risques, est la conséquence du principe qu'il a posé, d'après lequel principe la condition suspensive suspend non seulement l'exécution de l'obligation, mais encore son existence même. L'obligation conditionnelle, tant que la condition n'est pas réalisée, n'existe pas encore, ou plutôt n'existe qu'en germe. De là plusieurs conséquences. Si le débiteur a payé « pendente conditione » il aura la « condictio indebiti » car il a payé ce qu'il ne devait pas; la prescription ne court, à l'égard d'une créance conditionnelle, qu'à partir de la réalisation de la condition ; les risques enfin, comme nous venons de le voir, sont à la charge du débiteur. Puisque le contrat n'existe pas tant que la condition n'est pas réalisée, c'est au moment de la réalisation de cette dernière qu'il faut se placer pour apprécier si les éléments constitutifs du contrat sont réunis. Qu'on ne nous objecte pas que, la condition se réalisant, cette condition rétroagit au jour de la convention, et que c'est à l'époque où cette dernière est intervenue qu'il faut se placer pour en apprécier la validité. Comme le dit fort bien M. Baudry-Lacantinerie :

« La rétroactivité est une conséquence de la formation du contrat, et non la formation du contrat une conséquence de la rétroactivité. Avant de parler de rétroactivité, il faut donc voir si le contrat a pu se former, or on vient de voir qu'il ne se forme pas. » (Baudry-Lacantinerie, précis de droit civil, T. II, p. 675.)

Appliquons ces principes à la convention intervenue le 27 avril 1895. Il nous suffit de remarquer que la condition, qui suspendait l'existence même de la vente ou promesse de vente de 1895, savoir l'obtention de la loi ou du décret déclaratif d'utilité publique nécessaire pour la construction du canal projeté, ne s'est pas réalisée avant la promulgation de la loi du 10 avril 1898, pour être en droit de conclure par là même que le contrat de vente n'a pu se former, puisque, après cette date, la réalisation de la condition devenait inutile, l'objet du contrat n'existant plus.

Quant à la vente ferme intervenue le 14 janvier 1899, elle a remplacé purement et simplement la vente ou promesse de vente conditionnelle intervenue en 1895, et, en ajoutant que, de même que la première, elle n'a pu avoir pour effet de transférer la propriété de la source de Fontaine l'Evèque au département du Var, puisque cette propriété n'existe plus depuis la loi de 1898, nous ne faisons que donner une conclusion superflue.

Nous venons de raisonner tout le temps comme si M. et Mlle de Gassier avaient eu le droit jusqu'à la loi de 1898, de transmettre la propriété de leur source à un tiers. Or, selon nous, il n'en est rien. Nous n'avons qu'à rappeler en effet cette jurisprudence inaugurée d'une façon formelle par l'arrêt de la Cour de cassation de 1854, jurisprudence que le législateur de 1898 a voulu consacrer d'une façon définitive dans le nouvel article 643 et que nous avons eu ainsi l'occasion de commenter et de critiquer à deux points de vue différents ; nous voulons parler de l'abandon des eaux à la communauté irrigative. Dans ce cas, aux termes de cette jurisprudence, même sous l'empire du Code civil, ou plutôt malgré lui, le maître du fonds où jaillit une source perdait son droit de disposition absolue sur cette dernière, lorsque les eaux de la source livrées à leur cours naturel étaient utilisées par les propriétaires inférieurs grâce à des travaux suffisamment apparents et lorsque, cet état de choses s'étant prolongé durant un laps de temps suffisamment considérable, il y avait lieu de le considérer ainsi comme ratifié par la volonté tacite du propriétaire de la source. Il nous paraît évident que cette solution est applicable à la source de Fontaine l'Evèque, dont les eaux, depuis un temps immémorial, sont livrées à leur cours naturel, sans que avant 1895 aucun de ses propriétaires successifs n'ait procédé à un acte quelconque de nature à faire repousser à leur égard cette présomption d'abandon admise par la jurisprudence interprétant souverainement les dispositions du Code civil.

CHAPITRE II

RAPPORTS DES RIVERAINS ENTRE EUX

Nous avons indiqué au début de la section II de notre ouvrage quels étaient les articles qui réglaient ces droits. Nous avons démontré que l'art. 2 de la loi du 10 avril 1898, le seul qui ait trait aux droits des riverains sur les eaux des rivières, n'a pas eu pour but, dans l'esprit du législateur, ainsi que cela résulte des déclarations mêmes de M. Cuvinot, rapporteur, à la séance du Sénat du 23 juin 1883 (*Journal Officiel* 24 juin 1883), d'abroger ou même seulement de modifier les articles du Code civil, et que ces derniers demeuraient complètement en vigueur.

L'art. 2 de la loi du 10 avril 1898, en effet, a eu pour but de préciser les conditions d'exercice des droits des riverains, mais non de toucher au fond même de ces droits et d'en modifier la nature. Nous avons alors essayé de déterminer quelle était cette nature, et nous sommes arrivé à la conclusion que le droit des riverains ne constituait ni un droit de propriété, ni un droit de servitude réelle, ni un droit de servitude personnelle, mais un privilège qui leur permettait de profiter exclusivement de certains modes d'utilisation de l'eau courante des rivières, soit parce que les propriétaires des fonds riverains supportent seuls les inconvénients résultant du voisinage de ces rivières, soit surtout, parce qu'à raison de la situation même de leurs héritages, ils peuvent seuls en profiter. Cette conclusion, nous l'avons tirée de la condition même de l'eau courante des cours d'eau, eau courante qui, comme nous avons eu déjà plusieurs fois l'occasion de le dire, doit être classée dans la catégorie des choses n'appartenant à personne et dont l'usage est commun à tous.

Nous venons par là même de déterminer le champ d'application de l'art. 2 de la loi du 10 avril 1898 et des art. 644 et 645 du Code civil.

Ces articles ne peuvent régir les eaux qui n'ont pas le caractère que nous venons d'indiquer.

Les rivières navigables et flottables ont été classées formellement par le législateur parmi les dépendances du domaine public. Or le domaine public, comme nous le savons, depuis l'ordonnance de Moulins de 1566, est inaliénable et imprescriptible. Les riverains n'ont donc sur ces rivières aucun droit consacré par la loi. Ils peuvent obtenir seulement de l'autorité administrative des concessions, concessions toujours précaires et révocables.

Pour les eaux des lacs, étangs ou autres réservoirs, il est évident que les dispositions, que nous étudions, leur sont inapplicables, puisque ces dispositions ne parlent que de « l'eau courante. »

Dans les art. 2 de la loi de 1898 et 644 et 645 du Code civil, il ne s'agit ensuite que de l'eau livrée à son cours naturel et non de l'eau qui coule dans un lit creusé par la main de l'homme. Lorsque l'eau est ainsi contenue dans un lit complètement artificiel, elle a une destination et une affectation privatives qui excluent l'application de ces textes, et cela que le canal appartienne à l'Etat, ou qu'il soit la propriété d'un département, d'une commune, d'une association ou d'un particulier.

Sans doute, le propriétaire du canal, qui emprunte ses eaux à un cours d'eau non navigable, est considéré par rapport aux riverains de ce dernier comme un simple riverain, sauf le cas où le canal aurait été l'objet d'une déclaration d'utilité publique, dans lequel cas d'ailleurs le droit du propriétaire du canal ne dérive plus de l'art. 644, mais bien de l'acte du pouvoir législatif ou du pouvoir exécutif qui reconnaît l'utilité publique de l'entreprise, mais les propriétaires des fonds riverains du canal n'ont aucun droit sur les eaux de ce canal, sauf le cas de convention ou de prescription. Cette solution doit être admise sans qu'il y ait à distinguer, comme l'a fait M. Demolombe, le cas où le canal a été construit sur des terrains dont la propriété a été acquise par le bénéficiaire de la dérivation, et le cas où le canal a été construit en vertu de la loi du 29 avril 1845, c'est-à-dire en vertu d'une simple servitude d'aqueduc qui laisse intacte en principe la propriété des fonds traversés et la grève seulement d'une servitude de passage.

Les articles 2 de la loi de 1898 et 644 et 645 du Code civil sont ensuite inapplicables aux eaux de source, sans qu'il y ait à distinguer, selon nous, les sources prévues par l'art. 643, et celles qui sont en dehors de la lettre de cet article. Dans le premier cas, en effet, le maître du fonds où jaillit la source garde toujours le droit d'user des eaux de la source dans les limites et pour les besoins de son héritage, puisque l'art. 643 ne lui interdit que le détournement, et ce n'est que l'excédent, une fois ses besoins satisfaits, qu'il est tenu de restituer à son cours naturel. Le propriétaire du fonds où naît la source jouit donc, même dans ce cas, de droits plus étendus que ceux d'un simple riverain et ne peut être assimilé à ce dernier.

Ces articles sont enfin inapplicables aux eaux de pluie. Ces dernières sont res nullius et comme telles, elles deviennent la propriété du premier occupant

Mais ils sont au contraire applicables à tous les cours d'eau non navigables ni flottables, alors même que le lit de ces cours d'eau aurait été rectifié conformément aux articles 6 et 25 de la loi de 1898 ou qu'il aurait été emprunté durant un certain parcours par un canal.

Maintenant que nous avons démontré que les articles 2 de la loi de 1898 et 644 et 645 du Code civil régissent uniquement les droits des riverains des cours d'eau non navigables ni flottables, c'est-à-dire ceux dont nous avons entrepris l'étude dans cet ouvrage, nous allons, sans plus tarder, commencer l'examen de ces articles. Nous ne craignons pas d'avouer ici combien nous avons éprouvé d'incertitudes et de difficultés, lorsque nous avons essayé de mettre un peu d'ordre dans cette matière véritablement inextricable.

Après avoir étudié les droits que ces articles confèrent aux riverains des cours d'eau non navigables ni flottables, nous étudierons les modifications qui peuvent être apportées à ces droits.

Droits d'usage conférés aux riverains des cours d'eau non navigables ni flottables par l'art. 2 de la loi de 1898 et les art. 644 et 645 du Code civil. — Nous croyons d'abord utile de rappeler au commencement de ces développements le texte de ces différents articles :

Art. 2 de la loi du 10 avril 1898 : « Les riverains n'ont le droit d'user de l'eau courante qui borde ou qui traverse leurs héritages que dans les limites déterminées par la loi. Ils sont tenus de se conformer dans l'exercice de ce droit aux dispositions des règlements et des autorisations émanées de l'administration. »

Art. 644 du Code civil : « Celui dont la propriété borde une eau courante autre que celle qui est déclarée dépendance du domaine public par l'art. 538 au titre de la distinction des biens, peut s'en servir à son passage pour l'irrigation de ses propriétés, celui dont cette eau traverse l'héritage peut même en user dans l'intervalle qu'elle y parcourt, mais à la charge de la rendre à la sortie de ses fonds à son cours ordinaire. »

Art. 645 : « S'il s'élève une contestation entre les propriétaires auxquels ces eaux peuvent être utiles, les tribunaux en prononçant doivent concilier l'intérêt de l'agriculture avec le respect dû à la propriété, et dans tous les cas les règlements particuliers et locaux sur le cours et l'usage des eaux doivent être observés. »

La première question qui se pose est celle de savoir, qui est riverain, aux termes des articles dont nous venons de transcrire le texte. Est riverain celui dont l'héritage est contigu au cours d'eau lui-même. L'article 644 du Code civil et l'art. 2 de la loi du 10 avril 1898 ne peuvent laisser aucun doute à cet égard. Ils ne parlent en effet que de celui dont la propriété est bordée ou traversée par le cours d'eau. Il en découle une double conséquence.

La première est que, si la rivière s'est creusée un nouveau lit, les droits conférés par ces articles appartiennent aux riverains de ce lit, et non aux riverains de l'ancien, sauf à ces derniers à user du droit qui leur est concédé par l'art. 5 in fine de la loi de 1898, c'est-à-dire à prendre, dans l'année qui suit le changement du lit, les mesures nécessaires pour rétablir l'ancien cours des eaux.

La seconde est que ces dispositions ne peuvent être invoquées par celui dont le fonds est séparé du cours d'eau par un chemin public ou communal, ou par une langue de terre, si étroite qu'elle soit, appartenant à un tiers. Cette double conséquence a été admise par la plupart des auteurs. La dernière pourra conduire, ainsi que le fait remarquer M. Demolombe, à des résultats singuliers, et le bénéfice de l'irrigation pourra être ainsi réparti d'une façon par trop inégale entre les terres latérales du cours d'eau. Mais cette objection s'adresse à la loi elle-même et doit être renvoyée au législateur futur. Peut-être y aurait-il lieu, ainsi que le propose cet auteur, d'accorder le droit d'irrigation, de chaque côté du cours d'eau, à une égale étendue de terrains, **alors même qu'elle appartiendrait à des propriétaires différents. Ce système aurait du moins l'avantage d'éviter les difficultés inévitables qui se produisent avec la solution consacrée par la loi.

Que le riverain en effet puisse user du droit à lui conféré par l'art. 644 du Code civil pour conduire les eaux de la rivière sur toutes les parcelles de son héritage, du moment qu'elles se rattachent entre elles sans solution de continuité, quel que soit leur mode de culture, et alors même qu'il existerait entre elles des clôtures séparatives, cela a été admis sans difficulté par la jurisprudence et par la doctrine, mais il n'en est pas de même pour les questions suivantes qui ont été l'objet de controverses très vives de la part des auteurs et donné lieu à des décisions contradictoires de la part des tribunaux.

Et d'abord, le riverain peut-il irriguer les terres non riveraines dont il a acquis la propriété et qui sont venues ainsi s'adjoindre au fonds riverain?

La négative a été soutenue par certains auteurs. Ils ont invoqué le principe qui régit les servitudes, d'après lequel l'augmentation du fonds dominant ne peut avoir pour résultat d'aggraver la servitude dont il est le bénéficiaire. Ils ont prétendu ensuite que la solution inverse aurait pour conséquence d'engendrer des abus de la part de certains riverains qui, grâce ainsi à des acquisitions successives, pourraient absorber, au détriment des autres, une quantité d'eau exorbitante. Mais ces arguments nous paraissent loin d'être probants, et nous préférons soutenir, avec la majorité des auteurs, que le fonds, qui sera ainsi adjoint au fonds riverain par suite de son acquisition par le propriétaire de ce dernier, pourra participer aux droits conférés par l'art. 644. En effet, l'argument, tiré par nos adversaires des principes qui régissent les servitudes, ne porte pas, puisque le droit des riverains, ainsi que nous l'avons démontré, ne constitue pas une véritable servitude, dont le cours d'eau serait le fonds servant. Ces principes n'ont donc rien à voir ici. C'est le législateur lui-même qui a concédé aux riverains un certain privilège leur permettant de jouir exclusivement de certains modes d'utilisation de l'eau des rivières non navigables ni flottables, et c'est par l'examen des termes mêmes dont il s'est servi pour faire cette concession, qu'il faut essayer de déterminer l'étendue de cette dernière. Si l'on se reporte alors soit à l'art. 644 du Code civil, soit à l'art. 2 de la loi du 10 avril 1898, l'on remarque que le législateur n'établit aucune restriction aux droits des riverains relativement à l'étendue de leurs fonds ou à la manière dont ces fonds ont été constitués. Et d'ailleurs à quel moment faudra-t-il se placer dans le système que nous repoussons, pour apprécier les droits respectifs des riverains ?

Comme le disent fort bien MM. Daviel, Demolombe et Picard, la propriété privée étant soumise à un mouvement perpétuel de morcellement et de recomposition, il faudrait remonter au déluge, le Code civil n'ayant fixé à cet égard aucune règle qui puisse permettre d'adopter une date plus rapprochée. Quant à l'argument tiré des abus que peuvent commettre les riverains, nous répondrons que ces abus ne sont pas à craindre, à raison du pouvoir discrétionnaire accordé aux tribunaux par l'article 645 du Code civil (Cour de cassation, requête du 24 janvier 1865, D. P. 1865, 1.178).

La même solution doit être admise, selon nous, que ce soit le propriétaire du fonds riverain qui ait acquis la terre non riveraine, ou que ce soit le propriétaire de la terre non riveraine qui ait acquis le fonds riverain.

La deuxième question qui se pose et qui est pour ainsi le pendant de la première est celle de savoir si les portions détachées du fonds riverain par suite d'un mode quelconque d'aliénation, et qui ont cessé ainsi d'être riveraines, peuvent toujours continuer à participer au bénéfice de l'article 644 ? La question doit être envisagée d'abord à l'égard des propriétaires du fonds divisé, les uns par rapport aux autres. Quant à nous, les propriétaires des portions non riveraines peuvent continuer à se prévaloir de l'article 644, pour irriguer leurs terres, par rapport aux propriétaires des portions riveraines, lorsque l'acte de division contient à leur profit une réserve expresse de ce droit, ou lorsque, même en dehors de toute réserve expresse, il y a des travaux apparents quelconques qui ont pour but d'amener les eaux à travers les portions riveraines jusqu'aux terrains qui ont cessé de l'être, dans l'intérêt de ces derniers (article 690). Dans ces deux cas, en effet, les terres séparées du cours d'eau n'ont cessé d'être riveraines que sous la condition expresse dans le premier cas, tacite dans le second, mais acceptée par toutes les parties dans l'un comme dans l'autre et qui doit par conséquent faire entre eux la loi commune, sous la condition, disons-nous, qu'elles conserveraient le droit d'irrigation dont elles bénéficiaient, aux termes de l'article 644, avant la division du fonds. Ce premier point a été admis par une doctrine à peu près unanime, mais il n'en est pas de même de la question de savoir si cette convention est opposable aux autres riverains qui, par hypothèse, n'ont pas été parties à cette dernière.

L'affirmative néanmoins nous paraît certaine car, comme le fait remarquer M. Demolombe, la convention ne sortirait pour ainsi dire jamais à effet, si les propriétaires co-riverains ou inférieurs pouvaient s'opposer à son exécution, s'ils pouvaient interdire aux propriétaires des parcelles non-riveraines par l'effet de la division du fonds, l'exercice du droit d'irrigation qu'ils s'étaient réservés.

On a objecté que l'art. 700 aux termes duquel : « si l'héritage pour lequel la servitude a été établie vient à être divisé, la servitude reste due pour chaque portion, sans néanmoins que la condition du fonds assujetti soit aggravée...», n'est pas applicable ici, puisque cet article ne concerne que les servitudes proprement dites, et que le droit conféré aux riverains par l'art. 644 n'en est pas une. C'est exact, aussi nous sommes-nous gardés d'invoquer la disposition de cet article à l'appui de notre solution. Mais cette dernière nous paraît encore amplement justifiée par cette considération que les autres riverains qui voudraient contester aux propriétaires des parcelles non riveraines le droit d'irrigation qu'ils se sont réservés, seront obligés d'invoquer contre eux l'acte de partage ou autre qui a divisé le fonds. Ils sont alors tenus d'accepter cet acte dans son intégralité avec la condition qui en est inséparable et on peut leur opposer la maxime : quod produco non reprobo. On ne peut enfin prétendre que cette condition contraire à la loi est nulle ; cela est si vrai que certains auteurs qui admettent que les riverains ne peuvent transmettre les droits, qui leur sont conférés par l'art. 644, à des tiers non riverains, ont adopté au contraire notre solution. Autre chose, en effet, comme le dit M. Demolombe est de maintenir des droits acquis et autre chose est d'instituer des droits nouveaux au profit d'héritages qui n'en ont jusqu'alors aucunement profité.

Nous terminons en disant que le partage des fonds riverains serait rendu très difficile, souvent même irréalisable, si chaque copartageant, pour conserver le droit d'irrigation dont jouissait la partie du fonds qui lui est attribuée, devait posséder nécessairement une portion de la rive. (Cour de cassation requête 9 janvier 1843 ; Dalloz, répertoire jugement d'avant dire droit n° 24 — 200 ».

Nous allons maintenant immédiatement entamer l'étude des droits conférés par l'art. 644 du Code civil aux riverains, article qui, comme nous le savons déjà, a été maintenu en vigueur par le législateur de 1898.

Il est facile de se rendre compte que cet article établit une distinction très marquée entre le cas où l'héritage borde l'eau courante, et le cas où l'héritage est traversé par cette dernière. Dans le premier cas, dit l'art. 644, le propriétaire peut se servir de l'eau courante à son passage pour l'irrigation de ses terres ; dans le second, il peut même en user dans l'intervalle qu'elle y parcourt mais à la charge de la rendre à la sortie de ses fonds à son cours ordinaire. Mais cette distinction, en quoi consiste-t-elle ? Il est évident que le propriétaire du fonds traversé par l'eau courante se trouve dans une situation privilégiée par rapport au propriétaire du fonds qui borde seulement cette eau courante. Tout le monde est d'accord sur ce point. Mais quelle étendue faut-il reconnaître à ce privilège ? Telle est la question qui a suscité et suscite encore de nombreuses difficultés.

La règle qu'il convient de poser tout d'abord est la suivante : le droit du propriétaire, dont le fonds est traversé par l'eau courante, est limité soit par le droit des riverains inférieurs, soit par le droit des riverains supérieurs ; le droit du propriétaire du fonds, qui borde seulement une eau courante, est limité, non seulement par le droit des riverains inférieurs ou supérieurs, mais aussi par le droit égal du riverain opposé ; et c'est uniquement en vue de sauvegarder ce dernier que, dans la seconde hypothèse, le droit conféré par l'art. 644 aux riverains est moins étendu que dans la première.

Essayons de déduire les conséquences du principe que nous venons de poser. Le propriétaire dont l'héritage est traversé par une eau courante peut utiliser cette dernière par tous les procédés qu'il juge à sa convenance, pourvu qu'il restitue les eaux de la rivière à leur cours ordinaire à la sortie de son fonds, ou plus exactement à l'endroit où il cesse d'être propriétaire soit des deux rives, soit même d'une seule. Ce dernier point a suscité cependant quelques difficultés dans la doctrine. Certains auteurs, parmi lesquels M. Demolombe, soutiennent que le riverain peut prolonger la dérivation jusqu'au point où il cesse d'être propriétaire des deux rives à la fois. En un mot il est, d'après eux, tenu de restituer les eaux à leur cours ordinaire, non pas dès l'endroit où l'une des deux rives cesse de lui appartenir, mais à l'endroit seulement où le cours d'eau cesse de toucher à sa propriété par l'une quelconque de ses rives. Mais cette interprétation de l'article 644 nous paraît très contestable. Dès que le riverain auteur de la dérivation cesse d'être propriétaire des deux rives, sa condition n'est plus régie par le paragraphe 2 de l'art. 644, mais bien par le paragraphe 1 aux termes duquel il ne peut se servir de l'eau qu'à son passage. Le détournement des eaux lui est donc interdit, et le co-riverain opposé a le droit d'exiger qu'elles soient rendues à leur cours ordinaire, pour qu'il puisse lui-même user du droit égal qui lui est conféré par l'article 644 même paragraphe.

Le propriétaire du fonds traversé par le cours d'eau, avons-nous dit, peut, dans l'intérieur de ce fonds, utiliser les eaux à sa convenance, sans qu'aucun mode d'utilisation ne lui soit interdit. Il peut notamment les détourner, les faire serpenter chez lui, les employer à des usages d'agrément ou à des usages industriels : son droit n'est limité à cet égard que par le droit des riverains, soit inférieurs, soit supérieurs, nous verrons plus loin dans quelle mesure.

Le riverain au contraire qui n'est propriétaire que d'une seule rive ne peut se servir des eaux qu'à leur passage. Il ne peut donc détourner le cours des eaux, fut-ce d'une façon purement temporaire et accidentelle, car son co-riverain perdrait ainsi le bénéfice de la contiguïté du cours d'eau. Mais comment peut-il se servir des eaux ? L'article 644 paragraphe 1 indique qu'il peut s'en servir « pour l'irrigation de ses propriétés » Faut-il considérer cette disposition de l'article 644 comme limitative ou simplement comme énonciative ? La première opinion a été soutenue par quelques auteurs, mais l'opinion contraire à juste titre, selon nous, a prévalu dans la doctrine et a été consacrée par la jurisprudence (Besançon, 10 février 1864 ; D. P. 64, 2, 36 ; Grenoble, 5 avril 1881 ; D. P. 81, 2, 200 : Cassation, requête, 4 mai 1887, D, P. 1887. 1. 199).

Que le riverain propriétaire d'une seule rive puisse d'abord employer les eaux à des usages d'utilité domestique ou même de simple agrément, cela est incontestable : « Il existe, dit M. Demolombe, entre l'eau considérée comme élément liquide et les terres qu'elle baigne ou les habitations riveraines dans lesquelles on l'emploie pour les besoins de la vie et du ménage, une telle affinité, qu'on peut la considérer en quelque sorte, comme un appendice de ces terres et de ces habitations. C'est là d'ailleurs une faculté naturelle que notre article 644 n'avait pas besoin de concéder et qu'évidemment il présuppose. » (Demolombe, Traité des servitudes ou services fonciers, tome Ier, page 202.)

Il y a plus de difficultés pour les usages industriels. L'extension des termes de l'article 644 nous parait néanmoins devoir être admise. En effet, le silence que le Code civil a gardé relativement à ces usages peut s'expliquer facilement. A l'époque où il a été promulgué, l'industrie était loin d'avoir encore réalisé les progrès merveilleux, qui ne se sont accomplis en effet que durant la seconde moitié du xixe siècle. On conçoit qu'en 1804, l'intérêt de l'agriculture soit apparu comme prédominant et qu'il ait seul éveillé les sollicitudes des pouvoirs publics d'alors. Mais de ce que le législateur de 1804 n'ait pas estimé devoir s'occuper spécialement des usages industriels, il ne faudrait pas conclure qu'il ait voulu les interdire. Cette omission s'explique encore par ce fait que les usages industriels nécessitent souvent des ouvrages qui doivent s'appuyer sur la rive opposée. Il est indubitable que, dans ces cas, le consentement du propriétaire de cette dernière est indispensable ; mais alors on peut dire que le droit d'employer les eaux à ces usages industriels résulte de la convention, de l'accord entre les deux co-riverains, et non plus de la concession faite par le législateur dans l'article 644.

Mais admettons que le riverain puisse employer les eaux à ces usages industriels, sans être dans la nécessité d'effectuer de pareils ouvrages. Dans cette hypothèse, l'art· 644 ne nous paraît pas devoir faire obstacle à cette utilisation. Nous n'avons en effet qu'à rappeler le principe que nous avons posé au début de ces développements. Nous avons indiqué, en effet, que c'est uniquement en vue de sauvegarder le droit de son co-riverain latéral que le législateur a restreint, dans le paragraphe 1 de l'art. 644, les droits du riverain propriétaire d'une seule rive.

Dès lors, nous sommes en droit d'affirmer qu'il suffit que le droit de ce co-riverain soit respecté, pour que le vœu du législateur soit exaucé.

Ce n'est pas, en effet, dans l'intérêt des riverains inférieurs ou supérieurs que cette restriction a été établie. Ce qui le prouve, c'est que le propriétaire du fonds traversé par l'eau courante peut utiliser les eaux par tous les procédés qui sont à sa convenance. Le propriétaire du fonds qui borde seulement l'eau courante, n'a donc qu'à acquérir l'autre rive, ou à s'entendre avec son propriétaire, pour qu'il puisse utiliser l'eau courante avec les mêmes droits dont jouit le précédent.

Mais alors quand peut-on dire que le droit du co-riverain est respecté ? Il est évident que lorsque les usages industriels ou les usages d'agrément ne nécessiteront pas une consommation d'eau plus grande que celle des usages agricoles, ce droit sera entièrement respecté, et c'est la mesure qu'ont adoptée certains auteurs. Mais nous allons même plus loin et nous disons, avec M. Picard, que le riverain peut absorber pour des usages soit industriels, soit d'agrément, une quantité d'eau supérieure à celle que nécessiteraient des usages agricoles, lorsqu'il laisse à son co-riverain un volume suffisant, et que ce volume doit être déterminé par les tribunaux, conformément à l'art. 645. Nous terminons ces considérations en disant que notre solution est évidemment la plus conforme à l'intérêt général du pays. Ce dernier exige en effet que l'extension la plus grande possible soit donnée à l'utilisation industrielle de l'eau courante des rivières, puisque cette utilisation contribue pour une large part à l'accroissement de la prospérité et de la richesse du pays.

Le propriétaire du fonds, qui borde une eau courante, peut donc employer les eaux à des usages industriels, mais ne peut évidemment exercer ce droit avec la même plénitude, la même étendue que le propriétaire, dont le fonds est traversé par l'eau courante. Il doit en effet se concilier, avons-nous dit, avec le droit d'usage conféré par l'article 644 à son co-riverain. Il doit encore se concilier avec le droit de propriété que l'article 3 de la loi du 10 avril 1898 a reconnu à ce dernier sur la moitié du lit du cours d'eau. Si donc cette utilisation industrielle nécessite des ouvrages à effectuer en lit de rivière, ces ouvrages ne pourront s'avancer au-delà de l'axe du cours d'eau, sauf convention contraire. Avant la loi de 1898, au contraire, le lit des rivières, de même que leurs eaux, était *res-nullius*. Le riverain pouvait donc effectuer des ouvrages s'avançant au-delà de l'axe du cours d'eau, et il suffisait que ces ouvrages ne joignissent pas la rive opposée, sauf au propriétaire de cette dernière à demander leur destruction, s'ils lui causaient quelque dommage, ou leur réduction, s'il avait l'intention d'effectuer lui-même des ouvrages analogues au même endroit.

Mais si les barrages ou autres ouvrages industriels ne peuvent en principe s'avancer au-delà de l'axe du cours d'eau, il n'en est pas de même des barrages établis en vue de l'irrigation des fonds. Il y a en effet, en ce qui concerne ces barrages, une loi spéciale, la loi du 11 juillet 1847, dont les articles 1 et 2 sont ainsi conçus :

Article 1 : « Tout propriétaire qui voudra se servir pour l'irrigation de ses propriétés, des eaux naturelles ou artificielles dont il a le droit de disposer, pourra obtenir la faculté d'appuyer sur la propriété du riverain opposé les ouvrages d'art nécessaires à la prise d'eau, à la charge d'une juste et préalable indemnité.

Sont exceptés de cette servitude les bâtiments, cours et jardins attenant aux habitations. »

Art. 2 : « Le riverain sur le fonds duquel l'appui sera réclamé pourra toujours demander l'usage commun du barrage en contribuant pour moitié aux frais d'établissement et d'entretien ; aucune indemnité ne sera respectivement due dans ce cas, et celle qui aurait été payée devra être rendue :

Lorsque cet usage commun ne sera réclamé qu'après le commencement ou la confection des travaux, celui qui le demandera devra supporter seul l'excédent de dépenses auquel donneront lieu les changements à faire au barrage pour le rendre propre à l'irrigation des deux rives.»

Et d'abord que la loi de 1847 soit applicable aux seuls barrages d'irrigation, cela est évident, non seulement à raison des termes de l'article 1er paragraphe 1er (argument tiré des mots : qui voudra se servir pour l'irrigation de ses propriétés) mais encore à raison de ce fait que la loi de 1847 constitue pour ainsi dire le complément de la loi du 29 avril 1845 sur les irrigations, loi que nous allons examiner un peu plus loin. Mais si la loi de 1847 ne prévoit que l'irrigation des terres, du moins ne spécifie-t-elle aucun procédé particulier d'arrosage, ni aucune nature de propriété, aussi doit-elle être déclarée également applicable à toutes les terres et à tous les procédés d'irrigation. La faculté d'appui n'a été concédée par la loi qu'au propriétaire, et ne peut donc être réclamée par le fermier ou tout autre détenteur précaire.

Elle ne constitue pas un droit (argument des mots : pourra obtenir... art. 1er) et les tribunaux ont plénitude d'appréciation pour l'accorder ou la refuser, lorsqu'ils sont saisis des contestations, auxquelles peut donner lieu l'applications des articles 1er et 2, conformément à l'article 3 ainsi conçu : « Les contestations auxquelles pourrait donner lieu l'application des articles ci-dessus, seront portées devant les tribunaux.

Il sera procédé comme en matière sommaire, et s'il y a lieu à expertise, il ne sera nommé qu'un seul expert ».

L'indemnité préalable qui est due au propriétaire du fonds à raison de l'établissement du barrage, aux termes de l'art. 1, doit être juste. Il faut entendre par là que, pour son évaluation, l'on doit tenir compte, non seulement du dommage causé par l'occupation même de la rive, mais d'une manière générale de tous les dommages qui, bien que futurs, sont la suite nécessaire et inévitable des travaux, soit pendant leur confection, soit après leur achèvement, et sont susceptibles d'une appréciation immédiate pour le tribunal. Quant aux dommages futurs et éventuels, leur réalisation seule donne lieu à réparation, et, tant qu'elle ne s'est pas produite, aucun droit n'est ouvert aux parties.

L'article 1 de la loi du 11 juillet 1847 excepte de la servitude « les bâtiments, cours et jardins attenant aux habitations. » Mais cette exception n'existe que pour l'établissement de la servitude, et non pour le cas où le co-riverain voudrait acquérir la mitoyenneté, conformément à l'art. 2, d'un barrage déjà établi. Cette solution est évidente d'abord pour nous, à raison de l'ordre même des différentes dispositions de la loi de 1847. La disposition qui consacre l'exception est contenue dans le paragraphe 2 de l'art. 1. Elle ne peut donc restreindre que l'application du paragraphe 1 de l'art. 1, c'est-à-dire le droit d'établir un barrage, et non les paragraphes 1 et 2 de l'art. 2. Les termes mêmes de ce paragraphe 2 de l'art. 1 ne peuvent d'ailleurs laisser aucun doute à cet égard. « Sont exceptés de cette servitude, dit-il. De quelle servitude peut-il être question ? Evidemment de la servitude dont il est parlé au paragraphe précédent, c'est-à-dire de la servitude résultant de l'établissement du barrage. Les motifs ensuite, qui ont pu déterminer le législateur à excepter les bâtiments, cours et jardins attenant aux habitations pour le cas où il s'agit de l'établissement de la servitude d'appui, n'existent pas pour le cas où il s'agit seulement de mettre en communauté des ouvrages déjà établis.

Nous venons d'indiquer que le co-riverain peut demander d'acquérir la mitoyenneté du barrage établi conformément au paragraphe 1 de l'article 1. C'est une faculté dont il usera très rarement, car il n'y aura jamais intérêt.

Il pourra, en effet, profiter pour l'irrigation de son fonds, des avantages réalisés par la création du barrage, avantages qui se produiront en effet, en général, sur sa rive aussi bien que sur celle de celui qui l'aura construit, en exerçant les droits d'usage qui lui sont conférés par l'art. 644.

La demande de mitoyenneté peut être formée soit avant, soit après le commencement des travaux. Dans le premier cas, les frais d'établissement et d'entretien sont répartis par moitié entre les deux riverains. L'indemnité qui aurait été payée devra être restituée. Dans le second cas, le riverain devra, outre la contribution dont nous venons de parler, supporter toute la dépense occasionnée par les modifications qu'il pourra être nécessaire d'apporter au barrage.

Nous venons d'indiquer les différences qui, selon nous, existent entre la condition légale du propriétaire du fonds, qui borde une eau courante, et celle du propriétaire du fonds qui est traversé par cette dernière.

Certains auteurs ont voulu en trouver une autre dans le fait que l'art. 644 n'impose formellement l'obligation de restituer les eaux à leur cours ordinaire qu'à celui dont l'eau courante traverse l'héritage. C'est donc, disent-ils, que dans l'hypothèse prévue par le paragraphe 1, le propriétaire n'est pas tenu de restituer l'excédent à la rivière, à la sortie de son fonds, une fois ses besoins satisfaits.

Mais cette distinction entre les deux hypothèses prévues par l'art. 644, au sujet de l'obligation pour le riverain de restituer les eaux à leur cours naturel, a été formellement repoussée, à juste titre selon nous, par la très grande majorité des auteurs.

Il était inutile tout d'abord que le législateur imposât formellement au riverain, dont le fonds borde une eau courante, l'obligation de rendre les eaux à leur cours ordinaire. Cette obligation découle nécessairement, selon nous, du droit même qu'il lui a conféré dans l'art. 644, paragraphe 1. Il ne lui reconnaît, en effet, que la faculté de se servir des eaux, « à leur passage et pour l'irrigation de ses propriétés ». A leur passage, c'est donc que le détournement d'une partie de l'eau, si minime qu'elle soit, lui est en principe interdit. Pour l'irrigation de ses fonds, c'est donc qu'il n'autorise que la consommation nécessitée par cet usage spécial, qu'il prévoit seul d'une façon tout au moins explicite.

Mais cette argumentation serait insuffisante, étant donné surtout les solutions précédentes que nous avons adoptées au sujet de l'étendue des droits du propriétaire du fonds, qui borde une eau courante.

Nous avons admis en effet que l'article 644 ne devait pas recevoir une interprétation restrictive, et que le propriétaire du fonds, qui borde une eau courante, pouvait affecter cette dernière à des usages autres que l'irrigation, du moment que le droit de son co-riverain se trouvait suffisamment respecté. D'ailleurs pour l'irrigation même de ses terres de même que pour les autres usages, le riverain peut pratiquer des dérivations partielles. Les lui interdire, ce serait rendre complètement illusoire le droit d'irrigation qui lui est concédé, puisque l'exercice même de ce droit suppose une dérivation des eaux sur le fonds. Le volume d'eau ensuite, qu'il peut ainsi dériver, n'est pas nécessairement égal à celui qui sera absorbé par son fonds. Il pourra donc rester un excédent, une fois l'irrigation effectuée. La question de restitution se pose par conséquent pour le propriétaire, dont le fonds borde une eau courante, aussi bien que pour le propriétaire, dont le fonds est traversé par elle.

Mais alors nous dirons que cette question doit recevoir la même solution dans le premier cas que dans le second. Et d'abord, nous pourrions faire la remarque qu'il serait tout au moins curieux que le propriétaire d'une seule rive qui, à tous égards, ainsi que nous avons pu le voir, se trouve placé par le législateur dans une condition plus désavantageuse que le propriétaire des deux rives, se trouve au contraire plus favorisé que ce dernier, au sujet de l'obligation de restituer les eaux à leur cours ordinaire. Nous savons ensuite que la différence qui existe entre ces deux riverains provient uniquement de ce que le droit du premier, qui ne possède qu'une seule rive, est limité nécessairement par le droit égal du co-riverain dont l'héritage se trouve situé en face du sien. Mais le propriétaire, dont l'héritage borde une eau courante, se trouve dans la même condition légale que le propriétaire, dont le fonds est traversé par cette eau courante, par rapport aux riverains inférieurs ; les mêmes principes s'appliquent à l'une comme à l'autre hypothèse, et doivent conduire aux mêmes conséquences. Si donc le propriétaire des deux rives doit restituer les eaux à leur cours ordinaire à la sortie de son fonds, il doit en être de même pour le propriétaire d'une seule rive. Nous aurons l'occasion de revenir sur cette question de restitution des eaux à leur cours naturel, lorsque nous étudierons les règles communes au riverain dont l'héritage borde l'eau courante et à celui qui est propriétaire des deux rives.

Une dernière différence à signaler entre les deux hypothèses que nous venons d'étudier est dans l'exercice du droit de pêche. Aux termes de la loi du 15 avril 1829, le droit de pêche appartient exclusivement aux riverains, mais tandis que le propriétaire d'une seule rive ne peut exercer ce droit que jusqu'au milieu de la rivière, le propriétaire des deux rives peut l'exercer dans toute la largeur du cours d'eau. Nous verrons plus tard de quelles modifications, par l'effet, soit des conventions, soit de la prescription, ce droit de pêche est susceptible.

Nous allons maintenant étudier les règles communes qui s'appliquent aux deux hypothèses prévues et réglées par l'art. 644. Le riverain peut-il dériver les eaux qui lui sont nécessaires, au moyen d'une dérivation pratiquée sur le fonds supérieur ? Il faudrait d'abord évidemment qu'il ait acquis le droit de prise d'eau du propriétaire de ce fonds, lorsque ce dernier ne lui appartient pas à lui-même. Aucun texte de loi, en effet, ne crée une servitude de cette nature. La loi du 29 avril 1845 ne s'applique qu'au passage des eaux sur un fonds intermédiaire et ne touche en rien aux droits dont ces eaux sont l'objet. En un mot, elle suppose que celui qui réclame la servitude de passage a un droit de disposition sur les eaux, mais elle ne consacre pas, à son profit, un droit quelconque sur ces dernières. Par conséquent, prétendre, comme l'ont fait certains auteurs, que le riverain, qui ne peut dériver les eaux sur son propre fonds à raison de la nature même des rives du cours d'eau à cet endroit, pourrait les dériver, en invoquant la loi de 1845, au moyen d'une prise d'eau pratiquée sur un héritage supérieur appartenant à autrui, ce serait reconnaître au profit du premier non pas seulement une simple servitude de passage, conformément à la loi de 1845, mais encore une servitude de prise d'eau qui n'est consacrée par aucun texte de loi.

Cette servitude d'eau ne pourrait donc être acquise que dans les termes du droit commun, c'est-à-dire, par titre, destination du père de famille ou prescription. La loi de 1845, au contraire, serait applicable, si le riverain avait ainsi acquis un droit de prise d'eau sur un fonds supérieur.

Ayant alors un droit de disposition sur les eaux dans les limites de la servitude constituée à son profit, il pourra réclamer sur les fonds intermédiaires la faculté de les conduire jusqu'à son héritage. Maintenant que nous connaissons sous quelles conditions il pourrait exercer ce droit de prise d'eau lorsque l'héritage supérieur appartient à un autre propriétaire, il nous reste à démontrer, d'une façon générale, que l'exercice du droit de prise d'eau sur un fonds supérieur n'est pas incompatible avec l'article 644, n'est pas contraire aux droits des autres riverains. Cette démonstration nous paraît facile; il faut d'abord remarquer en effet que l'article 644 se borne à conférer aux riverains certains droits d'usage, mais aucune de ses dispositions ne règle les conditions d'exercice de ces droits, et cela est vrai aussi bien pour la première hypothèse prévue par l'article, que pour la seconde. Dans le paragraphe 1er, le législateur indique il est vrai que « celui dont la propriété borde une eau courante.... peut s'en servir à son passage... » mais par ces mots « à son passage » il a voulu interdire au propriétaire d'une seule rive la faculté de détourner le cours des eaux, faculté reconnue au contraire au propriétaire des deux rives, mais il n'a pas voulu indiquer par là, que tous les ouvrages nécessités par l'irrigation ne puissent être faits par le riverain que vis-à-vis de son fonds lui-même. Cette solution se recommande d'ailleurs, tant au point de vue de l'équité, qu'au point de vue de l'intérêt général.

Au point de vue de l'équité d'abord, car les riverains, quel que soit le caractère physique des rives qui leur appartiennent, sont tous soumis aux inconvénients résultant de la contiguité des cours d'eau, et doivent par là même tous profiter des avantages, si possible, qui en constituent pour ainsi dire la compensation.

Au point de vue de l'intérêt général ensuite, car ce dernier exige que la plus grande extension soit donnée à l'utilisation de l'eau courante des cours d'eau, tant dans l'intérêt de l'agriculture, que dans l'intérêt de l'industrie. Mais nous repousserions la solution que nous venons d'adopter au cas où le déplacement de la prise d'eau porterait préjudice aux droits d'usage des riverains intermédiaires. Dans ce cas, ces derniers seraient fondés à s'opposer à ce déplacement. Quant aux riverains inférieurs bien entendu, ils ne pourraient en aucun cas se plaindre, dès lors que le volume dérivé n'est pas augmenté et que la restitution des eaux s'effectue conformément aux prescriptions de l'art. 644, c'est-à-dire à la sortie du fonds.

Nous sommes ainsi amené à dire quelques mots de cette question de la restitution des eaux. Nous avons vu que l'obligation de rendre les eaux à leur cours ordinaire à la sortie du fonds était imposée au propriétaire d'une seule rive aussi bien qu'au propriétaire des deux rives, bien que l'art. 644 ne l'édicte formellement que pour le second. Mais alors cette obligation de rendre les eaux à leur cours ordinaire constitue-t-elle une condition sine qua non des droits d'usage conférés par l'art. 644 aux riverains, en ce sens que, si des obstacles naturels empêchent la restitution, les riverains ne pourront pas user de ces droits ? Certains auteurs, parmi lesquels M. Daviel, l'ont pensé. Pour eux, cette condition est essentielle et, si elle ne peut-être réalisée, l'exercice du droit d'usage est par là même impossible. M. Demolombe reconnaît au riverain le droit d'utiliser les eaux, mais à la condition que le volume dérivé soit exactement celui qui doit être absorbé par l'irrigation. La Cour de cassation, au contraire, dans deux arrêts en date des 8 novembre 1854 et 22 février 1870 cités par M. Picard dans son traité des eaux, tome 1er, page 388, admet une interprétation trop extensive, selon nous, de l'art. 644, dans le but de favoriser le développement de l'utilisation des eaux. Pour elle, il est inutile que les eaux soient restituées « à leur cours ordinaire » et il suffit qu'elles soient rendues à la sortie du fonds « à leur cours naturel », lorsqu'il est impossible de les rendre différemment. Elle reconnaît d'ailleurs, dans le but de prévenir les abus qui pourraient se produire, un tempérament à cette doctrine, en rappelant le pouvoir discrétionnaire de conciliation que les tribunaux détiennent de l'art. 645.

Quant à nous, nous nous rallions sans réserves à la solution proposée par M. Picard et qui opère une sorte de conciliation entre les deux systèmes que nous venons d'indiquer plus haut, d'une part, celui de MM. Daviel et Demolombe et, d'autre part, celui de la Cour de cassation. Le premier en effet est inacceptable, parce qu'il est par trop contraire à l'intérêt général qui exige que la plus grande extension soit donnée à l'utilisation des eaux des rivières. Le second l'est aussi, parce qu'il est par trop manifestement contraire à la lettre même de l'art. 644. Il est impossible en effet de considérer la restitution des eaux à la sortie du fonds « à leur cours naturel » comme équivalent à la restitution des eaux « à leur cours ordinaire » qu'exige cet article.

M. Picard résume son système dans les trois propositions suivantes qui nous paraissent absolument conformes aux principes que nous venons de développer :

« 1° Le riverain, auquel des circonstances naturelles ne permettent pas de rendre les eaux à leur cours ordinaire dès la sortie de son fonds, n'est point, par ce seul fait, légalement privé de l'exercice de ses droits d'usage;

2° Il peut, dans tous les cas, user des eaux pour l'arrosage de sa propriété, sous la condition de ne prendre que le volume destiné à être consommé par le sol ;

3° Il a même la faculté de disposer d'un contingent plus considérable et de l'affecter à un usage autre que l'agriculture, lorsqu'il ne cause point de préjudice aux riverains intermédiaires entre le point de prise d'eau et le point de restitution ». (Picard, traité des eaux, droit et administration; tome 1er, page 390).

Nous connaissons maintenant les droits des riverains sur l'eau courante des rivières non navigables ni flottables, en tant qu'ils sont exercés sur les fonds mêmes qui sont contigus au cours d'eau. Mais le riverain peut-il conduire les eaux, en vertu de l'art. 644, sur un autre héritage lui appartenant qui, séparé par la propriété d'un tiers du fonds riverain, ne touche lui-même au cours d'eau par aucun endroit ? Telle est la question que nous n'avons pas encore examinée et qui a fait l'objet des controverses les plus vives parmi les auteurs.

Parmi ces derniers, certains comme MM. Daviel et Laurent ont soutenu que le riverain ne pouvait utiliser les eaux que sur le fonds même contigu à la rivière.

L'article 644, disent-ils, attribue les droits d'usage au fonds riverain et non à la personne même du propriétaire de ce fonds.

Sans doute, c'est le propriétaire qui exerce ces droits, puisque le fonds ne peut lui-même les exercer ; mais il ne pourra les exercer qu'en cette qualité de propriétaire d'un fonds riverain ; il ne peut donc avoir la prétention de conduire les eaux sur cet autre fonds non riverain, distinct du premier, car sur ce dernier, il n'a plus la qualité de riverain et il ne le possède que comme le ferait toute autre personne.

Le texte et l'esprit de la loi commandent d'ailleurs cette solution. Et d'abord le texte de la loi. L'article 644, en effet, dans son paragraphe 2, indique formellement que le propriétaire du fonds traversé par l'eau courante peut en user « dans l'intervalle qu'elle y parcourt ». C'est donc qu'il ne peut pas en user en dehors de ce fonds, qu'il ne peut pas conduire les eaux sur un autre fonds séparé du précédent, et qui n'est lui-même contigu par aucun endroit au cours d'eau.

A priori, il doit en être de même pour le propriétaire du fonds qui borde une eau courante, puisque ce dernier jouit de droits moins étendus que le premier. Si donc les termes du paragraphe 1 n'indiquent pas formellement le contraire, s'il faut reconnaitre qu'ils présentent une certaine ambiguïté, on doit par là même les interprêter dans le sens conforme au système que nous exposons en ce moment, c'est-à-dire contre l'extension des droits reconnus aux riverains. A l'esprit de la loi ensuite : En effet, les droit d'usage accordés par l'art. 644 aux riverains constituent, pour ainsi dire, la contre-partie, la compensation des charges résultant pour eux du voisinage du cours d'eau. Seuls, les fonds riverains sont soumis à ces risques, à ces dangers ; seuls donc, ils devront profiter des avantages.

D'autres auteurs ont reconnu, en principe, le droit d'utiliser les eaux sur le fonds non riverain, mais, selon eux, le volume d'eau dérivé doit se mesurer exactement sur celui que le propriétaire aurait pu prélever pour les besoins de son héritage riverain. Ce système compte parmi ses partisans les plus autorisés M. Demolombe. M. Demolombe s'appuie sur ce fait que les autres riverains ne peuvent se plaindre, puisque l'utilisation des eaux sur le fonds non riverain, dans la limite que nous venons d'indiquer, ne porte aucun préjudice à leurs droits. Il invoque en outre les travaux préparatoires et le texte même de la loi du 29 avril 1845 qui ont, d'après lui, tranché la controverse, en faveur de la solution qu'il propose.

Enfin d'autres auteurs, parmi lesquels M. Picard, admettent la même conclusion que les précédents, au sujet du droit pour le riverain d'utiliser les eaux sur le fonds non riverain lui appartenant, mais en repoussant la limite que le système précédent assigne à ce droit. Pour eux, il ne faut pas chercher une règle invariable, et il vaut mieux s'en remettre, dans chaque espèce, au pouvoir discrétionnaire d'appréciation qui est conféré aux tribunaux par l'article 645. C'est ce système qui a prévalu dans la dernière jurisprudence de la Cour de cassation, qui a posé d'une façon très nette la question et l'a résolue d'une façon très catégorique, dans le sens du troisième système, dans un arrêt en date du 17 janvier 1888 dont voici le principal attendu : « Attendu que l'article 644 qui permet à celui dont la propriété borde une eau courante non comprise dans le domaine public de s'en servir à son passage pour l'irrigation de ses propriétés, ne limite cet usage, ni quant aux propriétés dans lesquelles on peut utiliser l'eau, ni quant à l'emploi qu'on en peut faire, que le riverain peut s'en servir dans la mesure où il en a la disposition pour l'utilité de ses propriétés même non riveraines et dans un intérêt autre qu'un intérêt purement agricole. » (Cour de cassation, requête 17 janvier 1888, P. P. 1888, 1. 75).

Quant à nous, nous ne croyons pas devoir invoquer, comme l'a fait M. Demolombe, les travaux préparatoires et le texte de la loi du 29 avril 1845. On ne peut en effet, selon nous, rechercher l'intention du législateur, que lorsque le texte promulgué laisse subsister des doutes ; or ce n'est pas ici le cas. D'ailleurs, les travaux préparatoires de la loi de 1845 sont loin d'offrir la certitude que leur attribue M. Demolombe. C'est ainsi que M. Picard soutient que la plupart des orateurs, et spécialement les deux rapporteurs, ont affirmé à plusieurs reprises que les règles du Code civil demeuraient intactes, et qu'il n'y était dérogé ni directement ni indirectement. Quant au texte même de la loi de 1845, il laisse évidemment, selon nous, la question entière.

L'article 1 de cette loi est en effet ainsi conçu :

« Tout propriétaire qui voudra se servir pour l'irrigation de ses propriétés des eaux naturelles ou artificielles dont il a le droit de disposer pourra obtenir le passage de ces eaux sur les fonds intermédiaires à la charge d'une juste et préalable indemnité... »

Mais il s'agit justement de savoir si le riverain peut disposer de l'eau de la rivière, sur le fonds qui n'est pas contigu à cette dernière ! Pour qu'on puisse invoquer le bénéfice de l'art. 1 de la loi de 1845, il faut évidemment que l'on ait le droit de disposer des eaux. Mais dans quels cas ce droit de disposition existe-t-il ? La loi de 1845 ne le dit pas et c'est toute la question :

« Tout ce que l'on peut soutenir, dit M. Picard, c'est que la portée et les effets pratiques de cette loi sont naturellement amoindris, si les riverains des cours d'eau non navigables, ni flottables ne sont pas considérés comme ayant le droit de disposer des eaux au profit de leurs terres non riveraines. Cependant des applications nombreuses peuvent encore en être faites, notamment pour les eaux pluviales, les eaux des canaux d'irrigation et même les eaux des rivières non navigables dérivées en vertu des droits acquis par titre ou par prescription. » (Picard traité des eaux : droit et administration, tome 1ᵉʳ, page 361).

L'argument tiré du texte de l'art. 644, qu'invoque à son appui le premier système, nous paraît très solide, et il nous paraît par conséquent difficile d'admettre le troisième système et surtout les motifs donnés par l'arrêt de 1888, dans l'attendu que nous avons reproduit. L'art. 644 nous paraît au contraire limiter très nettement aux propriétés riveraines les droits d'usage qu'il confère. Mais est-ce à dire que le riverain, qui ne dérivera que le volume auquel il a droit à raison de l'étendue et de la nature de son fonds qui borde l'eau courante ou est traversé par elle, ne puisse conduire les eaux, qu'il vient ainsi d'emprunter à la rivière dans la plénitude de son droit de riverain, à un autre fonds qui lui appartient ? C'est une conséquence que nous ne croyons pas devoir admettre, et nous nous rallions donc au deuxième système, bien que nous ne tirions pas argument de la loi de 1845. Les autres riverains, du moment que le volume dérivé n'excède pas celui auquel le fonds joignant le cours d'eau peut prétendre, ne peuvent invoquer aucune raison valable, pour s'opposer à l'utilisation de ces eaux sur le fonds non riverain.

Les eaux, une fois recueillies par des travaux de main d'homme, contenues dans un lit artificiel deviennent la propriété de celui qui les a recueillies et celui-ci peut en disposer pleinement. Ce qui importe à ces riverains, c'est qu'il reste dans la rivière le volume d'eau auquel ils peuvent eux-mêmes avoir droit, conformément à l'article 644. Nous admettrons en conséquence que le propriétaire riverain pourrait même dériver sur son autre héritage un volume supérieur à celui auquel il aurait droit, d'après l'étendue et la nature de sa propriété riveraine, s'il paraissait constant que les autres riverains aient encore à leur disposition un volume d'eau suffisant pour l'exercice des droits à eux reconnus par l'article 644. La solution que nous proposons, et qui constitue une sorte de moyen terme entre le deuxième et le troisième système, concilie le mieux, selon nous, l'intérêt général, qui exige que le plus grand développement soit donné à l'utilisation de l'eau courante des rivières, avec les droits des autres riverains, que l'on ne peut sacrifier, et respecte suffisamment la lettre même de l'article 644.

Nous avons étudié jusqu'à présent les difficultés nombreuses, auxquelles a donné lieu l'interprétation de l'article 644 au sujet des divers droits d'usage que cet article confère aux riverains. Il nous reste, maintenant que nous connaissons suffisamment ce sujet, à examiner d'une façon générale l'étendue des droits des riverains les uns par rapport aux autres?

La question n'offre aucune difficulté lorsqu'il s'agit de déterminer le droit du propriétaire du fonds qui borde une eau courante, par rapport au propriétaire de la rive opposée. Ces deux riverains sont, pour ainsi dire, dans une situation identique ; leur droit par conséquent doit être égal. Est-ce à dire que le débit du cours d'eau devra nécessairement être partagé entre eux par moitié? L'affirmative s'imposerait si les riverains étaient co-propriétaires de l'eau, comme ils sont co-propriétaires du lit.

Mais nous savons qu'il n'en a jamais été ainsi, ni dans l'ancien droit, ni sous l'empire du Code civil, ni encore sous l'empire de la loi du 10 avril 1898, qui nous régit actuellement et qui a repoussé d'une façon très catégorique, ainsi que nous l'avons déjà démontré, le système de l'appropriation privée des eaux. En l'état de la législation, de la doctrine et de la jurisprudence, cette égalité mathématique doit en conséquence être repoussée et nous avouons que nous n'en éprouvons nul regret. Les besoins de chacun des deux co-riverains sont loin en effet d'être égaux ; ils varient suivant l'étendue,

la nature, le mode d'exploitation de leurs fonds respectifs,
et poser à priori une règle, qui devrait présider, dans toutes
les hypothèses, au partage entre eux du débit du cours d'eau,
est chose impossible. Il vaut mieux se contenter d'affirmer le
principe de l'égalité de leurs droits respectifs, et décider que
les tribunaux devront statuer dans chaque espèce, conformément à l'article 645, en tenant compte des divers éléments
susceptibles d'influer sur l'étendue des besoins de chacun
d'eux. Notre solution revient donc à dire que chacun des
co-riverains, en principe, a un droit égal d'user des eaux,
mais un droit égal dans les limites de ses besoins, limites qui
doivent être déterminées par les tribunaux.

La question offre plus de difficultés lorsqu'on envisage les
droits du riverain supérieur, par rapport à ceux du riverain
inférieur.

Nous indiquons tout d'abord qu'il n'y a pas lieu de distinguer entre les deux hypothèses prévues par l'article 644, que
le législateur cependant a nettement distinguées dans les
paragraphes 1 et 2 de cet article. Nous connaissons en effet la
portée de cette distinction. Si, dans le paragraphe 1, le propriétaire du fonds, qui borde une eau courante, a des droits
moins étendus que le propriétaire du fonds traversé par cette
eau courante, dans le paragraphe 2, c'est uniquement par ce
que le premier a en face de lui un autre individu, dont la
situation est identique à la sienne, et qui doit par conséquent
jouir de droits égaux aux siens. Il n'y avait pas lieu d'accorder
à l'un d'eux un privilège par rapport à l'autre : et c'est la
raison de ce que le législateur n'a pas cru devoir accorder au
propriétaire d'une seule rive les mêmes droits qu'au propriétaire des deux rives, dont le droit, à lui, n'est restreint par le
droit, sur l'eau courante, d'aucun autre propriétaire d'héritage situé en face du sien. Mais, par rapport au riverain inférieur, la situation, soit du propriétaire dont le fonds borde
une eau courante, soit du propriétaire dont le fonds est traversé par cette eau, est identique. Il suffit en effet, dans le
premier cas, que le riverain se soit entendu avec son
co-riverain pour user seul de l'eau courante ; ou encore que

ce dernier ne puisse lui-même bénéficier de l'article 644, la nature de la rive mettant, pour lui, obstacle à toute utilisation de l'eau courante, puisqu'alors il n'a pas d'intérêt à s'opposer à l'utilisatiou exclusive de cette eau par le premier et par conséquent pas d'action ; ou enfin que, tout en ayant le droit d'agir, le co-riverain ne veuille pas user de ce droit, pour qu'il en soit ainsi :

Quel est donc, d'une façon générale, le droit du riverain supérieur, quel qu'il soit, par rapport au riverain inférieur ? Certains auteurs ont soutenu que le riverain supérieur, à raison de la situation même de son héritage, devait jouir d'un privilège naturel à l'égard du riverain inférieur. Les riverains, en effet, sont appelés à bénéficier successivement, et pour ainsi dire au fur à mesure qu'elles passent devant ou dans leurs fonds, de l'eau des rivières. Le riverain supérieur a donc un droit de préoccupation, puisqu'il est appelé à bénéficier le premier des avantages conférés par l'article 644. Il peut donc utiliser les eaux et même les épuiser, dans les limites de ses besoins, et c'est seulement l'excédent, en admettant qu'il en reste un, qu'il est tenu de restituer à son cours ordinaire, pour permettre aux riverains inférieurs de bénéficier à leur tour des droits conférés par l'article 644.

D'autres auteurs n'ont pas voulu admettre les conséquences excessives du système précédent pour les riverains inférieurs.

Tout en affirmant le droit d'antériorité et de priorité du riverain supérieur, ils reconnaissent que ce droit cependant doit se concilier, dans une mesure équitable, avec le droit des riverains inférieurs qui ne peut être complètement sacrifié. C'est aux tribunaux qu'il appartient, conformément à l'article 645, d'opérer cette conciliation et ils ont d'ailleurs sur cette question un plein pouvoir d'appréciation.

Quant à nous, nous préférons, avec M. Laurent, poser le principe inverse de celui qui sert de point de départ aux deux systèmes précédents, et nous dirons qu'en principe le **riverain supérieur ne jouit d'aucun privilège par rapport au** riverain inférieur et, d'une manière générale, que tous les riverains ont un droit égal, aux termes de l'article 644.

Cette solution est seule, selon nous, vraiment conforme à la tradition, à la volonté du législateur de 1804, au texte même du Code civil, à l'équité, et enfin à l'intérêt général.

A la tradition d'abord. Dans notre ancien droit, en effet, les droits des riverains inférieurs ont été, de tous temps, protégés contre les abus que pourrait commettre le riverain supérieur, alors même que celui-ci n'agirait que dans la limite des besoins de son héritage. C'est ainsi que les arrêts des parlements interdisaient aux riverains supérieurs de détourner ou même d'absorber en trop grande quantité le volume des rivières. Les coutumes de même contenaient des dispositions en ce sens (Picard, traité des eaux, droit et administration, T. 1, page 394).

A la volonté du législateur ensuite. La rédaction primitive soumise au Conseil d'Etat, en effet, portait que les riverains pourraient user des eaux « à leur volonté ». Sur l'observation de M. Pelet, ces mots ont été retranchés, dans la crainte que les riverains supérieurs ne commissent des abus.

Que notre solution soit maintenant conforme à la lettre même de l'art. 644, cela nous paraît incontestable. L'art. 644 n'établit aucun privilège au profit du riverain supérieur par rapport au riverain inférieur ; il se borne à conférer d'une manière générale des droits à tous les riverains, sans aucune distinction ; c'est donc que tous peuvent, au même titre, bénéficier de la disposition de l'art. 644. Mais nous ne voudrions pas dire par là que le débit des cours d'eau devra être réparti entre les différents riverains, d'une manière mathématiquement égale. Cette solution, nous l'avons déjà rejetée en ce qui concerne le partage du débit entre les deux co-riverains, dans l'hypothèse prévue par le paragraphe 1 de l'art. 644, et nous la rejetons encore, et pour les mêmes raisons, en ce qui concerne la fixation des parts respectives des riverains supérieurs et inférieurs. La conclusion seulement à laquelle nous voulons arriver est que le riverain supérieur ne jouit, à raison de la situation même de son héritage, d'aucun privilège à l'égard du riverain inférieur, et que les tribunaux, conformément à l'art. 645, ont à opérer la répartition du débit du cours d'eau entre tous les riverains sur le principe de l'égalité, mais eu égard néanmoins à l'étendue de leurs besoins respectifs.

Notre solution ensuite est évidemment la plus équitable. Tous les fonds riverains, sans exception, sont soumis aux risques et aux dangers qu'entraîne le voisinage du cours d'eau. Sans doute, le riverain supérieur pourra, par des travaux effectués sur son fonds, absorber le débit d'étiage, ou même le débit ordinaire, mais il ne pourra jamais empêcher les crues de se produire et de porter leurs ravages jusque dans les parties les plus inférieures de la vallée. Les riverains inférieurs restant donc toujours exposés aux inconvénients, aux dangers qui sont la conséquence inévitable de la riveraineté, il est juste de leur accorder les mêmes droits qu'aux riverains supérieurs, puisque ces droits ne constituent que la contre-partie des inconvénients et des dangers dont nous venons de parler.

Notre solution est enfin conforme à l'intérêt général. Sans doute, ce dernier exige que le plus grand développement soit donné à l'utilisation des eaux courantes, mais à condition cependant que cette utilisation par l'un des riverains ne frappe pas de stérilité complète les travaux déjà effectués par un autre. Or, comme nous le verrons plus loin, les droits conférés par l'art. 644 sont des droits qui ne peuvent se perdre par le non usage. Chaque riverain reste donc libre, en principe, d'exercer ou de ne pas exercer ces droits.

Admettre alors que le riverain supérieur, qui a pu laisser ainsi les eaux s'écouler sur les héritages inférieurs durant un temps très long, sans vouloir les utiliser, puisse à un moment donné absorber librement tout le débit du cours d'eau, si ce débit n'excède pas ses besoins, ce serait frapper de stérilité complète tous les ouvrages, la plupart du temps très dispendieux, qu'auront pu effectuer les riverains inférieurs dans un intérêt soit agricole, soit industriel, et exposer d'ailleurs ce riverain supérieur à être lui-même dépouillé par le propriétaire d'un héritage situé encore plus en amont.

Notre solution offre l'avantage d'éviter ces conséquences désastreuses, auxquelles aboutit nécessairement le premier système. Quand au second, qui, bien qu'affirmant en principe le droit de priorité du riverain supérieur, admet néanmoins le pouvoir discrétionnaire des tribunaux, nous remarquerons tout d'abord qu'il ne diffère pas beaucoup du nôtre, sinon au point de vue théorique, du moins au point de vue de ses effets pratiques, puisque, nous aussi, nous reconnaissons ce pouvoir discrétionnaire. Nous dirons ensuite que la conciliation entre l'existence du droit de préférence du riverain supérieur et la reconnaissance du pouvoir discrétionnaire des tribunaux, est peut-être difficile à établir au point de vue juridique. Il vaut mieux évidemment affirmer au contraire que tous les riverains ont un droit égal, mais dans les limites seulement de leurs besoins respectifs, et que les tribunaux jouissent d'un pouvoir discrétionnaire pour apprécier ces limites.

Nous venons d'indiquer les principales difficultés auxquelles avait donné lieu l'interprétation de l'article 644. Une règle est commune soit au propriétaire dont le fonds borde une eau courante, soit au propriétaire dont le fonds est traversé par cette eau courante. On peut dire que cette règle régit d'une façon générale tous les droits d'usage institués par la loi en faveur des riverains. Cette règle se résume à la proposition suivante : aucun riverain ne peut user des eaux de manière à causer un dommage injuste à autrui.

Le principe contenu dans cette proposition a été admis par la plupart des auteurs, mais le même accord a cessé de subsister, lorsqu'il a fallu déterminer dans quels cas il faudrait reconnaitre l'existence de ce dommage injuste. De vives controverses se sont élevées dans la doctrine ; des décisions contradictoires ont été rendues par les tribunaux, controverses et décisions contradictoires qui ont eu pour effet de donner naissance à une multitude de procès.

Au commencement de l'examen de ces difficultés, nous dirons que les solutions que nous avons admises, nous ont

été dictées d'abord par le principe que nous venons de poser
savoir : qu'un riverain ne peut se prévaloir de l'article 644,
invoquer les droits qui lui sont reconnus par ce texte, pour
causer un dommage injuste aux autres riverains, alors même
qu'il prétendrait ne pouvoir exercer ces droits sans causer ce
dommage. Mais nous avons admis un certain tempérament
à ce principe. Quand, d'une part, le dommage ainsi causé aux
autres riverains est insignifiant, quand, d'autre part, l'avantage
retiré par l'auteur des travaux est considérable, les tribunaux
ne sont pas dans la nécessité d'ordonner, dans tous les cas,
la suppression de ces travaux, et peuvent opérer la conciliation des divers intérêts en jeu, conformément à l'art. 645.
Ce tempérament, nous l'avons reconnu à raison de l'intérêt
général, qui exige que le plus grand développement soit
donné à l'utilisation de l'eau courante des rivières. Il est évident que ces travaux, pour être ainsi maintenus, ne devraient
pas être formellement interdits par une loi encore en vigueur,

Au sujet de la transmission des eaux, la première difficulté qui a surgi, a trait au fonctionnement des usines. Le
débit de certaines rivières est trop faible, pour permettre aux
usines de fonctionner d'une manière continue, mais suffisant
pour leur permettre d'adopter ce qu'on appelle « la marche
par éclusées ». On emmagasine les eaux en amont des barrages pendant un temps plus ou moins long, suivant le débit
du cours d'eau, et on lève ensuite les vannes, lorsque le
volume d'eau fournit à l'usine une force motrice suffisante.
La transmission des eaux aux propriétés inférieures est donc,
dans ce cas, discontinue. La marche par éclusées doit-elle être
autorisée ?

Certains auteurs l'ont prohibée, d'une façon absolue,
sauf consentement de la part des riverains inférieurs. Pour
eux, en effet, l'art 644 s'y oppose formellement ; il exige que
les eaux soient rendues à la sortie du fonds « à leur cours
ordinaire » c'est-à-dire, par conséquent, avec leur continuité
naturelle.

Cette solution nous paraît inadmissible, comme n'étant pas
suffisamment commandée par le texte même de l'article 644

et, en tous cas, comme par trop contraire à l'intérêt général. Ce que le législateur en effet a voulu prohiber dans l'art. 644, c'est que le riverain supérieur détournât le cours de la rivière en absorbant un trop grand volume d'eau. Mais il n'a, évidemment, selon nous, pas voulu interdire en principe et d'une manière absolue la marche des usines par éclusées, lorsque c'est le seul moyen de faire fonctionner ces dernières. Aucun texte ne la prohibant formellement, la marche des usines par éclusées peut donc être autorisée, à condition toutefois que les intérêts des riverains inférieurs soient ménagés dans une mesure suffisante. Les tribunaux, en cas de conflit, doivent opérer la conciliation des divers intérêts en jeu, conformément à l'article 645. C'est la doctrine qui a été adoptée par la Cour de cassation. (Cour de cassation, requête 19 janvier 1874, D. P. 1874, 1.118).

Une autre difficulté, au sujet de la transmission des eaux, s'est élevée, pour le cas particulier d'altération de ces dernières. L'altération des eaux peut tomber sous le coup de l'art. 15 de la loi des 28 septembre-6 octobre 1791 ainsi conçu :

« Personne ne pourra inonder l'héritage de son voisin ni lui transmettre volontairement les eaux d'une manière nuisible sous peine de payer le dommage et une amende qui ne pourra excéder la somme du dédommagement ».

Mais alors même que l'altération des eaux ne constituerait pas un délit réprimé par cette disposition, les riverains inférieurs auraient toujours une action civile en vertu des articles 1382 et suivants.

Sur cette question encore, nous n'adopterons pas une solution trop absolue. Sans doute, si l'altération des eaux est profonde, si par exemple on les corrompt complètement en y jetant des immondices et des matières infectes, l'altération doit être sévèrement réprimée. Il faut cependant tenir compte des immenses progrès réalisés par l'industrie, de l'importance capitale qu'elle a prise au point de vue de la prospérité du pays, et ne pas admettre par conséquent une solution qui aurait pour effet d'en entraver le développement, plus même, de ruiner complètement des régions entières de notre pays, dont l'industrie constitue la seule richesse. D'ailleurs interdire d'une façon absolue l'altération des eaux, ce serait interdire complètement, en dehors même de toute utilisation industrielle, l'emploi de ces eaux, à la satisfaction de nos besoins les plus essentiels :

« Le principe qu'on ne peut salir les eaux dont on a le droit d'user à leur passage, dit M. Daviel, conduirait dans la pratique à limiter singulièrement l'exercice du droit, si les tribunaux n'en faisaient pas une équitable application. On pourrait aller jusqu'à interdire aux ménagères la faculté de faire leurs savonnages et leurs lessives au courant de l'eau, sous prétexte qu'elles altèrent ainsi la pureté des eaux et telle est, en effet, la rigueur du principe. Mais c'est surtout en pareil cas que les tribunaux doivent considérer l'intérêt légitime du réclamant, ne pas donner raison à une plainte sans grief et se rappeler les brocards « de minimis non curat prætor et malitiis non indulgendum ». (Daviel, Traité de la législation et de la pratique des cours d'eau, tome second, page 414, numéro 709).

Le cas d'inondation est spécialement prévu par la loi des 28 septembre-6 octobre 1791, dont nous connaissons déjà l'art 15, et l'article 457 du Code pénal.

Article 16 de la loi des 28 septembre-6 octobre 1791 : « Les propriétaires ou fermiers des moulins et usines construits ou à construire seront garants de tous les dommages que les eaux pourraient causer aux chemins ou aux propriétés voisines, par la trop grande élévation du déversoir ou autrement. Ils seront forcés de tenir les eaux a une hauteur qui ne nuise à personne et qui sera fixée par le directoire du département d'après l'avis du directoire de district ; en cas de contravention, la peine sera une amende qui ne pourra excéder la somme du dédommagement ».

Article 457 du Code pénal : « Seront punis d'une amende qui ne pourra excéder le quart des restitutions et des dommages-intérêts, ni être au-dessous de cinquante francs, les propriétaires ou fermiers, ou toute personne jouissant de moulins, usines ou étangs qui, par l'élévation du déversoir de leurs eaux au-dessus de la hauteur déterminée par l'autorité compétente, auront inondé les chemins ou les propriétés d'autrui ; s'il est résulté du fait quelques dégradations, la peine sera, outre l'amende, d'un emprisonnement de six jours à un mois ».

Les pénalités de l'article 457 ont-elles remplacé celles de l'article 16 de la loi des 28 septembre-6 octobre 1791 ? Il y a eu des difficultés à ce sujet. Il est facile en effet de se rendre compte que les termes de l'art. 457 du Code pénal sont beaucoup moins larges que ceux de l'art. 16 de la loi des 28 septembre-6 octobre 1791. Il faut, pour que l'art. 457 soit applicable, que le niveau du déversoir ait été fixé par l'autorité compétente, c'est-à-dire par l'autorité administrative, et que l'inondation provienne uniquement de ce que le déversoir ait été exhaussé au-dessus de ce niveau. Mais il est certain que tous les autres faits d'inondation, non prévus par l'art. 457 du Code pénal, tombent sous le coup de l'application de l'art. 15 de la loi des 28 septembre-6 octobre 1791 qui, lui, est certainement demeuré en vigueur.

Une difficulté s'est élevée au sujet de l'interprétation de cet article 15. M. Daviel a prétendu que « lorsqu'il y a remous causé sous la roue d'une usine, soit par la surélévation de la retenue d'une usine inférieure, soit par quelque barrage établi en aval, c'est la disposition de l'art. 15 de la loi du 6 octobre 1791 qui est applicable. Les eaux sont transmises d'aval en amont d'une manière nuisible. » (Daviel, traité de la législation et de la pratique des cours d'eau, tome 3e, page 475).

Mais, avec M. Picard, il nous parait difficile de donner cette interprétation au terme « transmission.» Le mot « transmission » ne peut s'appliquer, selon nous, qu'au passage des eaux de l'amont à l'aval. Il vaudrait mieux considérer le reflux des eaux sous les roues d'une usine supérieure, comme pouvant constituer, suivant les cas, une véritable inondation prévue, soit par l'art. 15 de la loi des 28 septembre-6 octobre 1791 première partie, soit par l'art. 457 du Code pénal.

Il est bien évident que le riverain, par le fait duquel l'inondation des propriétés soit supérieures, soit inférieures se serait produite, ne pourrait pas prétendre, pour son excuse, qu'il n'a pas dépassé les limites du droit à lui conféré par l'article 644, et qu'il ne pouvait agir autrement, sous peine d'être privé lui-même complètement du bénéfice de cet article.

Enfin, devrait être prohibée toute transmission des eaux, qui aurait pour effet d'occasionner des infiltrations souterraines dans les propriétés des autres riverains, ou de corroder leurs berges.

Nous n'avons parlé jusqu'ici que des travaux exécutés par application de l'art. 644, c'est-à-dire en vue de l'utilisation des eaux. Il n'en est pas de même des travaux simplement préservatifs, c'est-à-dire des travaux qui ont eu pour but, non plus d'utiliser les eaux, mais au contraire de se préserver des dommages, souvent même des désastres, causés par ces dernières. L'eau courante, en effet, doit être envisagée à un double point de vue. A un premier, c'est un élément nécessaire à la vie, dont l'utilisation a pris, durant la deuxième moitié du xixᵉ siècle, un développement considérable, grâce à l'extension donnée aux irrigations, et surtout grâce aux progrès admirables réalisés par l'industrie. Mais à un autre point de vue, c'est une source de dangers, de dommages pour les propriétés qui sont voisines du cours d'eau.

Quels sont les droits des riverains à ce dernier point de vue, au point de vue de la préservation de leurs héritages ? Telle est la question qui nous reste à étudier.

Nous croyons d'abord devoir rappeler le texte de l'art. 640 qui règle les conditions de l'écoulement des eaux.

Art. 640 : « Les fonds inférieurs sont assujettis envers ceux qui sont plus élevés à recevoir les eaux qui en découlent naturellement sans que la main de l'homme y ait contribué ; le propriétaire inférieur ne peut point élever de digue qui empêche cet écoulement ; le propriétaire supérieur ne peut rien faire qui aggrave la servitude du fonds inférieur. »

Ce texte peut-il être opposé au riverain qui veut protéger son héritage, soit contre le travail de désagrégation, de corrosion opéré par les eaux de la rivière, soit contre les crues de cette dernière, crues qui ont pour effet d'inonder les fonds avoisinant le cours d'eau ?

Il faut distinguer, selon nous. L'art. 640 est applicable et peut être opposé au riverain, s'il s'agit de travaux effectués en lit de rivière. La loi du 10 avril 1898, qui a reconnu formellement aux riverains la propriété du lit des cours d'eau non navigables ni flottables, n'a apporté, selon nous, aucun changement à cette solution, car cette propriété est grevée d'une servitude naturelle de passage pour les eaux de la rivière. Le riverain, sous l'empire de la loi du 10 avril 1898, pas plus qu'auparavant, ne peut donc mettre aucun obstacle au libre écoulement des eaux, par des travaux de cette nature.

Bien que M. Daviel ait écrit son ouvrage bien avant cette loi, à une époque par conséquent où les droits des riverains étaient pleinement régis par les dispositions du Code civil, nous croyons néanmoins devoir invoquer ici sa haute autorité, car il est un des auteurs qui ont défendu, avec le plus de fermeté et aussi avec le plus de talent, le système qui reconnaissait aux riverains, par interprétation des dispositions du Code civil, la propriété des cours d'eau non navigables ni flottables, sans aucune distinction entre le lit et les eaux. Or M. Daviel soutient que les digues, construites par les riverains pour la préservation de leurs héritages, ne peuvent empiéter sur le lit de la rivière. Ces digues, en effet, deviendraient alors offensives en exposant la rive opposée à des corrosions plus actives, le courant devenant plus rapide à raison du resserrement du lit. (Daviel, Traité de la législation et de la pratique des cours d'eau, tome second, page 385, numéro 696.) »

Mais il n'en est pas de même des digues construites soit sur la berge, soit à fortiori dans l'intérieur du fonds. L'article 640 ne fait pas obstacle à la construction d'ouvrages de cette nature, alors même que ces ouvrages auraient pour effet d'accroître les dommages subis par les autres fonds riverains. Le droit de préservation, en effet, est réciproque, et la loi ne pouvait imposer aux riverains l'obligation de laisser ravager, détruire même parfois leurs héritages, sans pouvoir rien faire pour les garantir. Ce principe a été admis de tous les temps. (Demolombe, Traité des servitudes ou services fonciers, tome premier, pages 37 et 38.)

Modifications qui peuvent être apportées aux droits conférés aux riverains par le législateur. — L'art. 644 règle la condition légale des riverains des cours d'eau non navigables ni flottables. Il détermine, d'une façon générale, leurs droits respectifs et cet article constitue, pour ainsi dire, le droit commun en matière de riveraineté. Mais faut-il admettre que les droits ainsi reconnus aux riverains par l'art. 644 ne peuvent subir aucune modification ? Cette conclusion est évidemment inadmissible. Les dérogations à un texte de loi ne sont interdites, que lorsque ce texte contient une disposition d'ordre public, ou prohibe formellement toute dérogation. Lorsqu'au contraire il n'a pour but que de régler les droits privés, la règle est que les particuliers peuvent modifier entre eux ces droits, tels qu'ils ont été déterminés par le législateur. C'est ainsi qu'en matière de conventions, le Code civil contient un grand nombre d'articles, qui ont pour but de régler les effets généraux de ces conventions. Personne cependant n'oserait soutenir que toute dérogation à ces dispositions doit être, en principe, prohibée, et c'est évidemment la règle contraire qui doit être posée.

Il est facile de se rendre compte que l'art. 644 ne constitue pas une de ces dispositions légales qui régissent les droits privés et auxquelles, par exception, aucune modification ne pourrait être apportée. L'art. 644 concède aux riverains certains droits, certains modes d'utilisation de l'eau courante des rivières, mais il ne dit pas que ces droits devront toujours demeurer tels qu'il les a répartis.

Ce premier point ne souffre aucune difficulté, aussi est-il inutile d'insister.

Nous venons ainsi de justifier tout d'abord les modifications à l'art. 644 qui pourront résulter soit des conventions particulières, soit de la prescription.

Parlons d'abord des conventions. On pourrait objecter que le droit conféré par l'art. 644 ne constituant en définitive qu'une véritable servitude au profit des fonds riverains, ce droit ne peut être séparé des héritages auxquels la loi le concède.

Mais pour que l'objection puisse porter, il faudrait d'abord admettre le point de départ, c'est-à-dire l'assimilation du droit conféré aux riverains à une servitude. Or, nous avons démontré que le droit concédé aux riverains par l'art. 644 ne constituait, ni un droit de propriété, ni un droit de servitude personnelle, ni un droit de servitude réelle. D'ailleurs, admettrait-on ce point de départ, cette assimilation, que cette conséquence, que l'on en tirerait, devrait encore être rejetée. Sans doute la règle « servitus servitutis esse non potest » est encore en vigueur. Mais il ne faut pas confondre la servitude avec le produit de cette servitude. L'eau une fois entrée dans le fonds du riverain, captée par lui, devient la pleine propriété de ce dernier. Mais cette démonstration est inutile, puisque, nous le répétons, nous ne reconnaissons pas au droit concédé par l'art. 644 le caractère de servitude.

Quelle portée faut-il reconnaître aux conventions qui peuvent intervenir au sujet de l'usage des eaux ?

M. Demolombe, dans un passage remarquable que nous croyons devoir transcrire, justifie la possibilité et à la fois détermine la portée de ces conventions :

« Et d'abord, dit-il, que les propriétaires riverains puissent déroger par des arrangements particuliers qui seront obligatoires pour eux et pour leurs ayants cause, aux règles d'après lesquelles la loi répartit entre eux les avantages qu'elle leur concède sur le cours d'eau, c'est là une proposition généralement reconnue. On pourrait objecter, il est vrai, que les servitudes sont attachées déterminément au fonds pour lequel elles sont établies et que les droits d'usage accordés aux riverains ne sont eux-mêmes que des servitudes naturelles, qui ne peuvent en conséquence être déplacées de l'héritage auquel la loi les concède. Mais nous avons déjà plus d'une fois remarqué que cette assimilation entre les charges ou les droits dérivant de la situation naturelle des lieux ou de la loi, et les servitudes proprement dites, manquait à beaucoup d'égards d'exactitude. Ces droits d'usage, après tout, sont établis dans l'intérêt privé des riverains, et on ne voit pas pourquoi ils ne pourraient pas y renoncer, en tant que chacun d'eux n'engage effectivement ainsi que son intérêt privé.

Quel texte, par exemple, ou quelle raison s'oppose par exemple à ce que le riverain d'un seul côté abandonne son droit d'irrigation ou de pêche à l'autre riverain latéral ou que tous deux renoncent également à leurs droits en faveur des propriétaires inférieurs ? Nul n'est alors recevable à se plaindre, puisque ces arrangements particuliers ne sont pas opposables à ceux qui ne les ont pas consentis, et que le concessionnaire ne peut jamais obtenir à l'encontre des riverains qui n'ont pas été parties dans la concession que les mêmes droits absolument, ni plus, ni moins, que le concédant pouvait exercer, que le même volume d'eau par exemple. si c'est un droit d'irrigation qui a été cédé par l'un des riverains à l'autre. » (Demolombe. Traité des Servitudes ou Services fonciers, t. 1ᵉʳ, p. 225 et 226).

Aucun texte, aucun principe ne s'opposent donc à ce que les particuliers modifient par des conventions intervenues entre eux les droits qui leur sont reconnus par l'art. 644 ; seulement les conventions ne peuvent avoir d'effet qu'entre les parties contractantes et ne peuvent être opposées aux tiers dont les droits demeurent complètement intacts.

Nous allons essayer de résoudre les difficultés qu'ont soulevées certaines conventions, grâce au double principe que nous venons de poser, savoir : que toute convention, sauf disposition formellement contraire du législateur, est possible ; que cette convention ne peut porter aucune atteinte aux droits des tiers.

Que les riverains puissent répartir entr'eux, d'une manière différente de celle de l'article 644, les droits d'usage qui leur sont conférés par le législateur, cela a été admis à peu près par tous les auteurs. Quant au droit de pêche qui a été l'objet d'une loi spéciale, le législateur lui-même réserve les droits qui pourraient être acquis par conventions. L'art. 2 de la loi du 15 avril 1829, en effet, est ainsi conçu :

« Dans toutes les rivières et canaux autres que ceux qui sont désignés dans l'article précédent, les propriétaires riverains auront, chacun de son côté, le droit de pêche jusqu'au milieu du cours de l'eau, sans préjudice des droits contraires établis par possessions ou titres ».

Mais il n'en est pas de même pour les conventions qui pourraient intervenir entre les riverains et les propriétaires de fonds par eux-mêmes non contigus au cours d'eau. Un riverain peut-il céder à un non-riverain, soit les droits d'usage qui lui sont conférés par l'art. 644, soit le droit de pêche qu'il détient en vertu de la loi du 15 avril 1829 ?

Et d'abord les droits d'usage conférés par l'art. 644. Cette question a suscité de vives controverses dans la doctrine et donné lieu à des décisions contradictoires de la part des tribunaux. L'affirmative semble cependant, ces dernières années, avoir triomphé dans la jurisprudence de la Cour de cassation. (Cour de cassation, civile 25 novembre 1884 ; D. P. 1885, 1.319). Quant à nous, la question de savoir si un riverain peut transmettre les droits d'usage, qui lui sont conférés par l'art. 644, à un tiers non-riverain, est intimément liée à celle de savoir, si un riverain peut exercer ces droits d'usage sur un autre fonds non-riverain qui lui appartient, question que nous avons déjà étudiée et résolue.

La solution doit être la même pour la première comme pour la seconde. En effet, le riverain ne possède cet autre fonds, qui n'est pas par lui-même contigu à la rivière, que comme le ferait tout autre personne dont toutes les propriétés seraient complètement étrangères au cours d'eau. Sur le fonds non-riverain, le riverain perd sa qualité de riverain ; si l'on doit donc admettre qu'il peut transmettre à ce fonds les eaux de la rivière, pour y exercer les droits conférés par l'article 644, l'on doit aussi par là même l'autoriser à céder ces droits à un tiers non-riverain ; si c'est la solution contraire qui doit triompher, il faut alors interdire au riverain, non seulement la faculté de céder à un tiers non-riverain les droits qu'il détient en vertu de l'art. 644, mais aussi la faculté de les exercer lui-même sur un autre fonds non-riverain lui appartenant.

La plupart des auteurs ont reconnu cette connexité qui existe entre les deux questions et ont adopté, en conséquence, pour les deux le même parti. C'est ainsi que M. Laurent a refusé au riverain le droit, soit de céder à un tiers non-riverain les droits qui lui sont concédés par l'art. 644, soit de les

exercer lui-même sur un fonds non riverain. C'est ainsi encore
que M. Demolombe a adopté la solution inverse pour les
deux questions. M. Picard, au contraire, n'a pas admis, à
tort selon nous, cette connexité et, après avoir reconnu que
l'art. 644 ne s'opposait nullement à ce qu'un riverain exerce
ces droits d'usage même sur un fonds non-riverain lui appartenant, il s'est rangé, bien qu'avec beaucoup d'hésitations, sur
l'autre question, au système qui refuse au riverain la faculté
de céder ses droits à un tiers non-riverain. Quant à nous qui
avons essayé de démontrer et, en tous cas, avons admis très
catégoriquement l'affirmative sur la question de savoir si le
riverain pouvait exercer les droits d'usage conférés par l'art.
644 sur un fonds non-riverain lui appartenant, nous devons
par là même reconnaitre à ce riverain la faculté de les céder
à un tiers non-riverain. Nous ne croyons pas devoir recom-
mencer la démonstration que nous avons déjà faite.

Le point que nous nous contenterons de rappeler, c'est le
défaut d'intérêt de la part des autres riverains à s'opposer à
cette cession. La cession ne peut porter évidemment que sur
le droit, tel qu'il appartient au riverain aux termes de l'art.
644. Si elle portait sur un droit supérieur, elle ne pourrait
évidemment être opposée aux tiers dont les droits seraient
lésés. Mais tant que le concessionnaire ne fera qu'user de l'eau
courante comme l'aurait pu faire le cédant lui-même riverain du cours d'eau, il est évident que les autres riverains ne
pourront s'opposer à cette jouissance. Que leur importe que
ce soit tel ou tel qui use de l'eau courante, du moment que le
droit d'usage est le même ? Mais le droit du concessionnaire,
en conséquence, devra évidemment être apprécié par les tribunaux, non pas d'après les besoins de son héritage, à lui
cessionnaire, mais d'après les besoins de l'héritage du cédant
lui-même riverain du cours d'eau. Nous admettrons toutefois
à notre solution le tempérament que nous avons déjà admis
en ce qui concerne la première question. La cession pourra
porter sur un droit supérieur à celui dont aurait pu jouir le
riverain lui-même, et les tiers ne pourront invoquer la nullité
de cette convention, dès lors qu'il restera dans le cours d'eau

un volume suffisant pour la satisfaction des besoins de ces tiers, en vertu de la règle : pas d'intérêt, pas d'action.

On pourrait peut-être nous faire une objection, étant donné la conclusion que nous avons admise, lorsque nous avons essayé de déterminer la nature même du droit conféré aux riverains sur l'eau courante des rivières non navigables ni flottables. Nous avons en effet affirmé que ce n'était ni un droit de propriété, ni un droit de servitude.

Mais alors autoriser le riverain à céder à un tiers ce droit d'utilisation, c'est l'autoriser en définitive à constituer sur le cours d'eau lui-même une servitude, alors que cette servitude, nous l'avons affirmé, est impossible, à raison de la nature même de l'eau courante insusceptible de propriété comme de toute servitude qui ne constitue en définitive qu'un démembrement du droit de propriété.

Notre réponse est facile. Sans doute la cession à un tiers non-riverain aura pour effet de constituer une servitude, dont le fonds de ce dernier bénéficiera, dont il sera le fonds dominant. Mais sur quoi reposera cette servitude ? ce ne sera pas sur l'eau courante de la rivière, comme on pourrait le croire au premier abord, mais sur le fonds riverain lui-même qui jouera, dans notre hypothèse, le rôle de fonds servant. Notre solution n'implique donc aucune contradiction, de notre part, avec les principes que nous avons professés relativement à la nature de l'eau courante. Elle se recommande en outre, à raison des mêmes considérations tirées de l'intérêt général, que nous avons déjà eu plusieurs fois l'occasion de faire valoir. Elle constitue la meilleure conciliation possible, si tant est qu'on puisse parler de conciliation en matière de riveraineté, entre d'une part l'intérêt général, et d'autre part les droits des autres riverains qui sont entièrement respectés.

Quant à l'article 644, il attribue bien aux seuls riverains les droits d'usage sur l'eau courante, mais il ne dit pas qu'il en devra être nécessairement toujours ainsi.

Que le droit de pêche reconnu au riverain en vertu de la loi du 15 avril 1829 puisse être acquis, séparément du fonds, par un autre riverain, cela ne peut faire l'objet d'aucune contestation possible.

L'article 2, que nous connaissons déjà, de cette loi, réserve, en effet, formellement les droits acquis par convention (argument tiré des mots « sans préjudice des droits contraires établis par possession ou titres. »)

Le législateur lui-même a donc reconnu que le droit de pêche, qu'il concédait aux riverains, ne constituait pas une servitude au profit de leurs fonds. Nous savons, en effet, que les servitudes ne peuvent être aliénées séparément des fonds qui en bénéficient. Dire par conséquent que le droit de pêche peut être acquis, séparément du fonds, par un autre riverain, c'est dire par là même qu'il ne constitue pas une servitude au profit de ce fonds.

Mais alors pourquoi restreindre au profit des seuls riverains le droit d'acquérir le droit de pêche qui appartient à l'un d'entre eux ? Sur quels arguments pourrait se fonder l'existence d'une pareille restriction ?

Sur le texte même de la loi de 1829 ? Mais l'art. 2 réserve d'une façon générale les droits établis par possession ou titres, sans spécifier que les riverains seuls pourront invoquer cette possession ou ces titres. Sur les travaux préparatoires de la loi de 1829, d'où il résulte, parait-il, que le législateur, lorsqu'il réserve ainsi les droits « établis par possession ou titres », n'a eu en vue que les riverains ? Mais en admettant qu'on puisse ainsi restreindre la portée des termes mêmes de l'art. 2 de la loi du 15 avril 1829, par cet argument tiré de la volonté, de l'intention du législateur, volonté et intention toujours très difficiles à apprécier, il ne faudrait pas en conclure que ce dernier a voulu prohiber, d'une façon formelle, les droits qui pourraient être acquis aux tiers non riverains. De ce que le législateur n'a pas prévu les droits de ces derniers, il ne s'en suit nullement qu'il ait voulu les exclure. M. Daviel lui-même, après avoir démontré que le législateur de 1829 n'a voulu régler que les droits des riverains entre eux, se montre très catégorique sur ce dernier point :

« On voit donc bien clairement par là, dit-il, que l'art. 2 n'a entendu régler que les droits respectifs des co-riverains entre eux et que c'est eu égard à cette délimitation exclusivement qu'il a pris la possession pour base du droit de pêche. Mais ce qu'il faut conclure de ces circonstances ce n'est pas que la loi a entendu exclure le bénéfice de la possession au profit des tiers. C'est seulement qu'elle ne s'en est pas occupée. » (Daviel, traité de la législation et de la pratique des cours d'eau, tome troisième, page 369).

Il faut donc résoudre la question d'après les principes généraux que nous avons jusqu'ici reconnus en matière de riveraineté.

La question, qui se pose au sujet du droit de pêche, est identiquement celle qui s'est posée au sujet des droits conférés par l'article 644 aux riverains, et doit recevoir la même solution. Nous venons d'admettre que le riverain pouvait céder ces droits à un tiers non riverain, qu'aucun principe juridique ne mettait obstacle à une pareille convention, que les droits des autres riverains étaient entièrement respectés, puisque le cessionnaire ne pouvait user de ces droits, que comme le cédant lui-même aurait pu le faire. Il doit en être de même du droit de pêche, puisque le texte de la loi de 1829, qui règle ce droit, n'y met par lui-même aucun obstacle.

Il nous faut parler maintenant de la prescription. La prescription d'abord est-elle possible? En admettant que l'affirmative doive être admise, à quelles conditions son accomplissement sera-t-il subordonné?

Que la prescription soit possible, il nous paraît difficile de le contester, du moment que l'on admet que les droits conférés aux riverains par l'article 644 peuvent être modifiés par convention. En règle générale, les droits, qui peuvent être l'objet d'une aliénation, peuvent aussi être prescrits, puisque le fondement de la prescription n'est autre qu'une présomption d'aliénation.

Ce premier point acquis sans difficultés, il nous faut déterminer maintenant les caractères que devra réunir la possession pour qu'elle puisse conduire à la prescription.

Il nous faut d'abord écarter l'application de l'art. 642, paragraphe 2, dont nous croyons devoir rappeler ici le texte :

« Le propriétaire d'une source ne peut plus en user au préjudice des propriétaires des fonds inférieurs qui, depuis plus
de trente ans, ont fait et terminé, sur le fonds où jaillit la
source, des ouvrages apparents et permanents destinés à
utiliser les eaux ou à en faciliter le passage dans leur
propriété. »

Il est évident que les règles contenues dans cet article, qui
ne régit que les eaux de source, ne peuvent être invoquées, en
ce qui concerne l'eau courante des rivières. Mais alors quelles
seront les règles qui devront régir la prescription, en ce qui
concerne les droits des riverains sur les cours d'eau non
navigables ni flottables ? M. Demolombe, dans un passage de
son ouvrage, met en relief, d'une manière tout à fait remarquable, les difficultés qui ont surgi à cet égard, ainsi que les
principes qui permettent de les résoudre. Il fait ressortir le
caractère distinctif des droits d'usage conférés aux riverains
par l'article 644. Ces droits d'usage, en effet, constituent ce
que le législateur appelle dans l'art. 2232 des droits de pure
faculté. Or, le non exercice d'une pure faculté qui vous appartient ne saurait, par lui seul, créer aucun droit au profit
d'autrui. Quel que soit le temps pendant lequel le riverain
sera resté sans utiliser l'eau courante de la rivière, il ne sera
jamais déchu du droit de l'utiliser plus tard, alors même
qu'un autre riverain aurait bénéficié, lui seul, de tous les
avantages de la riveraineté. Pour que la prescription puisse
être invoquée par ce dernier, il faut qu'il ait interverti, pour
ainsi dire, cette possession de liberté du premier, de telle
façon que ce premier riverain, pour user de la concession à
lui faite par le législateur, soit alors obligé d'agir contre le
second :

« L'acte de pure faculté, en effet, dit M. Demolombe, est celui
que je puis exercer par un simple fait, sans le secours d'une
action contre un tiers, car il suppose essentiellement que je
ne suis pas en rapport avec un tiers, à ce point que l'on pourrait expliquer tout simplement la maxime que les simples
facultés sont imprescriptibles, en disant qu'on ne peut pas
prescrire contre soi.même. Donc, la prescription au contraire

pourra commencer à s'accomplir à partir du jour où dans l'exercice que je voudrais faire de la faculté qui m'appartient, je me trouverais en face d'un tiers, qui prétendrait y faire obstacle et contre lequel il me faudrait agir. » (Demolombe, traité des servitudes ou services fonciers, T. 1er, pages 228, 229 et 230).

Tel est le caractère distinctif, particulier que les travaux devront avoir, pour que la prescription des droits conférés aux riverains par l'article 644 puisse s'accomplir. Mais ce caractère ne suffit pas ; il faut encore que les travaux unissent, les conditions de permanence, d'apparence, de durée, etc., qui sont de droit commun en matière de prescription. L'article 2.229 en un mot est applicable.

Trois cas sont à distinguer dans la pratique : la prescription peut courir contre un riverain supérieur ; elle peut courir contre un riverain inférieur ; enfin, dans l'hypothèse prévue par le paragraphe 1er de l'article 644, elle peut courir encore contre le propriétaire de la rive opposée. Le second et le troisième cas ne suscitent aucune difficulté.

Et d'abord, en ce qui concerne les riverains inférieurs, tous les actes d'usurpation, commis par le propriétaire d'un héritage en amont, modifient nécessairement les droits qu'ils détiennent eux-mêmes en vertu de l'article 644. Dès lors par conséquent que la possession du propriétaire supérieur réunira les conditions générales prescrites par l'article 2.229, ce propriétaire pourra prescrire.

La seule question qui nous a paru mériter quelque attention est celle de savoir si l'on peut prescrire le droit de transmettre aux héritages inférieurs des eaux altérées. Que ce droit puisse être acquis par convention, cela est indéniable ; mais peut-il être prescrit ? Nous opinerions pour la négative. Les servitudes continues et apparentes sont les seules qui puissent s'acquérir par prescription. Or qu'est-ce qu'une servitude continue ? Aux termes de l'art. 688, les servitudes continues sont celles « dont l'usage est ou peut être continuel sans avoir besoin du fait actuel de l'homme. La transmission des eaux altérées ne peut constituer évidemment qu'une

servitude discontinue, puisqu'elle a besoin du fait actuel de
l'homme. Sans doute, pour toutes les servitudes, il faut un
fait de l'homme qui lui sert pour ainsi dire de point de
départ. Mais une fois ce fait accompli, il faut que l'exercice
de la servitude puisse être continue, indépendamment de tout
acte ultérieur de l'homme, pour que cette servitude ait le
caractère de continuité, aux termes de l'art. 688. La transmission d'eaux altérées ne se produit que si l'homme lui-même
altère les eaux. C'est donc bien le fait actuel de l'homme qui
en est la cause continuelle. C'est donc une servitude discontinue et la prescription est impossible. Est-ce à dire qu'un
propriétaire d'usine, lorsque, depuis un temps immémorial,
ou tout au moins très long, il a toujours transmis les eaux
aux fonds inférieurs avec la même altération, soit indéfi-
niment exposé aux réclamations des propriétaires de ces
dernièrs? Nous ne le croyons pas. Sans doute la prescription
n'a pu s'accomplir, mais le silence gardé par ces propriétaires
inférieurs, durant un temps aussi long, pourra être considéré
par les tribunaux comme la preuve même que cette altération
ne leur cause aucun préjudice et leur action devra être rejetée
en vertu de l'adage : pas d'intérêt, pas d'action.

En ce qui concerne la troisième hypothèse, aucune difficulté non plus. Il faut et il suffit que les ouvrages constituent
une contradiction suffisante aux droits que le riverain opposé
détient en vertu de l'art. 644 et aient pour effet de rendre
l'exercice de ces droits impossible.

Dans quels cas les ouvrages auront-ils ce caractère ? C'est
une pure question de fait, laissée dans chaque espèce à
l'appréciation des tribunaux. Quant à nous, il nous suffit
d'énoncer le principe. A titre d'exemple, cependant, nous
citerons une espèce discutée par M. Daviel. Cet auteur se pose
la question de savoir si le simple fait, par l'un des riverains,
d'établir un barrage contre la rive opposée, et par l'autre, de
n'avoir formulé aucune protestation, pourrait constituer,
au profit du premier, l'appropriation exclusive des eaux de la
retenue ainsi formée, et à l'encontre du second, l'abdication
de son droit à l'arrosage. M. Daviel résoud la question dans

le sens de la négative. L'existence du barrage, en effet, ne met
nullement obstacle à la faculté d'arrosage du co-riverain :
bien plus il la favorise même. L'auteur du barrage pourra
donc bien au bout de trente ans prétendre qu'il a prescrit le
droit d'appuyer ses ouvrages sur le fonds opposé, c'est-à-dire
une servitude d'appui, mais non l'appropriation exclusive
des eaux.

M. Daviel ne fait qu'appliquer strictement les principes qui
doivent régir la prescription des droits conférés aux riverains
par l'art. 644, à raison de la nature même de ces droits. Tant
que l'exercice de ces droits reste possible, la prescription ne
peut courir centre eux, puisque le riverain est toujours libre
d'en user ou de n'en pas en user. Il faut que, par le fait d'un
tiers, cette possession de liberté soit intervertie et que le
riverain alors soit obligé d'intenter une action contre ce tiers,
à l'effet de faire ordonner la suppression des obstacles qui
ont été mis par ce dernier à sa jouissance des eaux.

Si nous appliquons ces mêmes principes à la première
hypothèse, il est évident que l'accomplissement de la prescription au profit d'un riverain inférieur sera très difficile ;
les travaux, en effet, que devra effectuer ce dernier, devront
nécessairement, pour qu'ils mettent obstacle à l'exercice des
droits du riverain supérieur, être situés, soit sur le fonds
contre lequel doit courir la prescription, soit à l'amont. Certains auteurs ont voulu enseigner qu'une simple contradiction, devant laquelle le riverain se serait arrêté pendant trente
ans, devait suffire pour engendrer la prescription.

Mais cette solution est inadmissible. Qu'importe un acte
protestatif, si le silence gardé par le riverain ne peut être considéré comme un acquiescement à cet acte, à raison de
l'essence même des droits de pure faculté. Tant qu'il n'y a
pas obstacle matériel à l'exercice de ces droits, la prescription
ne peut s'accomplir.

La dernière question, que nous ayons à nous poser au sujet
de la prescription, concerne le droit de pêche. Nous avons vu
que le droit de pêche pouvait être acquis, séparément du
fonds, par convention, sans qu'il y ait lieu de distinguer entre

les riverains et les non riverains. Aucune distinction non plus ne doit être évidemment faite entre eux, en ce qui concerne l'acquisition par prescription, en admettant qu'elle soit possible. Mais cette possibilité de la prescription existe-t-elle ?

La négative a été soutenue par certains auteurs qui ont invoqué à l'appui de leur opinion deux arguments principaux.

Le premier revient à dire que la prescription est impossible, parce que la loi du 15 avril 1829 punit comme un délit le fait de pêcher sans la permission des riverains du cours d'eau. Le second est tiré du caractère même de l'exercice du droit de pêche qui est discontinu, et qui, pouvant être considéré comme résultant seulement de la tolérance du riverain, n'est pas prescriptible.

Quant à nous, la loi de 1829 a un double caractère. Elle est une loi de police en tant qu'elle règlemente les saisons et les modes de pêcher. Elle est au contraire déclarative de droits privés en tant qu'elle attribue la pêche aux riverains et la répartit entre eux. Si les dispositions de la première catégorie sont imprescriptibles, il n'en est pas de même des secondes. Lorsque les riverains lésés se taisent, l'intérêt public n'a pas à réclamer.

(Daviel, Traité de la législation et de la pratique des cours d'eau, tome III, page 366.)

Quant au deuxième argument, nous répondrons qu'il ne suffit pas, pour que la prescription s'accomplisse à son profit, qu'un particulier ait jeté pendant trente ans son filet à un endroit où il n'ait pas le droit de pêche. Il faut en outre évidemment qu'il ait créé quelque établissement permanent de pêcherie, de manière à prescrire, d'une manière effective, une servitude continue et apparente.

La dernière question, que nous ayons à poser avant de passer à l'étude des autres modifications dont la condition légale des riverains, telle qu'elle est réglée par l'article 644 du Code civil, est susceptible, est celle de savoir si ces derniers ont l'action possessoire.

Que les cours d'eau non navigables ni flottables soient

susceptibles de possessions servant de bases aux actions
spéciales de la compétence des juges de paix, cela est admis
sans aucune difficulté par la doctrine et par la jurisprudence.
Mais quels caractères devront avoir ces possessions ? Sur
cette question, une véritable anarchie règne dans la doctrine
et dans la jurisprudence. L'étendue de notre sujet ne nous
permet pas d'entrer dans l'étude de tous les systèmes qui ont
été soutenus à cet égard. Nous nous contenterons d'indiquer
la solution que nous avons adoptée, et surtout de la justifier,
tâche qui, à elle seule, ne sera déjà que trop difficile.

Avant de commencer tout développement, il est utile de
connaître les textes qui ont trait à la matière.

Art. 23 du Code de procédure civile :

« Les actions possessoires ne seront recevables qu'autant
qu'elles auront été formées dans l'année du trouble, par ceux
qui, depuis une année au moins, étaient en possession paisible
par eux ou les leurs, à titre non précaire. »

Art. 2228 du Code civil :

« La possession est la détention ou la jouissance d'une
chose ou d'un droit que nous tenons ou que nous exerçons
par nous-mêmes ou par un autre qui la tient ou qui l'exerce
en notre nom. »

Art. 2229 :

« Pour pouvoir prescrire, il faut une possession continue et
non interrompue, paisible, publique, non équivoque et à
titre de propriétaire. »

Art. 2232 :

« Les actes de pure faculté et ceux de simple tolérance ne
peuvent fonder ni possession ni prescription. »

Loi du 25 mai 1838, art. 6, paragraphe 1 :

« Les juges de paix connaissent en outre, à charge d'appel :
1° des entreprises commises dans l'année sur les cours d'eau
servant à l'irrigation des propriétés et au mouvement des
usines et moulins, sans préjudice des attributions de l'autorité

administrative dans les cas déterminés par les lois et par les règlements; des dénonciations de nouvel œuvre, complaintes, actions en réintégrande et autres actions possessoires fondées sur des faits également commis dans l'année. »

Indiquons tout d'abord les points qui n'ont fait l'objet d'aucune contestation. La possession doit être nettement caractérisée. Il ne faut pas que les actes, sur lesquels elle se fonde, puissent être considérés comme simplement le résultat de la tolérance du défendeur.

La possession doit être continue et non interrompue. Elle doit remonter à une année au minimum.

La possession, en règle générale, doit s'appuyer sur des droits acquis ou doit être utile à prescrire. Mais peut-on dire que le riverain qui use des eaux, conformément à l'art. 644, ait une possession qui lui permettra d'intenter les actions spéciales de la compétence des juges de paix ? La solution, quant à nous, ne saurait faire de difficultés, si l'on consent à appliquer strictement les principes généraux. La possession, venons-nous de dire, doit s'appuyer sur des droits acquis ou doit être utile à prescrire. La question revient donc à celle-ci : le riverain, qui ne fait qu'exercer les droits conférés par l'art. 644, a-t-il une possession qui puisse lui permettre de prescrire, ou bien a-t-il tout au moins un titre sur lequel il puisse fonder sa possession ?

Que le riverain n'ait pas une possession utile à prescrire, cela est incontestable. Nous n'avons qu'à rappeler les développements que nous avons fournis ci-dessus sur la prescription, et notamment le passage de M. Demolombe reproduit par nous, où cet éminent auteur indique, avec une clarté remarquable, les conditions auxquelles est soumise la prescription des droits conférés aux riverains par l'art. 644.

Mais le riverain, qui use des eaux conformément à l'art. 644, n'a-t-il pas au moins un titre dans la loi ? Que la concession à lui faite par le législateur puisse être considérée comme un titre lorsqu'il s'agit d'un riverain troublé par un tiers dans l'exercice de ses droits d'usage, cela nous paraît évident; les non riverains ne peuvent prétendre, ainsi que nous l'avons vu, à aucun droit sur le cours d'eau, du moins en tant que l'art. 644 est applicable.

Dès lors, en cas de trouble de leur part à la possession par le riverain, conformément à cet article, des eaux de la rivière, ce riverain peut se faire maintenir dans sa possession par une action de la compétence du juge de paix. Il suffit que cette possession réunisse les caractères généraux prescrits par le législateur pour la recevabilité de l'action possessoire.

Mais il n'en est pas de même en ce qui concerne les rapports des riverains entre eux. L'art. 644 confère à tous les riverains un droit égal sur les eaux. Ce droit est un droit de pure faculté.

Par conséquent, tant que l'un d'eux ne fait qu'user de ce droit, dans les limites de la concession à lui faite par le législateur, le droit égal des autres riverains reste entier et, à raison de sa nature, ne peut se perdre par le non usage « etiam per mille annos » :

« Nous avons établi, dit M. Daviel, que le droit d'user des eaux, qui appartient à celui dont une rivière traverse l'héritage, est un droit de pure faculté contre lequel ne peut prescrire la simple possession des propriétaires inférieurs de se servir des eaux tant qu'il ne convient pas au propriétaire supérieur de les utiliser lui-même. D'après cela, il nous paraît que le préjudice que peuvent éprouver les propriétaires inférieurs par la diminution des eaux, lorsqu'il plaît au propriétaire supérieur de les dériver, ne peut pas autoriser l'action possessoire, car qu'est-ce qu'une possession qui n'est pas utile à prescrire et qui n'aurait aucune chance au pétitoire?

(Daviel, Traité de la législation et de la pratique des cours d'eau, tome III, page 416, numéro 973.)

En définitive, le riverain qui use des eaux courantes, conformément à l'article 644, a bien son titre dans la loi, mais comme les autres riverains, aux termes de ce même article, ont un droit égal, droit de pure faculté, le titre du premier n'est pas opposable aux seconds, et c'est là toute la question.

Puisque nous admettons que le simple usage des eaux par l'un des riverains, conformément à l'article 644, ne suffit pas, que la possession de ce riverain doit s'appuyer sur des droits acquis, c'est-à-dire des droits résultant de conventions, ou être utile à prescrire, nous devons par là-même considérer que le simple fait par l'un des riverains d'user des eaux conformément à l'article 644, suffit à constituer le trouble justifiant l'exercice de l'action possessoire. La solution contraire ne pourrait se comprendre que si nous admettions que le simple fait d'user des eaux, conformément à l'article 644, est suffisant pour légitimer cette action. Il faudrait alors, évidemment, pour que l'action possessoire soit recevable, que le fait qui constitue le trouble dans la jouissance du riverain soit abusif, et ne soit pas seulement le résultat de l'exercice des droits conférés aux riverains par l'article 644 dans les limites déterminées par cet article.

Le juge de paix aurait donc dans chaque espèce à apprécier le caractère de l'acte, à déclarer qu'il constitue un abus, ou qu'au contraire il doit être maintenu par application de l'art. 644. Mais alors il outrepasserait, selon nous, ses droits. Le juge du possessoire n'a pas à apprécier la nature du trouble, il n'a qu'à le constater, et, si le demandeur justifie d'une possession s'appuyant sur des droits acquis, ou d'une possession utile à prescrire, il doit faire cesser le trouble, maintenir ce demandeur dans sa possession, sauf au défendeur à faire valoir ses droits au pétitoire. Mais alors s'il ne peut que constater le trouble sans pouvoir en apprécier la nature, il est évident que le demandeur doit faire la preuve d'une possession conforme aux principes généraux. Nous venons ainsi de justifier encore une fois la solution négative que nous avons admise au sujet de la question précédente, c'est-à-dire celle de savoir si le riverain, qui ne fait qu'user des eaux conformément à l'art. 644, peut intenter l'action possessoire.

Terminons en disant que l'art. 6 de la loi du 25 mai 1838, paragraphe 1, consacre une action possessoire spéciale « aux cours d'eau servant à l'irrigation des propriétés et au mouvement des usines et moulins », en ce sens que cette action n'est pas subordonnée à la preuve d'une possession annale.

Mais, quant à nous, sauf sur ce point, toutes les conditions exigées pour la recevabilité de l'action possessoire et que nous venons d'étudier sont requises, pour que l'art. 6 de la loi de 1838 puisse être invoqué.

Dans le Chapitre Ier de notre première partie, nous avons essayé de déterminer quelle était la condition légale des cours d'eau non navigables ni flottables dans notre ancien droit. Nous avons indiqué que, d'après nous, si le lit du cours d'eau pouvait être considéré comme propriété privée, seuls, des droits d'usage étaient reconnus sur les eaux, et que ces droits, soit de propriété sur le lit, soit d'usage sur les eaux, appartenaient aux seigneurs.

Mais ces derniers ont pu et ont souvent en réalité aliéné leurs droits au profit des particuliers. Ces aliénations, ces concessions ont-elles été maintenues sous l'empire de la législation moderne, ou au contraire ont-elles été supprimées ?

Les lois abolitives du régime féodal n'ont eu pour but que d'enlever aux seigneurs les prérogatives qu'ils possédaient légitimement ou qu'ils avaient usurpées à raison de leur qualité même de seigneurs. Mais elles n'ont statué que pour l'avenir et non pour le passé. Tous les droits ainsi concédés, sous l'empire de la féodalité, par les seigneurs ont été entièrement respectés, soit par la législation intermédiaire, soit par le Code civil.

Sans doute les seigneurs, depuis les lois abolitives de la féodalité, ne jouissent plus que des droits accordés aux autres riverains, mais si, avant l'abolition de la féodalité, ils ont transmis à des particuliers des droits supérieurs, ces droits continuent de subsister. Il y a eu en effet interversion de titre, et le concessionnaire possède à titre particulier ce que le seigneur possédait à titre féodal. Alors même qu'un pouvoir social est supprimé, les droits qui ont pu en dériver doivent être maintenus, par la raison bien simple qu'au moment où ce pouvoir existait et était reconnu, le citoyen ne pouvait s'adresser qu'à lui. (Daviel, Traité de la législation et de la pratique des cours d'eau, tome second, pages 171 et 172, N° 603).

Cette solution a d'ailleurs été adoptée par une doctrine à

peu près unanime, et a été consacrée par la jurisprudence de
la Cour de cassation (Cour de cassation, 23 ventose, an X ;
Dalloz, répertoire baux, n° 561, note 1, requête 19 juillet 1830,
et 10 avril 1838, Dalloz, répertoire propriété féodale. n° 485).

Il y a plus de difficultés pour les établissements créés sous
l'empire de la féodalité, mais au sujet desquels il est impossible de représenter aucun titre de concession ou d'autorisation émané de l'autorité féodale. La preuve, que l'établissement a été créé antérieurement à l'abolition de la féodalité,
suffit-elle à lui conférer l'existence légale ?

Cette question, qui a été débattue par les auteurs, a reçu
généralement une solution affirmative, mais à la condition
néanmoins, qu'avant l'abolition de la féodalité, l'établissement
ait eu une existence suffisante, pour fonder la prescription.
La question n'offre plus d'intérêt pratique aujourd'hui, puisque les établissements, qui pouvaient ne pas avoir encore
acquis l'existence légale sous l'empire de l'ancien droit, l'ont
certainement acquise aujourd'hui, depuis la promulgation
du Code civil, par prescription. Mais elle a tout au moins un
intérêt théorique. Au point de vue administratif, le seul fait
de l'antériorité à 1790 suffit à conférer l'existence légale, et
par conséquent à donner lieu à une indemnité, au cas de
dommages causés par l'exécution des travaux publics Il doit
en être de même, au point de vue du droit civil, dans
les rapports des riverains entre eux :

« En effet, dit M. Picard, les seigneurs réunissaient le plus
souvent entre leurs mains le monopole des droit d'usage, et
les pouvoirs de police et de surveillance. Si les tiers pouvaient prescrire contre eux, au point de vue purement civil,
il n'en était pas de même au point de vue de l'exercice des
pouvoirs de police ; aucun établissement n'était en règle à
leur égard s'il n'avait été dûment autorisé, à quelque époque
que remontât sa création. Dès lors, pour ne point considérer
comme irréguliers en 1790 tous les établissements dont le titre
n'était pas représenté, il fallait nécessairement admettre le
système des autorisations tacites ou présumées, et ces autorisations devaient produire tous leurs effets, quelque rappro-

chée qu'en fût la date. Rien n'était d'ailleurs plus naturel et plus rationnel que la présomption d'autorisation, car les seigneurs, tirant profit des concessions ou des permissions qu'ils délivraient, étaient intéressés à déployer une extrême vigilance sur les cours d'eau de leur domaine. » (Picard, traité des eaux, droit et administration, pages 400 et 402).

Faut-il enfin distinguer, entre ces établissements créés par des tiers en vertu d'autorisations expresses ou tacites, et les établissements créés par les anciens seigneurs exerçant eux-mêmes, pour leur propre compte, les droits d'usage dont ils avaient le monopole? Faut-il refuser à ces derniers le bénéfice de l'existence légale ? Non, évidemment, s'ils ont été aliénés par les seigneurs avant l'abolition de la féodalité, Non, encore, bien que cela soit plus douteux, si les seigneurs possédaient encore ces établissements au moment de la suppression des privilèges féodaux, conformément à l'opinion de MM. Daviel, Demolombe et Picard que nous adoptons entièrement. Il ne suffit pas cependant de produire un acte de concession ou d'autorisation, ou de faire la preuve d'une existence antérieure à l'abolition de la féodalité, pour que le propriétaire de l'établissement puisse prétendre par là même à un privilège exclusif sur les eaux de la rivière. Il faudrait une disposition formelle de l'acte de concession ou des faits très caractéristiques de possession. (Daviel, Traité de la législation et de la pratique des cours d'eau, livre second, pages 172 et 173, numéro 604.)

Nous étudierons dans notre dernière partie, celle qui a trait à la réglementation des droits des riverains, la question de savoir si l'autorité administrative peut, par les autorisations qu'elle délivre, faire de véritables attributions de droits d'usage sur l'eau courante, ou si au contraire elle ne peut que régler les conditions d'exercice des droits existants.

Quant aux droits conférés par voie de déclaration d'utilité publique, disons seulement, avec M. Picard, qu'ils n'ont plus rien de commun avec la riveraineté, alors même que les collectivités, qui seraient bénéficiaires du décret, seraient elles-mêmes propriétaires de terres riveraines ; ils dérivent exclusivement de cet acte, soit du pouvoir législatif, soit du pouvoir exécutif, qui reconnaît l'utilité publique de l'entreprise.

La dernière question qui nous reste à envisager est celle de savoir si l'expression de « règlements » contenue dans l'article 645 du Code civil comprend aussi les usages locaux. Il nous paraît difficile d'adopter l'affirmative, bien qu'elle ait été soutenue par des auteurs éminents tels que M. Demolombe et consacrée par la jurisprudence de la Cour de cassation (Cour de cassation, requête 16 février 1853, D. P. 1854, 5.700, requête 10 décembre 1855, D. P. 1856, 1.170). Il est impossible de considérer cette expression, comme s'appliquant aux usages non écrits. Que les tribunaux, lorsqu'ils se trouvent en présence d'un état de choses établi depuis de longues années, tiennent compte de ces possessions en les considérant, jusqu'à un certain point, comme résultant d'un accord intervenu entre les riverains, nous n'y voyons aucun inconvénient. Mais de là à prétendre qu'ils sont liés par ces possessions et qu'ils doivent nécessairement les respecter, c'est créer une catégorie de droits qui ne résulte d'aucun texte et méconnaître le caractère primordial des droits d'usage conférés au riverain, qui sont des droits de pure faculté, et ne peuvent par conséquent se perdre par la simple possession d'un co-riverain (Laurent, Principes de droit civil français, T. 7ᵐᵉ pages 411, 412 et 417).

TROISIÈME PARTIE

Réglementation des droits des Riverains

Nous venons d'étudier, d'une façon aussi complète que possible, les droits reconnus, sous l'empire de notre législation, aux riverains des cours d'eau non navigables ni flottables. Nous allons maintenant donner quelques notions sur la réglementation de ces droits. Cette réglementation appartient à la fois à deux autorités d'un ordre très différent, l'autorité administrative et l'autorité judiciaire. Mais ces autorités n'interviennent ni dans les mêmes cas, ni de la même manière ; et leurs décisions n'ont ni la même portée, ni les mêmes effets. Nous tenons à indiquer, dès à présent, que nous n'avons pu donner que quelques notions très sommaires sur la matière qui nous reste à traiter. L'étendue de notre sujet ne nous a pas permis de fournir tous les développements qu'elle aurait comportés.

Nous nous sommes appliqué uniquement à démontrer quels sont les effets, d'une manière générale, de ces mesures soit administratives, soit judiciaires par rapport aux droits des riverains et, en ce qui concerne les premières, nous avons notamment laissé de côté tout ce qui a trait à la compétence et aux formes.

Dans le chapitre premier nous allons étudier la réglementation administrative et dans le chapitre second la réglementation judiciaire.

CHAPITRE PREMIER

RÈGLEMENTATION ADMINISTRATIVE

Dans le cours de notre étude sur la nature et l'étendue des droits des riverains des cours non navigables ni flottables, nous avons eu plusieurs fois l'occasion de parler de l'intérêt général qui exige que l'extension la plus grande soit donnée à l'utilisation de l'eau courante des rivières. C'est à l'autorité administrative, qu'il appartient d'apprécier cet intérêt général et de le faire respecter.

Enumérons d'abord rapidement les textes qui ont déterminé ses attributions. Parmi les textes anciens, il convient de citer les suivants :

1º Loi des 22 décembre 1789-janvier 1790 (section 3, art. 2) : « les administrations de département sont chargées sous l'autorité et l'inspection du roi, comme chef suprême de l'Administration générale du royaume, de veiller à la conservation des rivières et autres choses communes. »

2º Loi des 12-20 août 1790, chapitre VI « les administrations de département doivent rechercher et indiquer les moyens de procurer le libre cours des eaux, d'empêcher que les prairies ne soient submergées par la trop grande élévation des écluses des moulins et par les autres ouvrages d'art établis sur les rivières ; de diriger enfin, autant qu'il sera possible, toutes les eaux de leur territoire vers un but d'utilité générale, d'après les principes de l'irrigation. »

3º Loi du 6 octobre 1791, titre 2, art. 16, qui charge l'autorité administrative de fixer le niveau des retenues des usines de telle sorte que les tiers n'en subissent aucun préjudice.

4° Décrets du 25 mars 1852 et 13 avril 1861 sur la compétence des préfets.

5° Loi du 5 avril 1884 qui donne aux maires certains pouvoirs pour le maintien de la salubrité publique.

La loi du 10 avril 1898 contient un chapitre spécial, le chapitre II intitulé . Police et conservation des eaux (articles 8 à 17 inclusivement).

Dans le chapitre précédent qui règle les droits des riverains, le législateur d'ailleurs a cru devoir déjà réserver les pouvoirs de l'autorité administrative.

L'article 2, que nous connaissons déjà, est en effet ainsi conçu :

« Les riverains n'ont le droit d'user de l'eau courante qui borde ou qui traverse leurs héritages que dans les limites déterminées par la loi. Ils sont tenus de se conformer dans l'exercice de ce droit aux dispositions des règlements et des autorisations émanées de l'administration. »

Qu'est-ce donc que ces règlements et que ces autorisations dont il est question dans cet article ? Y a-t-il une différence entre eux ? Et, au cas où l'affirmative devrait être admise, quelle est cette différence ?

« L'autorité administrative, dit M. Picard, exerce sous deux formes différentes, les pouvoirs qu'elle tient des textes précités. Elle édicte des règlements applicables soit à tous les cours d'eau d'un département, soit à l'un ou plusieurs de ces cours d'eau, soit seulement à une section de cours d'eau et prescrit les dispositions nécessaires pour sauvegarder la salubrité publique, assurer le libre écoulement des eaux ou régler leur répartition entre les usagers dans des vues d'intérêt général. Elle prend des mesures individuelles; elle délivre des permissions pour les établissements nouveaux ou régularise la situation des établissements antérieurement existants, et fait ce qu'on appelle des règlements d'eau.

Parmi les dispositions insérées dans les actes de cette nature, les unes ont le caractère d'un simple exequatur, les autres ont pour but d'assurer l'observation des règlements généraux ou de déterminer les conditions particulières auxquelles l'usage des eaux doit être subordonné dans l'intérêt de leur libre écoulement ainsi que de la salubrité publique. » (Picard, traité des eaux, droit et administration, tome I⁰, page 422 in fine et 423).

M. Picard ensuite essaie de préciser les différences qui séparent les règlements généraux des mesures individuelles. Mais quant à nous, avant de pouvoir entamer cette étude, une question, pour ainsi dire préalable, s'est posée, celle de savoir si l'art. 2 de la nouvelle loi de 1898 n'a pas supprimé toute différence entre les règlements généraux et les autorisations

Au premier abord, il paraîtrait que cette disposition a assimilé complètement les règlements généraux aux autorisations. Aux termes mêmes de l'art. 2, les premiers de même que les seconds paraissent jouir de la même portée, de la même force obligatoire, à l'égard de tous les riverains. Mais cette interprétation ne peut certainement être admise, si l'on veut bien se reporter aux travaux préparatoires de la loi de 1898 et notamment à la séance du Sénat du 23 Juin 1883.

A cette séance, un débat très vif s'est engagé entre, d'une part, M. Clément et, d'autre part, M. Cuvinot, rapporteur de la loi, et M. Méline, ministre de l'agriculture; M. Clément réclamait la suppression dans l'art. 2 des mots : « et des autorisations ». Il indiquait que des différences très profondes séparaient les règlements généraux des autorisations, différences existant tant au point de vue de l'utilité de la possession des tiers qu'au point de vue de la compétence judiciaire, et consacrées par une jurisprudence constante du conseil d'Etat et à la fois de la Cour de cassation. Mentionner dans le même texte et placersur la même ligne des actes administratifs d'une nature tout à fait différente, c'était s'exposer à des méprises de la part de l'interprète, méprises qui entraîneraient des conséquences très fâcheuses, puisqu'elles auraient pour effet de ruiner des principes admis depuis de longues années, tant par la doctrine que par la jurisprudence.

Les explications données par M. Cuvinot, rapporteur de la loi, et M. Méline, ministre de l'Agriculture, en réponse au discours de M. Clément, ont une importance considérable, puisqu'elles ont déterminé le Sénat à voter le texte tel qu'il avait été proposé par la Commission.

Le premier comme le second ont déclaré très formellement que la rédaction n'avait eu nullement pour but de modifier, d'une manière quelconque, la législation et la jurisprudence antérieures, relativement à la distinction existant entre les règlements généraux et les autorisations individuelles. Pour eux en effet, s'il fallait maintenir le mot « autorisations », c'était uniquement pour rappeler le principe de l'ensemble des droits conférés à l'autorité administrative, mais sans que l'étendue ou la portée de ces droits fussent aucunement modifiées :

« Messieurs, dit M. Cuvinot, je vous demande de maintenir dans l'art. 2 du nouveau projet de loi, les mots « et des autorisations émanées de l'administration ». Il me paraît très naturel que ces mots figurent dans le texte, et voici pourquoi : les riverains ont, aux termes de l'art. 644 du Code civil, le droit de prendre les eaux pour l'arrosage de leurs terres, mais il arrive très souvent qu'ils ne peuvent exercer ce droit, qu'à l'aide de barrages établis en travers du cours d'eau et avec l'autorisation de l'administration. C'est pour cela qu'il me paraît nécessaire de maintenir dans l'article non seulement le mot « règlements », qui comprend l'ensemble des dispositions prescrites par l'administration pour la répartition des eaux, mais aussi le mot « autorisations »... Je prie le Sénat de conserver la rédaction, telle qu'elle lui est soumise par la Commission. Il n'y a, je crois, aucun inconvénient, il y a au contraire certains avantages à le faire. Nous sommes d'ailleurs, M. Clément et moi, complètement d'accord sur la doctrine ».

M. Méline ne fait qu'exprimer les mêmes idées d'une façon peut-être encore plus claire et plus formelle.

« M. le Rapporteur a déclaré qu'il entendait maintenir la législation actuelle et l'interprétation qui lui est donnée par la Cour de cassation. Quant à l'art. 2, ce n'est que la reproduction des règles existantes, il est utile de le conserver au point de vue des droits de l'administration qu'il ne faut pas désarmer. Il définit clairement le droit du riverain et ses limites ; il oblige avec raison celui-ci à se conformer, dans l'usage qu'il fait de l'eau qui traverse sa propriété, aux dispositions des règlements et aux conditions de l'autorisation qui lui a été donnée par l'administration. L'honorable M. Clément veut supprimer cette phrase ; elle n'est pourtant en vérité que l'expression d'une idée élémentaire, car M. Clément ne saurait nier que le riverain est tenu de se conformer aux règlements et aux conditions mêmes qui lui ont été imposées. Voilà, Messieurs, ce qu'il y a dans l'art. 2, c'est une formule absolument inoffensive et qui ne fait que reproduire une règle de droit commun. Que craint donc l'honorable M. Clément? Il craint que le droit des propriétaires des fonds inférieurs ne se trouve compromis dans une certaine mesure par l'insertion de cette disposition dans la loi. Mais M. le Rapporteur vient de déclarer que le droit des tiers restait placé sous l'empire de la loi actuelle et sous la sauvegarde des tribunaux, que les tribunaux pourraient toujours le faire respecter et même ordonner la démolition des ouvrages construits par les riverains quand il sera établi que ceux-ci sont sortis des limites que leur imposaient la loi ou la [situation des lieux. Il me semble que M. Clément ne peut demander rien de plus et qu'après avoir entendu les observations de M. le Rapporteur et celles que je viens d'avoir l'honneur de présenter devant vous, il cessera d'insister pour retrancher du texte de la loi une formule qui ne fait que confirmer les pouvoirs qu'il reconnaît lui-même à l'administration.» (Sénat, séance du 23 juin 1883; *Journal Officiel*, 24 juin 1883).

Concluons donc en disant que le législateur de 1898 a voulu maintenir la différence qui existait entre les règlements généraux et les autorisations individuelles, et consacrer sur ce point la jurisprudence antérieure.

Mais quelle est donc cette différence? Pour pouvoir l'apprécier, il faut évidemment d'abord connaître l'étendue des pouvoirs conférés à l'autorité administrative. Nous connaissons les textes qui ont réglé ces pouvoirs. L'autorité administrative peut intervenir à un triple point de vue : le libre écoulement des eaux, la salubrité publique et la répartition des eaux dans des vues d'utilité générale. Le domaine des attributions de l'autorité administrative est donc immense, mais il faudrait cependant se garder de l'augmenter, comme elle a essayé de le faire à certaines époques, avec l'approbation, il est vrai, de certains auteurs. Très longtemps, en effet, l'autorité administrative a prétendu pouvoir conférer elle-même des droits sur les cours d'eau non navigables à des personnes qui, par les lois existantes, n'en étaient investies d'aucun. Cette prétention, sous l'empire du Code civil, ne pouvait se justifier que dans le système qui rangeait les cours d'eau non navigables ni flottables parmi les dépendances du domaine public. Elle était au contraire inadmissible dans l'un quelconque des trois autres systèmes que nous avons indiqués dans le chapitre premier de notre première partie, c'est-à-dire celui qui attribuait les cours d'eau non navigables ni flottables aux riverains, celui qui les classait parmi les res nullius, celui enfin qui distinguait entre le lit et l'eau courante, reconnaissant aux riverains la propriété du premier et rangeant la seconde dans la catégorie des choses n'appartenant à personne. Essayons de démontrer ce que nous venons d'affirmer.

Il est d'abord évident que, si l'on rangeait les cours d'eau non navigables ni flottables parmi les dépendances du domaine public, l'autorité administrative restait la maîtresse absolue de faire sur ce cours d'eau telles concessions qu'elle jugeait convenables. Mais nous savons que les concessions de cette nature devaient être essentiellement précaires et révocables *ad nutum*, le domaine public étant imprescriptible et inaliénable. Nous savons aussi, d'ailleurs, que ce

système n'a jamais triomphé dans la jurisprudence et n'a
compté dans la doctrine qu'un petit nombre d'adhérents.

Dans le système qui attribuait aux riverains la propriété
des cours d'eau non navigables ni flottables, sans faire
aucune distinction entre le lit et les eaux, la solution opposée,
au contraire, s'imposait nécessairement. L'autorité administrative, en effet, ne pouvait évidemment créer aucun droit,
par voie de concession, sur ces cours d'eau, puisqu'ils constituaient de véritables propriétés privées.

La question paraît plus difficile en ce qui concerne les
deux autres systèmes, c'est-à-dire celui qui classe les cours
d'eau non-navigables ni flottables dans la catégorie des res-
nullius, et celui enfin qui attribue aux riverains la propriété
du lit, l'eau courante étant insusceptible de propriété privée,
système consacré par le législateur de 1898. La question, pour
tous les deux, est d'ailleurs identique, l'eau courante ayant,
dans le premier comme dans le second, la même condition
légale.

Elle doit, selon nous, recevoir une solution négative.
L'abolition du régime féodal a eu pour effet de transmettre
à l'état les pouvoirs de police et de surveillance qui appartenaient aux anciens seigneurs. Quant aux droits d'usage qui
appartenaient à ces derniers, l'article 644 du Code civil les a
concédés aux riverains. Sans doute, nous ne sommes pas de
ceux qui prétendent que cette attribution des droits d'usage
aux riverains constitue une disposition d'ordre public. Nous
avons eu l'occasion, dans le chapitre 2 de notre deuxième
partie, de soutenir, à plusieurs reprises, le contraire, d'affirmer notamment que les non riverains peuvent acquérir
des droits d'usage sur les cours d'eau non navigables ni
flottables soit par titre, soit par prescription; mais il ne
s'agit pas ici de savoir à quelles personnes ces droits peuvent
appartenir : nous avons à nous demander uniquement si
l'autorité administrative, par voie de concession, peut modifier l'attribution que le législateur soit de 1804, soit de 1898
a pris lui-même le soin de faire. En examinant les textes,
que nous avons reproduits en tête de ce chapitre, textes qui

ont réglé les pouvoirs de l'autorité administrative, nous avons acquis la conviction qu'aucun d'eux ne conférait à cette dernière la faculté de créer des droits distincts de ceux qu'a conférés le législateur lui-même :

« Les lois des 22 décembre 1789-janvier 1790, dit M. Picard, 12-20 août 1790 et 28 septembre-6 octobre 1791 n'ont nullement investi l'administration du pouvoir de créer des droits distincts de ceux qu'a consacrés le Code civil. Elles ne lui ont confié qu'une mission de surveillance, de police et de règlementation. L'autorité administrative doit veiller à ce que les usagers ne compromettent ni le libre écoulement des eaux, ni la salubrité publique; elle peut et doit prescrire les mesures nécessaires à cet effet. Elle est en outre chargée de prendre par voie règlementaire et en vertu de la loi des 12-20 août 1790 les dispositions voulues pour éviter le gaspillage des eaux, pour concilier les intérêts collectifs entre lesquels il y avait conflit et pour accroître ainsi, au profit de l'intérêt général, l'utilisation des cours d'eau non navigables. Mais là se borne son rôle. Il lui est interdit d'empiéter sur le domaine du droit civil et privé. » (Picard, traité des eaux, droit et administration, tome premier, page 464).

Maintenant que nous avons précisé la nature et l'étendue des pouvoirs conférés à l'autorité administrative, revenons à la question que nous nous sommes posés. Quelle différence faut-il admettre entre les règlements généraux et les autorisations individuelles?

Et d'abord les règlements généraux s'imposent à l'autorité judiciaire, en ce sens que cette dernière ne peut que les appliquer tels qu'ils sont, sans pouvoir ni les modifier, ni même les apprécier. Les règlements généraux, plus spécialement ceux qui ont trait à la répartition des eaux, peuvent modifier tous les modes de jouissance antérieurs quels qu'ils soient, qu'ils résultent de conventions, de la prescription, de titres antérieurs à l'abolition de la féodalité, ou même enfin de décisions judiciaires rendues conformément à l'article 645. Aucun d'eux, en effet, ne peut mettre en échec les pouvoirs de l'autorité administrative, car ces pouvoirs se fondent sur l'intérêt public qui, de tous temps, a primé les intérêts privés. Aucune indemnité ne peut être réclamée, dans ce cas, à l'Etat, quelle que soit la gravité du préjudice, ou le titre sur lequel se fonde l'établissement :

« Les possessions acquises antérieurement au règlement, dit M. Daviel, ne peuvent pas en général se soustraire à l'application de ses dispositions. Si l'on pouvait, pour s'affranchir de l'exécution des règlements généraux, exciper des possessions ou des titres antérieurs qui consacreraient un aménagement contraire, on ne comprend pas quelle application resterait aux nouveaux règlements. Chacun conserverait la part qu'il s'est faite sur le domaine commun, soit par simple prescription, soit par conventions particulières et les choses demeureraient après l'arrêté réglementaire ce qu'elles étaient auparavant. Il n'en peut pas être ainsi. Quand l'administration dresse un nouveau règlement, elle procède par voie de réformation, soit pour faire disparaître certains inconvénients reconnus, soit pour diriger les eaux d'une manière mieux entendue dans un but d'utilité générale. Les améliorations ne seraient jamais que sur le papier, si le lendemain de la publication du règlement, chacun pouvait invoquer et reprendre sa possession de la veille. Il est de principe que les lois d'ordre public et de police générale saisissent le jour même de leur promulgation tous les faits qu'elles ont pour objet de régler et tous les droits dont elles veulent régulariser l'exercice. Les règlements de police peuvent donc produire un effet rétroactif en ce sens qu'ils s'emparent d'un fait existant pour le modifier ou le supprimer, d'un droit acquis pour le déclarer illégal désormais ». (Daviel, traité de la législation et de la pratique des cours d'eau, tome second, pages 111 et 112, numéro 572).

Une question néanmoins qui a été débattue dans la doctrine est celle de savoir si les riverains peuvent modifier entre eux, par des conventions, les dispositions d'un règlement général qui a trait à la répartition des eaux, du moment que les intérêts des tiers sont entièrement respectés. L'affirmative a été soutenue par plusieurs auteurs et notamment par MM. Daviel et Demolombe. Malgré l'autorité de ces éminents jurisconsultes, nous avons cru devoir nous prononcer, avec M. Picard, pour la doctrine inverse. Aucune distinction ne doit être faite en effet, selon nous, entre les règlements généraux, qu'ils aient trait au libre écoulement des eaux, à la salubrité publique ou à la répartition des eaux. En ce qui concerne les deux premières catégories, tout le monde est d'accord pour reconnaître qu'aucune dérogation, par les particuliers, aux dispositions des règlements n'est possible. Il doit en être de même des règlements sur la répartition des eaux :

« Les règlements sur la répartition des eaux, dit M. Picard, sont des actes de police et d'intérêt général ; ils ont force de loi et s'imposent d'une manière permanente à tous les riverains. Tenus de s'y conformer sous les peines portées par l'article 471 du Code pénal, les usagers ne sauraient s'y soustraire par des conventions particulières : les obligations réciproques qu'ils contracteraient dans ce but seraient nulles et de nul effet comme ayant une cause illicite conformément aux articles 1131 et 1133 du Code civil. La possession fût-elle de trente années après la date à laquelle a été édicté le règlement, ne peut non plus fonder la prescription. Elle ne présente pas les caractères exigés par l'article 2229 et ne crée pas la présomption d'un accord entre les riverains, puisque les conventions particulières sont interdites. La destination du père de famille ne peut davantage mettre en échec les dispositions arrêtées par l'administration dans l'exercice de ses pouvoirs de police. » (Picard, Traité des eaux et droit d'administration, tome premier, page 425).

Tels sont les effets des règlements généraux relativement aux différents droits dont les riverains peuvent être titulaires, droits que nous avons étudiés dans le chapitre 2 de notre deuxième partie.

Les autorisations, que délivre l'autorité administrative, ont elles la même nature et doivent-elles entraîner les mêmes effets que les règlements généraux ? Au premier abord, l'affirmative paraît s'imposer.

Lorsque l'autorité administrative délivre une permission, autorise la création d'un établissement, n'agit-elle pas en effet au nom de l'intérêt général, dont la garde lui est confiée ? Il semble donc que ces actes d'autorisation doivent s'imposer d'une façon absolue, lorsqu'ils sont devenus définitifs, c'est-à-dire lorsque tout recours contentieux contre eux est devenu impossible, et que notamment les tribunaux doivent les respecter scrupuleusement, en vertu du principe de la séparation des pouvoirs.

La négative néanmoins a fini par triompher, à juste titre selon nous, tant dans la doctrine que dans la jurisprudence, soit du conseil d'Etat, soit de la Cour de cassation (Cour de cassation : civile 1er août 1855 D. P. 1855, 1, 370; civile 18 avril 1866 D. P. 1866. 1, 249; civile 22 janvier 1868. D. P. 1868. 1, 197; requête 14 mars 1870; D. P. 1870. 1, 330; requête 26 juin 1876, D. P. 1877. 1, 227; requête 23 juillet 1879; D. P. 1880. 1, 127; requête 6 juillet 1880; D. P.1880. 1, 445; Conseil d'état, 12 janvier 1854, D. P. 1854, 3. 26; Conseil d'état 18 novembre 1869; D. P. 1871. 3, 83; conseil d'Etat 7 mai 1871; D. P. 1872, 3, 43).

Sans doute, lorsque l'autorité administrative accorde à un particulier l'autorisation d'établir sur un cours d'eau non navigable ni flottable certains ouvrages, elle intervient toujours au nom de l'intérêt général, elle déclare que l'existence de ces ouvrages ne portera aucune atteinte aux droits et aux intérêts de la collectivité qui lui sont confiés, mais l'initiative alors de la mesure ne lui appartient pas et c'est le riverain lui-même, en voulant établir ces ouvrages, qui motive et provoque son intervention.

L'acte administratif ne confère par lui-même au permissionnaire aucun droit propre qui soit opposable aux autres riverains. Les droits que ces derniers peuvent détenir, soit en vertu de l'art. 644, soit en vertu de conventions, prescription ou destination du père de famille, soit en vertu d'anciennes concessions, demeurent absolument intacts, et l'autorité judiciaire est compétente pour en assurer le maintien. Sur le principe tout le monde est à peu près d'accord, mais il n'en est pas de même, lorsqu'il s'agit de l'appliquer.

Quels sont les pouvoirs de l'autorité judiciaire lorsqu'un établissement autorisé porte atteinte aux droits privés des autres usagers ? Pendant longtemps, la jurisprudence considérait que, dans ce cas, les droits de ces derniers devaient nécessairement se résoudre en un droit à indemnité. L'autorité judiciaire, sous peine de méconnaître le principe de la séparation des pouvoirs, ne pouvait ordonner la suppression ou la modification des ouvrages autorisés. Cette jurisprudence s'est complètement transformée et, aujourd'hui, l'autorité judiciaire a plénitude de compétence pour ordonner cette suppression ou cette modification (voir ci-dessus arrêts cités page 216) Mais, bien avant que ce revirement de jurisprudence se produise, des auteurs s'étaient élevés fermement contre la première doctrine, celle qui n'autorisait les tribunaux qu'à accorder, le cas échéant, des dommages-intérêts.

En définitive, il faut nettement distinguer entre, d'une part, les règlements généraux qui s'imposent à tous, auxquels aucun droit soit antérieur, soit postérieur, ne peut être opposable, et les autorisations individuelles qui, au contraire, laissent intacts tous les droits antérieurs des tiers et ne font nullement obstacle à ce qu'ils en acquièrent de nouveaux :

« Jamais, dit M. Daviel, l'administration ne peut être juge d'un litige privé et prononcer sur des droits en collision. Elle n'intervient pas pour, dire droit, mais par voie de police pour régler des intérêts qui sont en contact avec l'intérêt général. Le pouvoir réglementaire n'est pas un pouvoir d'attribution et si, par voie indirecte, il constitue quelque attribution, cette attribution n'est jamais faite que sauf le droit des tiers. Les particuliers appelés à une enquête administrative ne stipulent pas devant l'Administration comme devant une juridiction. Ils ne prorogent pas ses pouvoirs. Ils ne lui apportent pas leurs droits acquis à apprécier. En un mot, l'Admi-

nistration ne dispose que relativement aux intérêts généraux
dont elle a la tutelle. Les actes interviennent aux risques et
périls de ceux qui les ont provoqués et si les tiers réclament,
au nom de leurs droits acquis, les tribunaux sont seuls com-
pétents pour vérifier les conventions ou les possessions sur
lesquelles ces droits peuvent s'appuyer. En intervenant pour
régulariser l'existence d'une usine, l'Administration n'a pas
pour mission de créer des droits ou d'imposer des obligations
respectivement aux particuliers. Elle examine jusqu'à quel
point l'établissement proposé peut se concilier avec les intérêts auxquels elle est tenue de pourvoir, et elle répond : Je
refuse ou je n'empêche. Le caractère de ces actes, qu'ils expri-
ment un refus ou une permission, est de ne concerner que
les intérêts publics sans rien statuer sur l'existence ou sur
les effets des actes du droit commun. De même des mesures
particulières attachées comme conditions aux ordonnances
d'autorisation. Elles sont essentiellement destinées à prévenir tout inconvénient pour le public. Elles empruntent leur
inviolabilité aux droits pour la garantie desquels elles interviennent. La permission de police est un des éléments
essentiels de tout droit qui prétend s'exercer sur un cours
d'eau. Sans elle, la propriété privée demeure inerte. Mais
réciproquement à la permission de police, il faut pour subs-
tratum des droits constants. Elle féconde un germe préexistant ; elle ne le crée pas.

Par suite lorsque les tribunaux exclusivement chargés de
reconnaitre les droits de la propriété viennent à déclarer que
cet élément indispensable manque à l'ordonnance qui a cru
le prendre pour base, ils ne touchent en rien à l'ordonnance.
Ils ne lui ôtent rien. Ils ne lui dénient qu'un effet auquel elle
n'a jamais pu prétendre. Ils la laissent telle qu'elle est, stérile
par elle même, inefficace jusqu'à ce que le contrat qui peut
lui donner vie et action soit intervenu entre les intéressés.
Que si un droit contraire à l'acte administratif est reconnu
par les tribunaux, ils ne violent pas l'acte administratif en
consacrant ce droit, en lui restituant toute sa portée, puisque
l'acte administratif n'a pas entendu le confisquer, qu'il n'a

pu rien attribuer à son encontre, et qu'il n'a rien permis que
salvo jure alieno. Chaque pouvoir reste ainsi dans sa sphère,
tandis que le système opposé en constituant l'inviolabilité
absolue de l'acte administratif confère à l'administration la
faculté de prononcer sur des titres privés et de convertir
en un simple droit à une indemnité des droits précis de
propriété. » (Daviel, traité de la législation et de la pratique
des cours d'eau, page 448 in fine, 449 et 450, numéro 986 bis.)

Nous connaissons les effets de l'acte d'autorisation par
rapport aux tiers. Nous allons les étudier maintenant par
rapport au permissionnaire lui-même. L'acte d'autorisation ne
fait nullement obstacle à ce que des conventions interviennent
entre ce dernier et ses co-riverains, en vue d'apporter des
modifications aux conditions de jouissance prescrites par
l'autorité administrative. Sans doute, cette dernière devra leur
donner son approbation, après avoir examiné si ces modifications ne portent aucune atteinte à l'intérêt général qui lui
est confié, mais, dans les rapports des riverains entre eux, ces
conventions sont absolument valables et obligent immédiatement les parties contractantes.

Mais le permissionnaire peut-il prescrire contre son règlement? Que la prescription soit impossible à l'égard de
l'autorité administrative, cela est indiscutable. Les pouvoirs
de police de cette dernière sont en effet permanents et
imprescriptibles.

Mais la question au contraire a été débattue entre les
auteurs en ce qui concerne les rapports du permissionnaire
et de ses co-riverains. La Cour de cassation a admis la possibilité de la prescription et M. Picard donne d'excellentes
raisons à l'appui de cette doctrine.

Il indique que la Cour de cassation, en effet, considère les
infractions aux règlements d'eau comme des contraventions
instantanées, alors même que les effets en sont permanents.
La prescription par conséquent, soit de l'action civile, soit
de l'action publique, commence à courir à partir du moment
où le fait contraire au règlement est consommé. M. Picard

ajoute qu'en outre le tiers lésé préférera, dans la plupart des cas, intenter une action ordinaire fondée, soit sur ses droits acquis, soit sur les facultés que lui concède l'art. 644, plutôt qu'une action civile liée à la contravention, et qu'alors les règles ordinaires de la prescription devront être appliquées, l'action n'étant plus liée à la contravention.

Une question qui est intimément liée à la précédente est celle de savoir si le défaut d'autorisation frappe l'usager d'une sorte d'incapacité légale lui interdisant d'acquérir des droits par convention, prescription ou destination du père de famille. Du moment que nous avons admis que l'usager peut acquérir ainsi des droits qui dérogent aux dispositions de son règlement, nous devons par là même lui reconnaitre la possibilité de les acquérir, malgré le défaut d'autorisation.

Si l'acte d'autorisation ne porte nullement atteinte aux droits des tiers, en ce sens que ces derniers peuvent toujours demander la suppression de l'établissement qui préjudicie à leurs droits, à plus forte raison peuvent-ils demander des dommages-intérêts au propriétaire de ce dernier.

Mais en est-il de même pour les règlements généraux? Eclaircissons la question. Un règlement général édicté dans l'intérêt, soit du libre écoulement des eaux, soit de la salubrité publique, soit de la répartition des eaux dans des vues d'intérêt général, modifie les modes de jouissance des riverains jusqu'alors consacrés. Cette modification est contraire à un accord intervenu entre deux ou plusieurs de ces derniers; elle gratifie l'un d'eux et dépouille l'autre. Celui-ci pourra-t-il exercer une action en dommages-intérêts à l'effet d'obtenir réparation du préjudice qui lui est ainsi causé? Nous savons que l'Etat est irresponsable, mais peut-il l'exercer contre son co-riverain? La réponse doit être négative. Le règlement n'est pas l'œuvre de ce dernier; il n'a même pas été provoqué par lui. Il ne peut donc être recherché :

« Supposez, dit M. Daviel, que des jugements ou des conventions privées intervenues entre deux propriétaires d'usines leur aient attribué le volume ou la pente d'une rivière dans certaines proportions, et que cet état de choses soit renversé par une ordonnance royale : il peut arriver que ce qui est enlevé à l'un ne soit pas attribué à l'autre. A quel titre en ce cas le premier réclamerait-il du second une indemnité quelconque ? Et lors même que l'un serait gratifié en même temps que l'autre serait dépouillé à quel titre le second réclamerait-il du premier une indemnité ? Celui-ci répondrait qu'il n'a rien demandé à l'administration et qu'on ne peut le forcer à payer ainsi un avantage qu'il n'a pas cherché. » (Daviel, traité de la législation et de la pratique des cours d'eau, livre second, pages 108 in fine et 109, numéro 569)

Nous connaissons maintenant quelle est la nature et l'étendue des pouvoirs conférés à l'autorité administrative. Nous savons que ces pouvoirs très étendus ne vont pas cependant jusqu'à lui permettre de concéder, elle-même, des droits sur les cours d'eau non navigables ni flottables. Mais enfin, s'il arrivait que la mesure administrative ait pour effet, au lieu de réglementer l'exercice des droits des riverains d'un cours d'eau non navigable ni flottable, de priver ces derniers de leurs droits eux-mêmes, cette mesure s'imposerait-elle aux tribunaux ? M. Demolombe avant la loi de 1898, avait répondu négativement :

« Il nous paraît bien difficile, dit-il, de ne pas répondre que l'autorité judiciaire gardienne de tous les intérêts privés ne serait pas liée, en effet, par une décision administrative, qui aurait violé le fond même des droits privés qui appartiennent aux riverains et nous ne serions pas touchés de l'objection que M. Daviel déduit de l'art. 645 d'après lequel les règlements particuliers et locaux doivent être observés dans tous les cas ; l'article supposant évidemment, selon nous, que les règlements émanés de l'administration ont été rendus par elle dans la limite de ses attributions. » (Demolombe, traité des servitudes ou services fonciers, tome 1er, page 224). La solution admise par M. Demolombe a reçu, nous le croyons, une consécration législative en 1898. En effet, à la séance du

25 janvier 1883 ; la commission avait proposé la rédaction suivante de l'art. 12 :

« Les préfets statuent après enquête sur les demandes ayant pour objet :

1° L'établissement d'ouvrages relatifs aux moulins et usines et intéressant le régime ou le mode d'écoulement des eaux :

2° L'établissement des prises d'eau pour l'irrigation du sol ou les besoins domestiques des particuliers ;

3° La régularisation de l'existence des usines et ouvrages établis sans permission et n'ayant pas de titre légal :

4° La révocation ou la modification des permissions précédemment accordées.

La forme de l'instruction qui doit précéder les arrêtés des préfets est déterminée par un règlement d'administration publique ».

Les paragraphes 1, 3 et 4 ont été votés sans aucune discussion. Quant au paragraphe 2, il a été supprimé comme contraire au texte de l'art. 644, à la suite d'un discours de M. Lenoël, et malgré l'opposition de M. Cuvinot.

Nous croyons devoir reproduire ici les paroles prononcées par M. Lenoël, car elles ont une importance capitale, puisqu'elles ont déterminé le vote du Sénat :

« Ce paragraphe de l'art. 12, dit-il, est directement contraire au texte de l'art. 644 du Code civil et au droit qu'il établit au profit des riverains. Cet article dispose en effet que celui dont la propriété borde une eau courante peut s'en servir à son passage pour l'irrigation de ses propriétés. Or si vous soumettez le riverain à la nécessité de demander au Préfet l'autorisation d'user du droit que lui confère le Code civil, il est incontestable que vous abrogez l'art. 644. C'est là quelque chose de très grave. La question de savoir si les préfets pourraient par des arrêtés statuer sur des demandes d'autorisation pour l'irrigation des propriétés, cette question s'est présentée devant les tribunaux. Je ne sache pas que la Cour de cassation l'ait résolue, mais la Cour de Paris l'a résolue à plusieurs reprises et voici, Messieurs, en quels termes elle l'a fait :

« Les règlements administratifs, en tant qu'ils iraient jusqu'à dépouiller les propriétaires de leur droit d'irrigation, ou même à soumettre l'exercice de ce droit à une autorisation préalable, cessent d'être obligatoires pour les tribunaux. »

J'entends bien que nous faisons une loi et que, faisant une loi à la différence d'un règlement, nous pouvons changer ce que la loi a dit.

Mais irons-nous changer le texte de l'article 644 qui donne aux riverains, comme compensation des inconvénients qu'occasionne souvent l'existence d'un cours d'eau, l'avantage de se servir de ce cours d'eau ? Irons-nous lui enlever ce droit ou, tout au moins, mettre ce droit dans la main du préfet qui ne l'accordera qu'à ceux à qui il voudra bien l'accorder ou quand il croira devoir l'accorder ? Il y a là quelque chose qui me paraît absolument excessif. Je crois même qu'il y aurait un très grand danger public, je ne le dissimule pas, si dans toutes nos vallées, où les riverains sont habitués à se servir des eaux à leur passage pour l'irrigation des terres, on venait dire que désormais on ne pourra pas s'en servir tant que le préfet ne l'aura pas permis. Il en résulterait une perturbation véritable et un danger en même temps qu'une atteinte portée au droit de propriété.

C'est pour ces raisons, Messieurs, que j'ai déposé un amendement qui consiste purement et simplement dans ces mots : « Supprimer le 2° de l'article 12 ». (Sénat, séance du 25 janvier 1883. *J. Off.*, 26 janvier 1883).

M. le Rapporteur, en réponse à M. Lenoël, a vainement affirmé, à la même séance, que la Commission n'avait nullement entendu supprimer les effets de l'article 644 du Code civil ni dénier aux riverains le droit à l'usage des eaux, mais qu'elle avait simplement désiré prévenir les abus que les riverains pourraient commettre. Ces paroles n'ont pas convaincu le Sénat, qui a voté la suppression de cet article 2, ainsi que le réclamait M. Lenoël.

Nous ne pouvons que nous ranger à l'avis de ce dernier. Autre chose en effet est de réglementer l'usage des eaux, quand des abus viennent à se produire, et autre chose est de le soumettre à une autorisation préalable, dans tous les cas, et alors même qu'il est très modéré.

CHAPITRE II

RÈGLEMENTATION JUDICIAIRE

L'usage des eaux donne lieu, nous avons eu déjà plusieurs
fois l'occasion de le dire, à de très fréquentes et très nombreuses contestations. C'est ainsi que les mots « rivaux,
rivaliser » sont dérivés du mot latin « rivales » qui à
Rome servait à désigner les riverains. L'action peut
revêtir les formes les plus variées. Mais, du moment que les
intérêts en présence sont purement privés, c'est à l'autorité
judiciaire qu'il appartient d'en connaître, quel que soit la
cause ou l'effet de l'action.

Cette attribution de compétence est absolument conforme
au principe de la séparation des pouvoirs. L'autorité administrative, en effet, doit veiller aux intérêts généraux qui lui
sont confiés, prendre les mesures nécessaires pour le libre
écoulement des eaux, la salubrité publique, la répartition
générale des eaux.

Mais 'elle ne peut prononcer sur les droits respectifs des
particuliers. Le Conseil d'Etat, la Cour de cassation, le tribunal des conflits, ont fait respecter très fermemement, par
leur jurisprudence inébranlable, le principe de la séparation
des pouvoirs et de partage de compétence entre l'autorité
administrative et l'autorité judiciaire, suivant qu'il s'agit ou
non d'un intérêt général.

Le pouvoir réglementaire des tribunaux judiciaires se
fonde sur l'article 645 du Code civil dont voici le texte :

« S'il s'élève une contestation entre les propriétaires auxquels ces eaux peuvent être utiles, les tribunaux en pro-

15

nonçant doivent concilier l'intérêt de l'agriculture avec le respect dû à la propriété et dans tous les cas les règlements particuliers et locaux sur le cours et l'usage des eaux doivent être observés. »

A quelles eaux fait allusion ce texte? Evidemment aux eaux dont s'occupe l'article précédent c'est-à-dire l'art. 644 que nous connaissons déjà et qui est ainsi conçu :

« Celui dont la propriété borde une eau courante autre que celle qui est déclarée dépendance du domaine public par l'art. 538 au titre de la distinction des biens peut s'en servir à son passage pour l'irrigation de ses propriétés; celui dont cette eau traverse l'héritage peut même en user dans l'intervalle qu'elle y parcourt mais à la charge de la rendre à la sortie de ses fonds, à son cours ordinaire. »

Il s'agit donc, dans ces textes, des rivières non navigables ni flottables. L'art. 645 du Code civil reste ainsi inapplicable à toutes les autres catégories d'eaux, soit les eaux faisant partie du domaine public, soit les eaux susceptibles d'appropriation privée. Nous savons en outre que, si la loi de 1898 a modifié la condition légale des cours d'eau non navigables ni flottables en ce qui concerne le lit, elle a du moins rangé les eaux dans la catégorie des res-nullius, maintenant sur ce point la législation et la jurisprudence antérieures.

Le pouvoir discrétionnaire que l'art. 645 confère aux tribunaux s'explique aisément, après l'étude que nous avons faite de la nature de l'eau courante et des droits dont elle est susceptible. Nous avons vu que l'eau courante était insusceptible de toute appropriation privée, qu'elle pouvait être seulement l'objet de certains droits d'usage, c'est-à-dire de certains modes d'utilisation. Ces droits d'usage, le législateur soit de 1804, soit de 1898 les a conférés aux riverains. Nous avons entrepris de déterminer quelle était l'étendue de ces droits et comment ils se limitaient réciproquement. Nous avons essayé de démontrer que le Code civil, dont l'art. 644 a été maintenu en vigueur par la loi de 1898, n'établissait de différence qu'entre le propriétaire, dont le fonds borde seulement l'eau courante, et celui dont cette eau courante traverse l'héritage, en ce sens que le droit du premier est limité, non seulement par le droit des riverains inférieurs mais aussi par le droit égal du propriétaire de la rive opposée, tandis que le droit du second ne peut être limité que par le droit des riverains inférieurs; mais que le Code civil n'accordait au contraire aucun droit de priorité, de préférence, aux riverains supérieurs sur les riverains inférieurs, et que tous avaient une vocation égale aux termes de l'art. 644.

Mais le législateur ne pouvait évidemment que déterminer, en principe, le droit de chacun. Il ne pouvait par avance et d'une façon définitive, procéder au partage, entre les riverains, des bénéfices qu'il leur conférait. Il ne l'aurait pu qu'en prenant pour base une règle mathématique et l'application de cette règle aurait conduit à des résultats, dans la pratique, la plupart du temps iniques et funestes, soit pour l'industrie, soit pour l'agriculture, et par conséquent pour l'intérêt général lui-même du pays, Tel riverain, à raison de l'étendue de son héritage, de sa culture, de l'industrie qu'il* y a établie, etc., etc., peut avoir besoin d'un volume d'eau bien supérieur à tel autre qui ne possède qu'une langue de terre d'une surface minime et dont la culture ne nécessite qu'une faible quantité d'eau. Peut-on dire que, dans ces hypothèses, chacun des riverains pourrait prétendre à un volume d'eau mathématiquement égal ? Et d'ailleurs qui dit « contestation » dit la plupart du temps insuffisance du débit pour la satisfaction de tous les besoins des usagers. D'après quelle règle faudrait-il alors réduire la part de chacun ? Il est inutile d'insister car ces notions sont évidemment élémentaires. Nous n'avons donc qu'à conclure qu'il a été et qu'il sera toujours impossible au législateur de fixer à priori le volume d'eau auquel chacun des usagers aura droit.

C'était alors évidemment à l'autorité judiciaire qu'il fallait reconnaître compétence pour procéder à cette répartition. Nous avons étudié en effet, dans le chapitre précédent, la nature et les limites des pouvoirs de l'autorité administrative.

L'autorité administrative ne peut intervenir, qu'autant que l'intérêt général est en jeu, et uniquement pour sauvegarder cet intérêt. Mais dès lors que ce dernier est hors de cause, qu'il s'agit seulement de contestations d'intérêts privés, c'est l'autorité judiciaire qui doit connaître de ces contestations.

Cette solution, consacrée par le législateur, est absolument conforme au principe de la séparation des pouvoirs, entre l'autorité administrative gardienne des intérêts généraux du pays, et l'autorité judiciaire gardienne des droits privés.

Nous avons indiqué que l'autorité judiciaire était investie d'un pouvoir discrétionnaire, dans l'appréciation des contestations qui lui étaient soumises. Ce n'est pas à dire néanmoins que ce pouvoir est sans limites.

Et d'abord l'autorité judiciaire est obligée, nous le savons, de respecter les règlements généraux édictés par l'autorité administrative. Quant aux autorisations, nous rappellerons seulement l'évolution de la jurisprudence qui a fini par admettre que ces autorisations n'apportaient aucune limitation aux pouvoirs des tribunaux, en ce sens que ces derniers pouvaient ordonner la destruction ou la modification des ouvrages mêmes autorisés, ainsi que la volonté du législateur de 1898 de sanctionner cette dernière jurisprudence. Nous ne pourrions que répéter, à ce sujet, tout ce que nous avons dit dans le chapitre précédent.

Les tribunaux, ensuite, sont tenus de respecter, aux termes mêmes de l'article 645, les droits que les riverains pourraient avoir acquis par convention, destination du père de famille ou prescription. C'est à ces droits, en effet, que l'article 645 nous paraît faire allusion par l'expression de « règlements particuliers ». Cette interprétation de l'article 645 a été adoptée par plusieurs auteurs, parmi lesquels M. Demolombe.

De même les droits concédés par les anciens seigneurs constituent des droits acquis qui ont été maintenus par notre législation moderne, ainsi que nous l'avons démontré dans le chapitre II de notre deuxième partie, droits que les tribunaux doivent respecter et dont ils doivent assurer le maintien.

Enfin, les tribunaux ne peuvent modifier les règles édictées par le législateur dans l'article 644 du Code civil. C'est ainsi qu'ils ne pourraient concéder eux-mêmes à un propriétaire non riverain un droit quelconque d'usage sur les cours d'eau, ni reconnaître à l'un des riverains un privilège qui n'est pas reconnu par le législateur :

« Le pouvoir discrétionnaire des magistrats, dit M. Demolombe, ne peut s'exercer que dans les limites tracées par la loi ; et dans le partage et le règlement de jouissance, qu'ils établissent entre les riverains, ils doivent prendre pour règle leurs droits respectifs tels qu'ils sont déterminés par l'article. 644 » (Demolombe, Traité des servitudes ou services fonciers, tome 1er, page 246).

M. Daviel exprime exactement la même idée :

« La seconde condition, dit-il, c'est que les tribunaux ne pourront admettre à l'usage des eaux que ceux qui sont appelés à en jouir par la situation naturelle de leurs héritages, et ce, conformément aux règles tracées par la loi. Ils ne pourraient, par exemple, autoriser une prise d'eau en faveur d'un non-riverain ou autoriser le propriétaire d'une seule rive à détourner le cours de l'eau au travers de son fonds, ils peuvent régler l'exercice des droits résultant de la loi, mais ils ne peuvent créer des droits et des titres ». (Daviel, Traité de la législation et de la pratique des cours d'eau, tome 3me, pages 458 in fine et 459, numéro 990).

Ce dernier principe posé, nous n'avons plus qu'à rappeler les solutions admises par nous, relativement à l'étendue respective des droits des riverains, dans le chapitre 2 de notre deuxième partie. Nous avons conclu d'abord que, dans l'hypothèse prévue par le paragraphe 1 de l'art. 644, les deux coriverains avaient un droit égal en principe, leurs fonds se trouvant dans une situation identique, et qu'ensuite, d'une façon générale, le riverain supérieur n'était investi d'aucun droit de priorité, de préférence, par rapport aux riverains inférieurs.

Nous avons indiqué, en outre, qu'une répartition mathématique était impossible à établir, qu'il fallait tenir compte, dans chaque espèce, d'une multitude d'éléments, qui influaient, pour une part plus ou moins grande, sur les besoins de chacun des usagers. C'est pour cette détermination des besoins de ces derniers, que les tribunaux sont investis d'un pouvoir discrétionnaire. Ensuite, en cas d'insuffisance du débit du cours d'eau, il leur appartient encore de concilier, dans la mesure du possible, les intérêts des parties en cause, en leur imposant des sacrifices réciproques :

« Lorsqu'il n'existe aucun règlement ni privé ni public, dit M. Demolombe, notre art. 645 confère aux magistrats un pouvoir modérateur et discrétionnaire, en vertu duquel ils sont chargés de prononcer sur ces sortes de contestations, ex-œquo et bono, en imposant de part et d'autre des concessions réciproques, suivant les circonstances, eu égard à l'étendue des fonds, à la nature du sol, et aux intérêts si nombreux et si divers qui s'y trouvent engagés presque toujours avec plus ou moins de complications.

Aussi leurs décisions sur ces affaires ne constituent-elles, comme on dit, que des arrêts d'espèces. C'est ainsi qu'ils peuvent régler le mode de jouissance des riverains, suivant le volume plus ou moins considérable des eaux, en distribuant par mesures la quantité à laquelle chacun aura droit, ou en fixant les jours et les heures pendant lesquels chacun pourra en user alternativement. Ce que les magistrats doivent surtout envisager, c'est si les eaux peuvent être utiles (art. 645) aux parties litigantes, et dans quelle mesure. C'est ici surtout qu'il n'y a point d'action sans intérêt, et qu'il importe de ne pas encourager la malice et l'envie de nuire à autrui, sans profit pour soi-même ». (Demolombe, traité des servitudes ou services fonciers; tome 1er pages 244 in fine et 245).

Nous terminons en indiquant qu'il ne faudrait pas se méprendre sur le titre même de notre chapitre (règlementation judiciaire), qui est semblable au titre de notre chapitre précédent (règlementation administrative), et en conclure que l'autorité judiciaire peut édicter des règlements semblables à

ceux qui émanent de l'autorité administrative. En définitive,
lorsque nous affirmons que l'autorité judiciaire, aux termes
de l'article 645, peut réglementer les droits conférés aux riverains par l'article 644, nous ne voulons pas par là indiquer
qu'elle est investie, en cette matière, du pouvoir règlementaire. Ce pouvoir règlementaire appartient, comme nous
l'avons vu, à l'autorité administrative et ne peut appartenir
qu'à elle. Quant aux règlements qui peuvent être faits par
les tribunaux, nous ne pouvons mieux en préciser la nature
qu'en disant que ce sont de véritables jugements.

De là nous tirerons plusieurs conséquences que nous ne
ferons qu'énumérer, car elles n'ont soulevé aucune difficulté.
Les tribunaux ne peuvent intervenir que s'ils sont saisis par
l'un des intéressés. Ils ne peuvent d'eux-mêmes prendre l'initiative d'aucune mesure. Les décisions qu'ils rendent n'ont
d'effet qu'entre les parties en cause. Les tribunaux ont d'ailleurs un pouvoir discrétionnaire pour apprécier si la présence
de tous les intéressés est ou non nécessaire. Les décisions
cependant qu'ils rendent ne sont ni irrévocables ni
immuables.

Les tribunaux, en appliquant l'article 645, peuvent faire des
règlements successifs pour les mêmes eaux et entre les
mêmes parties, lorsque des faits nouveaux ont modifié la
situation respective de ces dernières. Il en est d'ailleurs de
même en matière de pensions alimentaires.

Nous avons indiqué que les tribunaux devaient être saisis
par l'un des intéressés. Ce n'est pas à dire, pour qu'ils puissent faire application de l'article 645 du Code civil, qu'une
demande spéciale formée dans ce but soit absolument nécessaire. Il suffit que l'usage des eaux soit en litige. Ils peuvent
d'ailleurs être saisis de la demande en règlement d'eau, indépendamment de toute entreprise particulière, dès lors qu'un
différend s'est élevé entre usagers sur les limites de leurs
droits respectifs de jouissance sur le cours d'eau.

Les tribunaux peuvent appliquer, cela a été admis tant en
doctrine qu'en jurisprudence, l'article 645 du Code civil aux
contestations entre des personnes ayant des droits d'usage
sur des cours d'eau différents, dont l'un est affluent de l'autre.

Comment s'exerce le contrôle de la Cour de cassation sur les décisions des tribunaux? Ceux-ci doivent tenir compte dans leurs jugements de faits aussi multiples que complexes. Leur appréciation de ces faits est souveraine ; seules les conséquences juridiques déduites de ces derniers sont soumises au contrôle de la Cour de cassation. C'est dire que ce contrôle ne s'exercera pas souvent.

Il nous suffit enfin d'indiquer que les décisions rendues par les tribunaux qui, ne statuant que sur les intérêts privés des usagers, ne pourraient avoir plus de valeur qu'eux, ne portent aucune atteinte aux pouvoirs de l'autorité administrative, qui reste toujours libre d'édicter telle mesure qu'elle jugerait utile dans l'intérêt de la salubrité publique, du libre écoulement ou de la répartition générale des eaux.

Vu :

Le Président de la thèse,

A. MOREAU.

Vu :

Le Doyen :

G. BRY.

Vu et permis d'imprimer :

Le Recteur,

BELIN.

TABLE DES MATIÈRES

TROISIÈME PARTIE

Marseille — Typ. et Lith. BARLATIER, rue Venture, 19.